Grenzen der Insichgeschäfte
im Gesellschaftsrecht

Zivilrechtliche Schriften
Beiträge zum Wirtschafts-, Bank- und Arbeitsrecht
Herausgegeben von Peter Kreutz und Dieter Reuter

Band 25

PETER LANG
Frankfurt am Main · Berlin · Bern · Bruxelles · New York · Oxford · Wien

Sven Claussen

Grenzen der Insichgeschäfte im Gesellschaftsrecht

PETER LANG
Europäischer Verlag der Wissenschaften

Die Deutsche Bibliothek - CIP-Einheitsaufnahme

Claussen, Sven:
Grenzen der Insichgeschäfte im Gesellschaftsrecht / Sven
Claussen. - Frankfurt am Main ; Berlin ; Bern ; Bruxelles ;
New York ; Oxford ; Wien : Lang, 2000
  (Zivilrechtliche Schriften ; Bd. 25)
  Zugl.: Kiel, Univ., Diss., 2000
  ISBN 3-631-36162-9

Gedruckt auf alterungsbeständigem,
säurefreiem Papier.

D 8
ISSN 0941-147X
ISBN 3-631-36162-9
© Peter Lang GmbH
Europäischer Verlag der Wissenschaften
Frankfurt am Main 2000
Alle Rechte vorbehalten.

Das Werk einschließlich aller seiner Teile ist urheberrechtlich
geschützt. Jede Verwertung außerhalb der engen Grenzen des
Urheberrechtsgesetzes ist ohne Zustimmung des Verlages
unzulässig und strafbar. Das gilt insbesondere für
Vervielfältigungen, Übersetzungen, Mikroverfilmungen und die
Einspeicherung und Verarbeitung in elektronischen Systemen.

Printed in Germany 1 2   4 5 6 7

Meinen Eltern

Vorwort

Diese Arbeit lag der Rechtswissenschaftlichen Fakultät der Christian-Albrechts-Universität zu Kiel im Sommersemester 1999 als Dissertation vor. Beweggrund des Verfassers für die Bearbeitung des Themas war die erhebliche Rechtsunsicherheit, die im Anschluß an die Einführung des § 35 Abs. 4 S. 1 GmbHG die Anwendung des § 181 BGB kennzeichnete. Diese verlangte eine Neubestimmung der Teleologie des § 181 BGB im Lichte des § 35 Abs. 4 S. 1 GmbHG sowie eine durchgängige Anwendung desselben auf die wichtigsten Gesellschaftsformen.

Zudem forderten die vielfältigen Ansichten über das Verhältnis des § 181 BGB zu den verbandsrechtlichen Stimmverboten eine Überprüfung heraus.

Für die konzernrechtliche Praxis bedeutet außerdem die auf Vertragskonzerne begrenzte teleologische Reduktion des § 181 BGB bei der häufig vorkommenden Mehrvertretung durch Doppelmandatare eine wichtige Vereinfachung.

Für die wissenschaftliche Betreuung der Arbeit schulde ich Herrn Prof. Dr. Peter Kreutz besonderen Dank.

Herrn Prof. Dr. Alexander Trunk, Direktor des Instituts für Osteuropäisches Recht, danke ich für die zügige Erstellung des Zweitgutachtens.

Meiner Freundin Imme danke ich für ihre Liebe und ihr Verständnis. Auch bei der undankbaren Aufgabe der Fehlerkorrektur konnte ich auf ihre Hilfe zählen.

Besonderer Dank gebührt meinem Freund Stephan Sachse sowie Herrn Jürgen Schmechel von der Hamburger Datenlotsen, die mich wiederholt bis in die späte Nacht beim Ausdrucken unterstützt haben.

Schließlich danke ich meinen Eltern und meiner Schwester Inga für ihre Liebe und Unterstützung.

Hamburg, im Januar 2000.   Sven Claussen

Inhaltsverzeichnis

§ 1 Problemstellung und Gang der Untersuchung 24
   A. Problemstellung 24
   B. Gang der Untersuchung 25

§ 2 Geschichte und Zielsetzung des § 181 BGB 26
   A. Dogmengeschichte 26
   B. Die Zwecke der Vorschrift des § 181 BGB 27
      I. Schutz des Vertretenen 27
      II. Schutz der Rechtssicherheit 28
      III. Schutz der Gläubiger 30
         1. Meinungsstand 30
            a) Ablehnung des Gläubigerschutzes als Schutzzweck 30
            b) Anerkennung des Gläubigerschutzes 31
               aa) Auf die Publizität der Gestattung beschränkter Gläubigerschutz 31
               bb) Gläubigerschutz nur bei der Einmann-GmbH 32
               cc) § 35 Abs. 4 als Rechtsfortbildungsverbot für § 181 BGB 32
         2. Stellungnahme und eigener Ansatz 32
         3. Ergebnis 38

§ 3 Der Anwendungsbereich des § 181 BGB beim Abschluß von Rechtsgeschäften im Gesellschaftsrecht 39
   A. Anwendbarkeit des § 181 BGB auf die organschaftlichen Vertreter 39
   B. Selbstkontrahieren 40
   C. Mehrvertretung 40
   D. Parallele Willenserklärungen 40
   E. Einseitige Rechtsgeschäfte 41
      I. Gewöhnliche einseitige Rechtsgeschäfte 41
      II. Wahlweise an mehrere private Adressaten richtbare Erklärungen 41
      III. Amtsempfangsbedürftige Rechtsgeschäfte 42
   F. Der Geschäftsabschluß durch Untervertreter, Prokuristen, Handlungsbevollmächtigte und weitere Geschäftsführer 43

	I.	Meinungsstand	43
	II.	Stellungnahme	46
	III.	Ergebnis	48
G.	Gesamtvertretung		49
	I.	Ermächtigung unter Gesamtvertretern	49

      1. Meinungsstand 49
          a) Erstarkungstheorie 49
          b) Übertragungstheorie 50
          c) Vermittelnde Ansicht 50
      2. Stellungnahme und eigener Ansatz..51
  II. Ergebnis...53

H. Nahestehende Personen...53
I. Interzessionsfälle..54
  I. Schuldübernahme...54
      1. Schuldübernahme nach § 415 BGB...54
      2. Schuldübernahme nach § 414 BGB...54
  II. Die Übernahme von Bürgschaften und sonstigen Sicherheiten 55

§ 4 Die teleologische Reduktion des Anwendungsbereichs des
§ 181 BGB beim Abschluß von Rechtsgeschäften..............................56
  A. Lediglich rechtlich vorteilhafte Geschäfte...56
  B. Insichgeschäfte des Gesellschafter-Geschäftsführers einer
     Einmann-GmbH...57
  C. Rechtsgeschäfte mit Konzernunternehmen...58
    I. Ausgangspunkt...58
    II. Methodische Vorüberlegungen...59
    III. Konsequenzen für die Darstellung...59
    IV. Konzerngesellschaften als selbständige Rechtssubjekte 60
    V. Der Vorrang konzernrechtlicher Regelungen und die
        teleologische Reduktion des § 181 BGB bei der
        Mehrvertretung im Konzern...61
        1. Anwendbarkeit des § 181 BGB bei der Mehrvertretung
           im Aktienvertragskonzern..61
           a) Meinungsstand 62

- b) Stellungnahme und eigener Ansatz..63
  - aa) Vorliegen einer abschließenden konzernrechtlichen Spezialregelung für konzerninterne Rechtsgeschäfte im Aktienvertragskonzern..63
    - (1) Vorrangige Spezialregelungen hinsichtlich des Schutzes des Vertretenen..63
      - (a) Die Konzerntochtergesellschaft als Vertretene.............63
      - (b) Die Konzernmuttergesellschaft als Vertretene.............64
    - (2) Zwischenergebnis..64
  - bb) Die Einschränkung des Anwendungsbereichs des § 181 BGB wegen einer partiellen Subsidiarität ergänzt durch eine teilweise teleologische Reduktion..........65
    - (1) Der Schutz des Vertretenen im Aktienvertragskonzern..65
      - (a) Schutz der Konzernmuttergesellschaft........................65
      - (b) Zwischenergebnis...66
    - (2) Der Schutz der Rechtssicherheit im Aktienvertragskonzern..66
      - (a) Das Interesse des Rechtsverkehrs an der Publizität der Gestattung der Mehrvertretung bei der Konzerntochtergesellschaft..66
      - (b) Das Interesse des Rechtsverkehrs an der Publizität der Gestattung der Mehrvertretung bei der Konzernmuttergesellschaft..67
    - (3) Der Schutz der Gläubiger im Aktienvertragskonzern........67
      - (a) Der Schutz der Gläubiger der Konzerntochtergesellschaft..67
      - (b) Der Schutz der Gläubiger der Konzernobergesellschaft..68
- c) Ergebnis..68
2. Anwendbarkeit des § 181 BGB bei der Mehrvertretung im einfachen und qualifiziert faktischen Aktienkonzern.................69
  - a) Meinungsstand..70
  - b) Stellungnahme und eigener Ansatz..71

- aa) Vorliegen einer abschließenden konzernrechtlichen Spezialregelung bei der Mehrvertretung im faktischen Aktienkonzern 71
  - (1) Vorrang des Konzerninteresses 71
  - (2) Gleichwertigkeit der Interessen der Konzerns und der Außenseiter 71
  - (3) Stellungnahme 72
    - (a) Die inhaltliche Konzeption der § 311 ff. AktG 72
    - (b) Systematik 73
    - (c) Entstehungsgeschichte 73
  - (4) Zwischenergebnis 73
- bb) Partielle Subsidiarität ergänzt durch eine teilweise teleologische Reduktion im faktischen Aktienkonzern 74
  - (1) Der Schutz des Vertretenen im faktischen Aktienkonzern 74
    - (a) Die Konzerntochtergesellschaft als Vertretene 74
    - (b) Die Konzernmuttergesellschaft als Vertretene 77
  - (2) Der Schutz der Rechtssicherheit im faktischen Aktienkonzern 78
  - (3) Der Schutz der Gläubiger im faktischen Aktienkonzern 78
    - (a) Der Schutz der Gläubiger der Konzerntochter- gesellschaft 78
    - (b) Der Schutz der Gläubiger der Konzernmutter- gesellschaft 79
- c) Ergebnis 80
3. Anwendbarkeit des § 181 BGB bei der Mehrvertretung im GmbH-Vertragskonzern 80
  - a) Meinungsstand 80
  - b) Stellungnahme und eigener Ansatz 81
    - aa) Vorliegen einer abschließenden konzernrechtlichen Spezialregelung für konzerninterne Rechtsgeschäfte 82
    - bb) Partielle Subsidiarität ergänzt durch eine teilweise teleologische Reduktion des § 181 BGB im GmbH-Vertragskonzern 83

(1) Der Schutz des Vertretenen
im GmbH-Vertragskonzern...83
   (a) Die Konzerntochtergesellschaft als Vertretene 83
   (b) Die Konzernmuttergesellschaft als Vertretene..............84
(2) Der Schutz der Rechtssicherheit
im GmbH-Vertragskonzern...84
   (a) Das Interesse des Rechtsverkehrs an der
Publizität der Gestattung der Mehrvertretung
bei der Konzerntochtergesellschaft 84
   (b) Das Interesse des Rechtsverkehrs an der
Publizität der Gestattung der Mehrvertretung
bei der Konzernmuttergesellschaft...................................85
(3) Der Schutz der Gläubiger im
GmbH-Vertragskonzern...85
   (a) Der Schutz der Gläubiger der
Konzerntochtergesellschaft...85
   (b) Der Schutz der Gläubiger der
Konzernobergesellschaft 86
  c) Ergebnis...86
4. Anwendbarkeit des § 181 BGB bei der Mehrvertretung
im einfachen und qualifiziert faktischen GmbH-Konzern 86
  a) Meinungsstand 86
  b) Stellungnahme und eigener Ansatz.......................................87
    aa) Die partielle Subsidiarität sowie teleologische
Reduktion des § 181 BGB bei der Mehrvertretung
im faktischen GmbH-Konzern 87
(1) Der Schutz des Vertretenen im faktischen
GmbH-Konzern...87
   (a) Die Konzerntochtergesellschaft als Vertretene 87
   (b) Die Konzernmuttergesellschaft als Vertretene..............88
(2) Der Schutz der Rechtssicherheit im faktischen
GmbH-Konzern...89
(3) Der Schutz der Gläubiger im faktischen GmbH-Konzern.....89
    bb) Ergebnis..89

§ 5 Der Anwendungsbereich des § 181 BGB bei Beschlüssen 90

A. Der sachliche Anwendungsbereich des § 181 BGB
bei Beschlüssen 90
I. Ausschluß der Anwendbarkeit des § 181 BGB auf Stimme
und Beschluß aufgrund ihres „Wesens" ? 92
1. Die Rechtsnatur der Stimmabgabe 92
2. Die Rechtsnatur des Beschlusses 92
II. Das Verhältnis der verbandsrechtlichen Stimmverbote
zu § 181 BGB 94
1. Meinungsstand 95
   a) Weite Vertragsänderungstheorie 95
   b) Auf Personengesellschaften beschränkte
       Vertragsänderungstheorie 96
   c) Schutz vor verbandsfremden Sonderinteressen 97
   d) Schutzzweckspezifische Evidenztheorie 98
   e) Identitätsthese 98
   f) Das Verbot des Richtens in eigener Sache kumulativ
      mit § 181 BGB 100
2. Stellungnahme und eigener Ansatz 100
   a) Planwidrige Regelungslücke bei den Stimmverboten
      im Gesellschaftsrecht 102
   b) Analogiemaßstäbe zur Gewinnung von Stimm- und
      Vertretungsverboten im Gesellschaftsrecht 104
      aa) Die Inhalte der einzelnen verbandsrechtlichen
          Stimmverbote als Maßstab einer Gesetzesanalogie 104
         (1) Stimmverbot bei der Befreiung von einer
             Verbindlichkeit 104
           (a) Analogiefähigkeit 104
           (b) Sachlicher Anwendungsbereich 105
         (2) Stimmverbot bei der Entlastung 105
           (a) Analogiefähigkeit 105
           (b) Sachlicher Anwendungsbereich 107
         (3) Stimmverbot bei der Geltendmachung von
             Ansprüchen der bei der Einleitung oder
             Erledigung eines Rechtsstreits 107
           (a) Analogiefähigkeit 107

		(b)	Sachlicher Anwendungsbereich..108
		(4)	Stimmverbot bei Beschlüssen über die Vornahme eines Rechtsgeschäfts mit dem Gesellschafter................109
		(a)	Analogiefähigkeit..109
		(b)	Sachlicher Anwendungsbereich..112
		(aa)	Ermächtigungsbeschluß über die Vornahme eines Rechtsgeschäfts..112
		(bb)	Die Beschlußfassung über die Gestattung der Insichgeschäfte..113
		(cc)	Die nachträgliche Billigung eines konkreten Rechtsgeschäfts...113
		(5)	Zwischenergebnis...115
	bb)	Gesetzesanalogie zu § 181 BGB...115
		(1)	Umfassende Gesetzesanalogie zu § 181 BGB.....................115
		(2)	Begrenzte Gesetzesanalogie für die Stimmvertretung bei satzungsändernden Beschlüssen sowie Grundlagenbeschlüssen....................116
		(3)	Rechtsfolge des Verstoßes gegen § 181 BGB bei Beschlüssen..119
		(4)	Zwischenergebnis...121
	cc)	Rechtsanalogie zu den verbandsrechtlichen Stimmverboten und dem Verbot des § 181 BGB.................122
		(1)	Das grundlegende Prinzip der verbandsrechtlichen Stimmverbotsnormen.....................122
		(2)	§ 181 BGB als zusätzlicher empirischer Befund zur Gewinnung eines allgemeinen Prinzips der Stimmverbote..123
		(3)	Zwischenergebnis...123
	3.	Ergebnis..125
B.	Der persönliche Anwendungsbereich der verbandsrechtlichen Stimmverbote und des § 181 BGB bei Beschlüssen.............................126
I.	Gleichmäßige Befangenheit aller Gesellschafter......................................126
II.	Fälle der Übertragung der Befangenheit..126
	1.	Der befangene Vertretene..126
	2.	Der befangene Vertreter...127

		3.	Die befangene nahestehende Person 127
		4.	Der an einer befangenen Drittgesellschaft beteiligte Gesellschafter 128
		5.	Der befangene Gesellschafter einer Drittgesellschaft, die ihrerseits Gesellschafterin der beschlußfassenden Gesellschaft ist 131

§ 6 Die Rechtsfolge beim Verstoß gegen § 181 BGB 133
§ 7 Die Genehmigung des verbotswidrig abgeschlossenen Rechtsgeschäfts ... 134
§ 8 Die Befreiung vom Verbot des § 181 BGB 135
§ 9 Die Anwendung des § 181 BGB und der verbandsrechtlichen Stimmverbote in den einzelnen Gesellschaftsformen 136

    A. Die Anwendbarkeit des § 181 BGB und der verbandsrechtlichen Stimmverbote bei der Mehrpersonen-GmbH 136

        I. Anwendbarkeit des § 181 BGB auf Rechtsgeschäfte des Geschäftsführers 136

            1. Selbstkontrahieren 136
            2. Mehrvertretung 137
            3. Abschluß und Änderung des Anstellungsvertrags als Insichgeschäft 137
            4. Abschluß des Übernahmevertrags im Rahmen einer Kapitalerhöhung in einer Mehrpersonen-GmbH 138
            5. Niederschriftserfordernis bei einer Mehrpersonen-GmbH ? 138

        II. Die Anwendung von § 47 Abs. 4 GmbHG und § 181 BGB bei Beschlüssen in der Mehrpersonen-GmbH 139

            1. § 47 Abs. 4 GmbHG in direkter und gesetzesanaloger Anwendung 139

                a) Beschlüsse über die Entlastung 139
                b) Beschlüsse über den Abschluß eines Anstellungsvertrags 140
                c) Einforderungsbeschluß gemäß § 46 Nr. 2 GmbHG 141
                d) Zustimmung zur Übertragung vinkulierter Geschäftsanteile 142

            2. § 181 BGB in gesetzesanaloger Anwendung 143
            3. Die verbandsrechtlichen Stimmverbote und § 181 BGB in rechtsanaloger Anwendung 143

        III. Die Befreiung des GmbH-Geschäftsführers einer mehrgliedrigen GmbH vom Verbot des § 181 BGB 144

1. Die Befreiung des Geschäftsführers einer
     mehrgliedrigen GmbH vom Verbot des
     § 181 BGB für den Einzelfall 144
  2. Generelle Befreiung des Geschäftsführers einer
     mehrgliedrigen GmbH 145
     a) Erfordernis einer Satzungsregelung 146
     b) Eintragungspflichtiger Gestattungsinhalt bei der
        mehrgliedrigen GmbH 146
  3. Die statutarische Befreiungsermächtigung in der
     mehrgliedrigen GmbH 149
B. Die Anwendbarkeit des § 181 BGB und der
   verbandsrechtlichen Stimmverbote bei der Einmann-GmbH 149
I. Anwendbarkeit des § 181 BGB auf Rechtsgeschäfte des
   Alleingesellschafter-Geschäftsführers einer Einmann-GmbH 150
   1. Selbstkontrahieren 150
   2. Mehrvertretung 150
      a) Meinungsstand 150
      b) Stellungnahme 151
   3. Bestehen eines weiteren Geschäftsführers neben
      dem Alleingesellschafter 152
      a) Weite Analogie zu § 35 Abs. 4 S. 1 GmbHG 152
      b) Wortlautgetreuer Umkehrschluß zu § 35 Abs. 4 S. 1 152
      c) Vermittelnde Ansicht 153
      d) Stellungnahme und Umsetzung des eigenen Ansatzes 153
   4. Die Vertretung der Einmann-GmbH durch Untervertreter,
      Prokuristen und Handlungsbevollmächtigte 154
   5. Abschluß und Änderung des Anstellungsvertrags als
      Insichgeschäft 154
   6. Niederschriftserfordernis gemäß § 35 Abs. 4 S. 2 GmbHG 155
      a) Umfang der Niederschrift 155
      b) Rechtsfolgen eines Verstoßes gegen die
         Niederschriftspflicht 156
II. Teleologische Reduktionen der §§ 35 Abs. 4 S. 1 GmbHG,
    181 BGB 157
    1. Lediglich rechtlich vorteilhafte Rechtsgeschäfte 157

17

	2.	Teleologische Reduktion beim Abschluß eines Übernahmevertrags zwischen dem Alleingesellschafter-Geschäftsführer und der GmbH bei einer Kapitalerhöhung.................................158
III.		Stimmverbote bei Entschlüssen in der Einmann-GmbH..................160
	1.	Entschlüsse des Einmanngesellschafters selbst............................160
	2.	Entschlüsse des Vertreters des Einmanngesellschafters.............161
IV.		Die Befreiung des Geschäftsführers der Einmann-GmbH vom Verbot des § 181 BGB..162
	1.	Notwendigkeit und Ausmaß der statutarischen Regelung der Gestattung bei der Einmann-GmbH...................................162

   a) Erfordernis einer Satzungsregelung...162

   b) Die statutarische Befreiungsermächtigung als ausreichende Gestattungsgrundlage..164

  2. Umfang der Eintragungspflicht bei der Gestattung.....................165

   a) Eintragungspflichtigkeit der abstrakt-generellen Gestattung...165

   b) Eintragungspflichtigkeit und Eintragungsfähigkeit des statutarischen Befreiungsvorbehalts.................................166

   c) Eintragungsfähigkeit und Eintragungspflichtigkeit spezieller Befreiungen..167

    aa) Eintragung spezieller Befreiungen als Vollbefreiung..........168

    bb) Eintragungsfähigkeit und -pflicht nur für die abstrakt-generelle Befreiung...168

    cc) Zusätzliche Eintragungspflicht nur für die konkret-generelle Befreiung...168

    dd) Stellungnahme...169

   d) Zulässigkeit der bedingten Befreiung..170

    aa) Die vom Gesellschafterbestand abhängige Befreiung..........170

    bb) Die vom Geschäftsführerbestand abhängige Befreiung.......171

  3. Fortgeltung der Befreiung bei nachträglicher Entstehung einer Einmann-GmbH 171

   a) Die Rechtsprechung des Bayrischen Obersten Landesgerichts ...171

   b) Ziche..172

   c) Die Rechtsprechung des Bundesgerichtshofs............................173

   d) Stellungnahme...173

		4.	Eintragung der Befreiung von Prokuristen und anderer nicht organschaftlicher Vertreter 174

- 4. Eintragung der Befreiung von Prokuristen und anderer nicht organschaftlicher Vertreter 174
- V. Rechtsfolge beim Verstoß gegen §§ 35 Abs. 4 S. 1 GmbHG, 181 BGB und gegen § 181 BGB bei der Einmann-GmbH 175
  1. Meinungsstand 175
  2. Stellungnahme 175

C. Die Anwendbarkeit des § 181 BGB und der verbandsrechtlichen Stimmverbote bei der Aktiengesellschaft 176
  I. Die Anwendbarkeit des § 181 BGB auf Rechtsgeschäfte des Vorstands einer Aktiengesellschaft 176
    1. Ausgangspunkt 176
    2. Selbstkontrahieren 177
      a) Das Selbstkontrahieren des Vorstands der Mehrpersonen-Aktiengesellschaft 177
      b) Das Selbstkontrahieren des Vorstands einer Einmann-Aktiengesellschaft 178
    3. Mehrvertretung 178
      a) Die Mehrvertretung des Vorstands der Mehrpersonen-Aktiengesellschaft 178
      b) Die Mehrvertretung des Vorstands der Einmann-Aktiengesellschaft 179
      c) Die Ermächtigung unter Gesamtvertretern 179
  II. Der Anwendungsbereich der verbandsrechtlichen Stimmverbote und des § 181 BGB bei Beschlüssen in der Aktiengesellschaft 180
    1. Hauptversammlungsbeschlüsse 180
      a) § 136 Abs. 1 AktG in direkter und gesetzesanaloger Anwendung 180
        aa) Die Entlastung 180
          (1) Die Entlastung des gesamten Vorstands und Aufsichtsrats 180
            (a) Die Entlastung des gesamten Vorstands 181
            (b) Die Entlastung des gesamten Aufsichtsrats ... 181
          (2) Die Einzelentlastung der Vorstands- und Aufsichtsratsmitglieder 181

		bb)	Die Befreiung von einer Verbindlichkeit 182
		cc)	Die Geltendmachung von Ansprüchen 182
	b)	§ 181 BGB in gesetzesanaloger Anwendung 182
	c)	Die verbandsrechtlichen Stimmverbote und § 181 BGB in rechtsanaloger Anwendung 183
2.	Aufsichtsratsbeschlüsse 183
	a)	Meinungsstand 184
	b)	Stellungnahme und Umsetzung des eigenen Ansatzes 185
		aa)	Die verbandsrechtlichen Stimmverbote in gesetzesanaloger Anwendung 187
		bb)	§ 181 BGB in gesetzesanaloger Anwendung 188
		cc)	Die verbandsrechtlichen Stimmverbote und § 181 BGB in rechtsanaloger Anwendung 188
			(1) Die Bestellung von Aufsichtsratsmitgliedern zum Vorstand 188
			(a) Meinungsstand 188
			(b) Umsetzung des eigenen Ansatzes 189
			(2) Beschlüsse über die Abberufung aus wichtigem Grund 190

III. Die Befreiung vom Verbot der Mehrvertretung 190

   1. Die Befreiung des Vorstands einer Mehrpersonen-Aktiengesellschaft vom Verbot der Mehrvertretung 190

      a) Die generelle Gestattung bei der Mehrpersonen-Aktiengesellschaft 190

          aa) Erfordernis einer Satzungsregelung bei der generellen Gestattung 190

          bb) Eintragungspflichtiger Gestattungsinhalt bei der generellen Gestattung 191

      b) Die Befreiung für den Einzelfall 191

          aa) Gestattungskompetenz bei der Einzelfallgestattung 191

              (1) Meinungsstand 191

              (2) Stellungnahme 192

          bb) Erforderlichkeit einer Satzungsänderung bei der Einzelfallgestattung 192

2. Die Befreiung des Vorstands einer Einmann-
        Aktiengesellschaft vom Verbot der Mehrvertretung 193
D. Die Anwendbarkeit des § 181 BGB und der verbandsrechtlichen
    Stimmverbote bei der offenen Handelsgesellschaft 194
    I. Rechtsgeschäfte zwischen der Gesellschaft und dem
        organschaftlichen Vertreter 194
    II. Anwendbarkeit der mitgliedschaftlichen Stimmverbote und des
        § 181 BGB auf Beschlüsse in der offenen Handelsgesellschaft 195
        1. Meinungsstand 195
        2. Die verbandsrechtlichen Stimmverbote in gesetzesanaloger
            Anwendung 196
        3. § 181 BGB in gesetzesanaloger Anwendung 199
        4. Die verbandsrechtlichen Stimmverbote und § 181 BGB
            in rechtsanaloger Anwendung 200
    III. Die Befreiung des Gesellschafters vom Verbot
        des § 181 BGB bei der offenen Handelsgesellschaft 200
        1. Die Gestattung im Einzelfall 200
        2. Eintragungsfähigkeit und Eintragungspflichtigkeit
            der generellen Gestattung 200
            a) Meinungsstand 200
            b) Stellungnahme 201
E. Die Anwendbarkeit des § 181 BGB und der
    verbandsrechtlichen Stimmverbote bei der
    Kommanditgesellschaft 202
    I. Die Anwendbarkeit des § 181 BGB auf Rechtsgeschäfte
        bei der Kommanditgesellschaft 202
    II. Beschlüsse in der Kommanditgesellschaft 203
F. Besonderheiten bei der Anwendung des § 181 BGB und
    der verbandsrechtlichen Stimmverbote bei der
    Mehrpersonen-GmbH & Co KG 203
    I. Abschluß des Gesellschaftsvertrags der GmbH & Co KG 203
    II. Die Anwendung des § 181 BGB auf Rechtsgeschäfte
        bei der Mehrpersonen - GmbH & Co KG 204
        1. Verträge zwischen dem Geschäftsführer der
            Komplementär-GmbH und der Kommanditgesellschaft 204

        2. Verträge zwischen der GmbH und der Kommanditgesellschaft 205
    III. Beschlüsse in der Mehrpersonen-GmbH & Co KG 205
    IV. Die Befreiung vom Verbot des § 181 BGB bei der Mehrpersonen- GmbH & Co KG 206
        1. Einzelfallgestattung für den Geschäftsführer einer GmbH & Co KG 206
        2. Die generelle Gestattung für die Komplementär-GmbH der KG 207
        3. Die Notwendigkeit der Befreiung des Geschäftsführers der Komplementär-GmbH 208
           a) Meinungsstand 208
           b) Stellungnahme 208

G. Teleologische Reduktion des § 181 BGB bei der Einmann-GmbH & Co KG ? 209

H. Die Anwendbarkeit des § 181 BGB und der verbandsrechtlichen Stimmverbote bei der Partnerschaftsgesellschaft 210
    I. Rechtsgeschäfte zwischen der Partnerschaftsgesellschaft und dem Partner 211
    II. Beschlüsse in der Partnerschaftsgesellschaft 211

I. Die Anwendbarkeit des § 181 BGB und der verbandsrechtlichen Stimmverbote bei der BGB-Gesellschaft 212
    I. Das Selbstkontrahieren und die Mehrvertretung des BGB-Gesellschafters 212
    II. Beschlüsse in der BGB-Gesellschaft 214
    III. Die Befreiung vom Verbot des § 181 BGB in der BGB-Gesellschaft 215

J. Die Anwendbarkeit des § 181 BGB und der verbandsrechtlichen Stimmverbote bei der eingetragenen Genossenschaft 216
    I. Anwendbarkeit des § 181 BGB auf Rechtsgeschäfte in der eingetragenen Genossenschaft 216
    II. Beschlüsse in der Genossenschaft 217

K. Die Anwendbarkeit des § 181 BGB und der verbandsrechtlichen Stimmverbote beim rechtsfähigen Verein 218
    I. Rechtsgeschäfte 218

II. Beschlüsse 218
　　　　　1. Beschlüsse des Vorstands 218
　　　　　2. Beschlüsse der Mitgliederversammlung 218
　　　III. Die Befreiung des Vorstands vom Verbot des § 181 BGB 219
§ 10　Die Anwendbarkeit des § 181 BGB auf den Liquidator
　　　oder Abwickler einer Gesellschaft i. L. 221
　　　I. Fortgeltung der satzungsmäßigen Befreiung nur für den
　　　　　organschaftlichen Vertreter 221
　　　II. Fortgeltung der Befreiungsermächtigung für den
　　　　　organschaftlichen Vertreter 223
§ 11　Anwendbarkeit des § 181 BGB bei Verwaltergeschäften 224
　　　A. Insolvenzverwalter 224
　　　B. Nachlaßverwalter 225
　　　C. Testamentsvollstrecker 225
　　　D. Wohnungseigentumsverwalter 226
§ 12　Schlußbetrachtung – Wesentliche Ergebnisse der Untersuchung 227

Literaturverzeichnis 231

§ 1 Problemstellung und Gang der Untersuchung

A. Problemstellung

Die Bedeutung des § 181 BGB als gesetzliche Grenze der Vertretungsmacht ist mehr als hundert Jahre nach seinem Inkrafttreten immer noch Gegenstand lebhafter wissenschaftlicher Diskussion. Zu Zeiten des Reichsgerichts lag der Schwerpunkt seiner Anwendung noch im Bereich des bürgerlichen Rechts. In der zweiten Hälfte des Jahrhunderts wurde der Anwendungsbereich der Norm vornehmlich unter gesellschaftsrechtlichen Gesichtspunkten erörtert. Insofern ist es angebracht, eine kritische Bestandsaufnahme der bisherigen Diskussion über die Grenzen der Insichgeschäfte im Gesellschaftsrecht vorzunehmen.

§ 181 BGB verbietet als gesetzliche Grenze der Vertretungsmacht Insichgeschäfte in Form des Selbstkontrahierens und der Mehrvertretung. Ein Selbstkontrahieren liegt vor, wenn jemand als Vertreter einer Gesellschaft mit sich selbst im eigenen Namen Rechtsgeschäfte vornimmt. Als Mehrvertretung werden Fälle bezeichnet, in denen der Vertreter zugleich zwei oder mehrere sich gegenüberstehende Gesellschaften oder Personen bei einer rechtsgeschäftlichen Willenserklärung aktiv oder passiv vertritt.

Das Gesetz läßt jedoch zwei Ausnahmen zu: Insichgeschäfte sind zulässig, wenn sie ausschließlich in der Erfüllung einer Verbindlichkeit bestehen oder wenn sie dem Vertreter gestattet sind. Um die Erfüllung einer Verbindlichkeit geht es beispielsweise, wenn ein Geschäftsführer sein Gehalt bar aus der Gesellschaftskasse entnimmt[1].

Die Ausnahme der Gestattung verdeutlicht, daß der Gesetzgeber bei der Ausgestaltung des § 181 BGB in erster Linie die auf bestimmte Fälle begrenzte rechtsgeschäftliche Vertretung im Auge hatte: Der Vertreter hat die Interessen des Vertretenen gegenüber anderen wahrzunehmen und nicht seine eigenen gegenüber dem Vollmachtgeber. Erscheint der Schutz durch § 181 BGB dem Vollmachtgeber in Einzelfällen entbehrlich, so kann er im Wege der Gestattung auf diesen verzichten. Die dadurch erfolgte Erweiterung der Vertretungsmacht stellt einen begrenzten Vertrauensvorschuß dar, der durch die Grundsätze über den Mißbrauch der Vertretungsmacht abgesichert ist. Die generelle Befreiung eines Organs einer Gesellschaft von den Beschränkungen des § 181 BGB führt hinge-

---

[1] Münchener Handbuch des Gesellschaftsrechts III -MARSCH-BARNER/DIECKMANN, § 44, Rdnr. 30.

gen zu einer dauerhaften Erweiterung der organschaftlichen Vertretungsbefugnis. Die Gesellschaft bekommt ein anderes Gepräge.

Ermöglicht die durchsichtige und leicht verständliche Struktur des § 181 BGB eine klare Abgrenzung bei der zweidimensionalen rechtsgeschäftlichen Vertretung, so treten im Gesellschaftsrecht noch die Interessen der Gesellschaftsgläubiger hinzu. Deren Einordnung in das Zweierverhältnis von Gesellschaft und organschaftlichen Vertretern ist schwierig, da jede Erweiterung wie auch jede Einschränkung des Anwendungsbereichs des Verbots des § 181 BGB Drittinteressen positiv wie negativ berühren kann.

Bis zur GmbH-Reform von 1980 wurde das Problem des Gläubigerschutzes zwar gesehen, dennoch wurde der Gläubigerschutz aus praktischen Gründen überwiegend aus dem Schutzbereich des § 181 BGB herausgenommen[2], so daß sich die Diskussion jahrzehntelang in wellenförmigen Bewegungen zwischen den Polen der Rechtssicherheit und der materiellen Gerechtigkeit im Einzelfall bewegte[3]. Die Einführung des § 35 Abs. 4 GmbHG bewirkte jedoch, daß § 181 BGB in teleologischer Hinsicht neu bewertet werden muß.

B. Gang der Untersuchung

Will man § 181 BGB richtig verstehen, so muß zunächst untersucht werden, welche Interessen und in welchen Modalitäten die Norm diese schützt (§ 2). Die Ergebnisse dieser Analyse bilden die Grundlage für die Erörterung der alle Gesellschaftsformen betreffenden Grundfragen bezüglich der Anwendbarkeit des § 181 BGB (§ 3–8). Diese umfaßt schwerpunktmäßig die Anwendbarkeit des § 181 BGB bei Rechtsgeschäften, Beschlüssen sowie die Frage der Gestattung. Die Ergebnisse dieser Prüfung werden auf die wichtigsten Gesellschaftsformen übertragen, wobei rechtsformspezifische Besonderheiten diskutiert werden (§ 9). Anschließend wird der Anwendbarkeit des § 181 BGB auf Liquidatoren (§ 10) sowie auf Verwaltergeschäfte (§ 11) untersucht.

---

[2] Vgl. nur BGHZ 56, 97 (104 f.).
[3] U. HÜBNER, Interessenkonflikt, S. 1.

§ 2   Geschichte und Zielsetzung des § 181 BGB

A.   Dogmengeschichte

Während noch im 19. Jahrhundert vertreten wurde, daß Rechtsgeschäfte mit sich selbst begrifflich ausgeschlossen seien, ging schon die erste Kommission von der grundsätzlichen Zulässigkeit des Selbstkontrahierens aus, da sie nur für bestimmte Fälle ein Verbot vorgesehen hatte[4]. Die zweite Kommission bestätigte diese Einschätzung und entschied sich mit der Formulierung des jetzigen § 181 BGB für ein grundsätzliches Verbot mit zwei generell gefaßten Ausnahmen, so daß die sich angeblich aus dem Wesen der Willenserklärung ergebenden Zweifel gesetzgeberisch überwunden wurden[5].

Die Diskussion befaßte sich später schwerpunktmäßig mit der Frage, ob § 181 BGB formal ausgelegt oder einer wertungsjuristischen Betrachtungsweise unterzogen werden soll. Diese Frage ist grundsätzlich zugunsten einer wertungsjuristischen Betrachtungsweise beantwortet worden. Eine wertungsjuristische Auflockerung der Norm zur Begrenzung ihres Anwendungsbereichs erfolgt vornehmlich über eine teleologische Reduktion des § 181 BGB[6], wie über die Ausdehnung des Ausnahmetatbestandes der Gestattung[7]. Andere leiten aus Treu und Glauben eine Zustimmungspflicht des Vertretenen zu dem Rechtsgeschäft ab[8]. Um den Anwendungsbereich zu erweitern, wird § 181 BGB analog angewendet[9].

Folgt man dieser wertungsjuristischen Betrachtungsweise, so kommt man nicht umhin, die vielfältigen Interessen, an deren Schnittstelle § 181 BGB steht, genau zu analysieren und mit der teleologischen Konzeption des Gesetzgebers in Einklang zu bringen. Die Norm muß dabei wie ein abgrenzendes Element betrachtet werden, das schützend zwischen den Interessen steht, die beim Vertragsabschluß im Wege des Selbstkontrahierens und der Mehrvertretung zu

---

[4] Vgl. zur Dogmengeschichte die Angaben bei FLUME AT II, Das Rechtsgeschäft, § 48, 3, der darauf hinweist, daß die Anerkennung des Selbstkontrahierens nicht die notwendige Folge der Anerkennung der Stellvertretung ist, sondern aufgrund einer gesetzlichen Gestattung zulässig ist.
[5] Vgl. RGZ 103, 417 (418).
[6] Vgl. statt aller Staudinger-SCHILKEN, BGB, § 181, Rdnr. 30 ff.
[7] Das Reichsgericht war schon früh mit der konkludenten oder gar stillschweigenden Erklärung der Gestattung sehr großzügig, auch wenn es eine unmißverständliche und eindeutig erkennbare Erklärung verlangte (RGZ 51, 422 (427); 68, 172 (177).
[8] RGZ 110, 214; 64, 373; BGHZ 33, 321 = NJW 1961, 725.
[9] So erklärte z.B. das Reichsgericht das „Dazwischenschieben" der Ehefrau für irrelevant und wendete § 181 BGB auf einen Vertrag an (RGZ 56, 104 (106)).

kollidieren drohen. Damit nicht durch § 181 BGB der Rechtsverkehr endgültig behindert wird, weist § 181 BGB Ausnahmetatbestände auf, mit denen die Interessenkonflikte kanalisiert werden.

Die Größe und genaue Struktur dieses abgrenzenden Elements gilt es zu erforschen, um die wertungsjuristische Durchdringung des § 181 BGB auf klare Fallgruppen beschränken zu können. Ferner muß ergründet werden, in welchen Fällen § 181 BGB keine Schranke der Vertretungsmacht bildet. Dafür sind zunächst die Zwecke der Vorschrift zu untersuchen.

B. Die Zwecke der Vorschrift des § 181 BGB

Die Diskussion über den telos des § 181 BGB dreht sich um die drei Normzwecke des Schutzes des Vertretenen, der Rechtssicherheit und der Gläubiger.

I. Schutz des Vertretenen

Der Schutz des Vertretenen bei der Überschneidung der Interessen des Vertreters und des Vertretenen ist als Normzweck des § 181 BGB allgemein akzeptiert, denn wenn bei den Ausnahmetatbeständen der Gestattung und der Erfüllung einer Verbindlichkeit das Schutzbedürfnis entfällt, so muß die Norm regelmäßig den Schutz des Geschäftsherrn bezwecken[10].

Die genetische Auslegung bestätigt dieses Ergebnis. Die zweite Kommission hat einen Gegenantrag *Rümelins* zum jetzigen § 181 BGB abgelehnt, demzufolge ein Vertreter ein Insichgeschäft nur sollte vornehmen können, wenn „die Vornahme desselben der ihm obliegenden Fürsorge für den Vollmachtgeber entspricht."[11] In der Begründung der Ablehnung gestand die zweite Kommission ein, daß die Formulierung *Rümelins* den Gesetzeszweck zwar am besten treffe, jedoch abgelehnt werden müsse, weil dadurch die Wirksamkeit des Aktes von einem Moment abhängig gemacht werde, „welches durch seine Unbestimmtheit und seine Unerkennbarkeit für Dritte die Verkehrssicherheit gefährde."[12] Der Schutz des Vertretenen ist daher ein maßgeblicher Zweck des § 181 BGB.

---

[10] Statt aller U. HÜBNER, Interessenkonflikt, S. 10; HILDEBRANDT, S. 4.
[11] PROTOKOLLE, Band I, S. 174, Antrag 4.
[12] PROTOKOLLE a.a.O., S. 175.

II. Schutz der Rechtssicherheit

Aus der genannten Formulierung wird durchweg der zweite Normzweck des § 181 BGB in Form des Schutzes der Rechtssicherheit abgeleitet. § 181 BGB ist formal ausgestaltet; bis auf die Ausnahmen der Gestattung und der Erfüllung einer Verbindlichkeit stellt er eindeutig nicht auf das Vorliegen einer konkreten Interessenkollision, sondern allein auf das Vorliegen eines Insichgeschäfts im beschriebenen Sinne ab.

Die Bedeutung der Rechtssicherheit in ihrer Qualität als Normzweck und in ihrem Umfang läßt sich hingegen nicht präzise aus den Protokollen ableiten[13]. Sie bedarf näherer Untersuchung hinsichtlich ihres Rangs im Vergleich zu dem Vertretenenschutz und anderer geschützter Interessen.

Das Reichsgericht maß dieser Zielsetzung des § 181 BGB noch vorrangige Bedeutung bei und verstand § 181 BGB als „Ordnungsvorschrift", welche bestimmte Arten des Vertragsschlusses verbiete, ohne daß es auf die Gefahr konkreter Interessenverletzungen ankomme[14]. Dieser tatbestandsgetreuen Auslegung haben sich zunächst der *Bundesgerichtshof*[15] und Anhänger der Lehre[16] angeschlossen.

Das überwiegende Schrifttum hat zwar den Schutz der Rechtssicherheit als eigenen Schutzzweck der Norm anerkannt; es will trotzdem dem Aspekt der fehlenden Interessenkollision den Vorzug geben, wenn nach typischen, formalisierten Merkmalen, mithin generell-abstrakt, eine Interessenkollision ausgeschlossen ist[17]. Dann müsse § 181 BGB im Wege einer teleologischen Reduktion eingeschränkt werden, ohne daß es auf die konkrete Schutzbedürftigkeit des Vertretenen ankomme. Unter den gleichen Voraussetzungen ist nach dieser Auffassung der Anwendungsbereich zu erweitern, wenn trotz Fehlens eines formalen Insichgeschäfts eine Interessenkollision typischerweise und offensichtlich gegeben ist[18]. Diesen Auslegungsgrundsätzen hat sich der

---

[13] PROTOKOLLE, a.a.O., S. 175, in denen einzig auf die Gefahr der Unbestimmtheit und Unerkennbarkeit für Dritte hingewiesen wird.
[14] RGZ 68, 172 (176); 103, 417; 157, 24 (31).
[15] BGHZ 21, 229 (231); 33, 189; 50, 8 (11).
[16] Vgl. FLUME AT II, Das Rechtsgeschäft, § 48, 1.
[17] RGRK-STEFFEN, BGB, § 181, Rdnr. 2; Staudinger-SCHILKEN, BGB, § 181, Rdnr. 7; Münchener Kommentar-SCHRAMM (Vorauflage), BGB, § 181, Rdnr. 9 f.; Münchener Kommentar-THIELE, BGB, § 181, Rdnr. 9 f.; Palandt-HEINRICHS, BGB, § 181, Rdnr. 9 ff., 12 ff.; Soergel-LEPTIEN, BGB, § 181, Rdnr. 6.
[18] Statt aller: Münchener Kommentar-THIELE, BGB, § 181, Rdnr. 10.

Bundesgerichtshof[19] angeschlossen, nachdem er seinen früheren Standpunkt aufgegeben hat.

Einige Autoren beschränken den Schutzzweck des § 181 BGB auf den Schutz des Vertretenen und betrachten das Gebot der Rechtssicherheit als einen allgemeinen Rechtsgedanken, der in der mit § 181 BGB getroffenen Regelung besonders berücksichtigt worden sei[20]. Maßgebend sei allein, ob im Einzelfall ein Interessenkonflikt bestehe, vor dem der Vertretene zu schützen sei.

Für die Charakterisierung des Schutzes der Rechtssicherheit als eigener Normzweck spricht, daß § 181 BGB einen Interessenkonflikt formalisiert, indem er einem Vertreter nicht gestattet, ein Rechtsgeschäft mit sich im Namen eines anderen oder als Vertreter eines Dritten vorzunehmen. Schon der Gesetzeswortlaut stellt auf einen formalen Gesichtspunkt ab, nämlich auf das Handeln auf beiden Seiten des Rechtsgeschäfts, womit einer Auflösung in unbestimmte Interessenbewertungen vorgebeugt wird. § 181 BGB verbietet nicht generell dem Vertreter, dort Erklärungen abzugeben, wo sein eigenes Interesse und zugleich die Interessen eines vom ihm Vertretenen berührt werden. Durch diese Formalisierung eines Interessenkonfliktes hat der Gesetzgeber der Rechtssicherheit im Bereich des § 181 BGB eine herausgehobene Stellung verschafft. Dadurch kann die Wirksamkeit von Insichgeschäften leichter beurteilt werden und unnötige Prozesse können vermieden werden[21]. Ferner werden durch die formale Fassung amtliche Verfahren, wie etwa das Grundbuchverfahren, das registerrechtliche und vormundschaftrechtliche Verfahren sowie notarielle Beurkundungsvorgänge erleichtert[22]. Der Schutz der Rechtssicherheit ist daher grundsätzlich als Schutzzweck des § 181 BGB anzuerkennen.

Andererseits ist der Zweck der Sicherung des Rechtsverkehrs nur Hilfsmittel zur Verwirklichung des materiellen Ziels, den Vertretenen und gegebenenfalls andere durch den Interessenkonflikt bedrohte Personen zu schützen. Die Rechtssicherheit wird daher nicht beeinträchtigt, wenn aufgrund abstrakter Merkmale typische Konstellationen ermittelt werden können, in denen eine Interessenkollision ausgeschlossen ist. In diesem Fall ist eine Einschränkung

---

[19] BGHZ 56, 97 (192 f.); 59, 236; 64, 72; 75, 358.
[20] Staudinger-DILCHER, BGB, § 181, Rdnr. 5; BLOMEYER, AcP 172 (1972) 1 (5); Erman-BROX, BGB, § 181, Rdnr. 2; BROX AT, Rdnr. 544.
[21] Kritisch U. HÜBNER, Interessenkonflikt, S. 13, der darauf hinweist, daß die Prüfung einer konkludenten oder gar stillschweigenden Gestattung in manchen Fällen mehr Probleme bereiten kann, als die Prüfung, ob ein Rechtsgeschäft dem Interesse des Vertretenen entsprach.
[22] U. HÜBNER, Interessenkonflikt, S. 14.

des Anwendungsbereichs des § 181 BGB durch eine teleologische Reduktion geboten.

III. Schutz der Gläubiger

Umstritten ist, ob § 181 BGB den Schutz der Gläubiger des Vertretenen bezweckt und wie dieser Schutz abzuleiten und näher aufzufassen ist.

1. Meinungsstand

a) Ablehnung des Gläubigerschutzes als Schutzzweck

Der *Bundesgerichtshof*[23] und die Mehrheit in der Literatur[24] hielten bis zum Inkrafttreten des § 35 Abs. 4 GmbHG für ausgeschlossen, daß § 181 BGB der Gefahr von Vermögensverschiebungen zu Lasten von Gläubigern einer Gesellschaft entgegenwirken sollte. Dafür wurde angeführt, daß bei § 181 BGB die Wirksamkeit nicht von den Gläubigerinteressen, sondern nur von der Zustimmung des Vertretenen abhänge, weshalb der Gläubigerschutz nur als Reflex des § 181 BGB angesehen werden könne[25].

Die Beschränkung der Zwecke des § 181 BGB auf den Schutz des Vertretenen und der Rechtssicherheit wurde durch die Überlegung gestützt, daß eine Interessenidentität dort nicht angenommen werden könne, wo gewöhnlich Interessendivergenz bestehe, wie im Verkehr zwischen der Gesellschaft und ihren Gläubigern[26]. Darüber hinaus sei die Berücksichtigung der Gläubigerinteressen ein zweischneidiges Schwert, welche dazu führen könne, daß für die Gläubiger günstige Rechtsgeschäfte sich als unwirksam erweisen können[27]. Des weiteren wurde bestritten, daß ein wirksamer Gläubigerschutz durch § 181 BGB überhaupt möglich sei, da es für den Rechtskundigen ausreichende Möglichkeiten gebe, diese Norm - etwa im Wege der Untervertretung - zu umgehen[28].

Zum Teil wird selbst nach der Einführung des § 35 Abs. 4 GmbHG auf der Ablehnung des Gläubigerschutzes durch § 181 BGB beharrt. Die Einführung des

---

[23] BGHZ 56, 97 (104 f.).
[24] So ausdrücklich Soergel-LEPTIEN, BGB, § 181, Rdnr. 3; BLOMEYER, AcP 172 (1972) (5 f.); FRANK, NJW 1974, 1073; ZÖLLNER, Schranken, S. 186; ALTMEPPEN, NJW 1995, 1182 (1184); vgl. auch U. HÜBNER, Interessenkonflikt, S. 231.
[25] U. HÜBNER, Interessenkonflikt, S. 18.
[26] ZÖLLNER, Schranken, S. 186.
[27] BGHZ 56, 97(104).
[28] BGHZ 56, 97 (104); U. HÜBNER, Interessenkonflikt, S. 257.

§ 35 Abs. 4 GmbHG sei für den Normzweck und die Auslegung des § 181 BGB ohne Einfluß, da § 35 Abs. 4 GmbHG eine mißglückte Vorschrift sei[29].

b)   Anerkennung des Gläubigerschutzes

Die heute herrschende Ansicht sieht durch § 181 BGB zugleich die Gläubiger geschützt[30]. § 35 Abs. 4 GmbHG wird als Bestätigung oder Neueinführung des Gläubigerschutzes in die Normzwecke des § 181 BGB gesehen. Allerdings sind sowohl die Auswirkungen des § 35 Abs. 4 GmbHG auf die Schutzzwecke des § 181 BGB als auch die genaue Ableitung und inhaltliche Ausgestaltung des Gläubigerschutzes durch § 181 BGB noch nicht zur Genüge geklärt.

aa)   Auf die Publizität der Gestattung beschränkter Gläubigerschutz

Nach *Ziche* besteht der Schutzzweck des § 35 Abs. 4 GmbHG nicht im Schutz der GmbH als Vertretene selbst[31]. Es gehe dem Gesetzgeber nur um den Hinweiseffekt der publizierten Gestattung, welche potentielle Geschäftspartner vor zulässigen und dinglich bis zur Schwelle des § 30 GmbHG wirksamen Insichgeschäften der GmbH warne. Für Rechtsgeschäfte eines potentiell dolosen Geschäftsführers, die gegen § 30 GmbHG verstoßen, gelte § 181 BGB hingegen nicht[32].

Dies bedeute, daß der Schutz der vertretenen Person im Einzugsbereich der §§ 35 Abs. 4 S. 1 GmbHG, § 181 BGB als Normzweck eliminiert sei[33]. Das Selbstkontrahierungsverbot sei durch die lex posterior des § 35 Abs. 4 S. 1 GmbHG hinsichtlich seines Schutzzwecks entfremdet. Der ursprüngliche Schutzzweck des Vertretenenschutzes gelte nicht mehr bei der Einmann-GmbH. Damit schließt *Ziche* aus, daß § 181 BGB einen mittelbaren Gläubigerschutz über den Schutz der vertretenen juristischen Person durch die Verhinderung des Selbstkontrahierens des Einmanngesellschafters bezweckt.

---

[29]   Hachenburg-MERTENS, GmbHG, § 35, Rdnr. 60 und Fn. 119; kritisch: ROWEDDER, ZRP 1979, 196 (197); vgl. auch KANZLEITER, DNotZ 1996, 819 (820), der den Gläubigerschutz durch die Publizität der Gestattung als eine „*Fata Morgana*" ansieht und den vom Gesetzgeber geäußerten Willen (BT-DRUCKS 8/3908, S. 74) für falsch und unbeachtlich hält.
[30]   So schon früher RGRK-STEFFEN, BGB, § 181, Rdnr. 1; weitere Nachweise bei PLANDER, S. 33, Fn. 215 ff.; zur Rechtslage nach der Einführung des § 35 Abs. 4 GmbHG vgl. statt aller Scholz-SCHNEIDER, GmbHG, § 35, Rdnr. 103.
[31]   ZICHE, S. 160 ff, ebenso BACHMANN, ZIP 1999, 85 (87).
[32]   ZICHE, S. 39 ff. und 49.
[33]   ZICHE, S. 161.

bb) Gläubigerschutz nur bei der Einmann-GmbH

Nach einer anderen Ansicht gewährleistet § 181 BGB wegen § 35 Abs. 4 GmbHG nur für den Bereich der Einmann-GmbH einen Gläubigerschutz. Für die nicht von § 35 Abs. 4 GmbHG erfaßten Fälle bestehe kein Gläubigerschutz durch § 181 BGB[34].

cc) § 35 Abs. 4 als Rechtsfortbildungsverbot für § 181 BGB

Pawlowski betrachtet § 181 BGB als Gewährleistung des Gläubigerschutzes und sieht in § 35 Abs. 4 GmbHG zugleich ein Verbot der Rechtsfortbildung bei § 181 BGB[35]. Nach *Kreutz* widerspricht die Vorstellung eines allgemeinen Rechtsfortbildungsverbots bei § 181 BGB den üblichen Auslegungsregeln[36]. Sie hätte bei dem damaligen Entwicklungsstand der Diskussion zu § 181 BGB deutlicher anklingen müssen. Die Wirkung des § 35 Abs. 4 GmbHG beschränke sich auf ein allgemeines Verbot der teleologischen Reduktion bei § 181 BGB[37].

2. Stellungnahme und eigener Ansatz

Ein weiteres Erklärungsmodell des § 35 Abs. 4 S. 1 GmbHG bildet die Annahme, daß es dem Gesetzgeber der GmbH-Novelle in erster Linie darum ging, die Entwicklung der Rechtsprechung in Bezug auf die teleologische Reduktion des § 181 BGB bei der Einmann-GmbH rückgängig zu machen und mehr Vorsicht im Umgang mit der teleologischen Reduktion der Norm anzumahnen. § 35 Abs. 4 S. 1 GmbHG wäre dann eine punktuelle Korrektur der bisherigen Auslegung des § 181 BGB. Insofern wäre der heutige Normzweck des § 181 BGB mit dem vor der Einführung des § 35 Abs. 4 S. 1 GmbHG identisch.

Die Bedeutung der Verweisung des § 35 Abs. 4 S. 1 GmbHG auf § 181 BGB und damit auf die Teleologie des § 181 BGB kann erst bestimmt werden, wenn dargelegt ist, aufgrund welcher Veranlassung der Gesetzgeber diese Norm eingeführt hat.

---

[34] BÜLOW, DB 1982, 527(527 f.); BACHMANN, ZIP 1999, 85 (87); wohl auch H. HÜBNER, AT, Rdnr. 1326, der in § 35 Abs. 4 S. 1 GmbHG eine Sinnerweiterung des § 181 BGB sieht.
[35] PAWLOWSKI, AT, Rdnr. 794; gleicher Meinung dürfte CANARIS (Die Feststellung von Lücken im Gesetz, S. 192) sein, der eine teleologische Reduktion für unzulässig hält, wenn sekundärer Schutzzweck einer Norm die Rechtssicherheit ist.
[36] KREUTZ, FS Mühl, 409 (413 ff.), der die Frage eines Rechtsfortbildungsverbots durch § 35 Abs. 4 S. 1 GmbHG aufgeworfen hat.
[37] KREUTZ, FS Mühl, 409 (420).

Entweder wollte der Gesetzgeber nur eine Fehlentwicklung in der Anwendung des § 181 BGB korrigieren oder er wollte eine wirkliche Änderung der Rechtslage und damit vielleicht auch der Normzwecke des § 181 BGB, ohne hierdurch die von der herrschenden Meinung vertretene teleologische Reduktion des § 181 BGB kritisieren zu wollen.

Zur Beantwortung dieser Frage ist maßgeblich, inwieweit in der Rechtsprechung zur teleologischen Reduktion des § 181 BGB beim Alleingesellschafter-Geschäftsführer einer GmbH eine Fehlentwicklung lag, die der gesetzgeberischen Korrektur bedurfte. In seiner Grundsatzentscheidung zur teleologischen Reduktion des § 181 BGB beim Einmanngesellschafter-Geschäftsführer ordnete der *Bundesgerichtshof* den Gläubigerschutz als Unterpunkt des Normzwecks des Schutzes der Rechtssicherheit ein[38]. Er maß dem Schutz der Gläubiger trotzdem keine wesentliche Bedeutung zu, weil ein Gläubigerschutz über § 181 BGB ein zweischneidiges Schwert für die Gläubiger sei und weil ein zusätzlicher Schutz der Gläubiger über die §§ 30, 31 GmbHG und §§ 29 ff. KO[39] hinaus weder erforderlich noch geeignet sei. Diese Schwerpunktbildung dürfte der Vorstellung des Gesetzgebers bei der Fassung des Bürgerlichen Gesetzbuches entsprochen haben, welche sich hauptsächlich an den Interessen der am Rechtsgeschäft unmittelbar beteiligten Personen orientiert hat. Zudem zog der *Bundesgerichtshof* unzulässigerweise aus den Umgehungsmöglichkeiten für Rechtskundige und damit aus Schwächen in der Anwendung des § 181 BGB als Gläubigerschutznorm den Schluß, daß dieser die Gläubiger nicht wirksam schützen könne und diesen Schutz nicht bezwecke[40].

Der Schutzzweck einer Norm ist dementgegen vorab zu ermitteln und anschließend optimal in ihrer Anwendung durchzusetzen. Die Einführung des § 35 Abs. 4 S. 1 GmbHG deckt diese Fehlentwicklung in der Anwendung des § 181 BGB auf. Dies kann nur bedeuten, daß § 181 BGB schon immer die Gläubiger schützen sollte. Insofern hat § 35 Abs. 4 S. 1 GmbHG, was die Frage der teleologischen Reduktion bei der Einmann-GmbH betrifft, den Charakter einer deklaratorischen Korrekturnorm. Damit sind die Schutzzwecke des § 35 Abs. 4 S. 1 GmbHG und des § 181 BGB identisch, so daß einerseits keine Analogien zu § 35 Abs. 4 S. 1 GmbHG notwendig sind, um § 181 BGB als Gläubigerschutznorm anzuwenden, und anderseits keineswegs aus einem Umkehrschluß zu § 35 Abs. 4 S. 1 GmbHG gefolgert werden kann, daß § 181 BGB nicht die Gläubiger schützt. Zugleich enthält § 35 Abs. 4 S. 1 GmbHG den

---

[38] BGHZ 56, 97 (104 f.).
[39] Jetzt §§ 129 ff. InsO.
[40] BGHZ 56, 97 (104 f.).

gesetzgeberischen Auftrag, die Schwächen in der bisherigen Anwendung des § 181 BGB im Hinblick auf den Gläubigerschutz zu überwinden. § 181 BGB ist daher umgehungsfeindlich auszulegen und nur teleologisch zu reduzieren, wenn seine Schutzzwecke nicht beeinträchtigt werden.

Hierauf beschränkt sich gleichwohl die Bedeutung des § 35 Abs. 4 S. 1 GmbHG. Die Einordnung des § 35 Abs. 4 S. 1 GmbHG als generelles Rechtsfortbildungsverbot oder als allgemeines Verbots der teleologischen Reduktion geht nach meiner Einschätzung über die Intention des Gesetzgebers hinaus und verstellt damit den Weg für eine anerkannte Methode der Rechtsfortbildung, ohne daß dafür ein erkennbares Bedürfnis besteht[41].

Nach der Einführung des § 35 Abs. 4 S. 1 GmbHG steht daher fest, daß § 181 BGB eine Gläubigerschutznorm ist. Dies führt zur Frage nach der inhaltlichen Ausgestaltung des Gläubigerschutzes durch § 181 BGB.

Ziche beschränkt den durch §§ 181 BGB, 35 Abs. 4 S. 1 GmbHG bewirkten Gläubigerschutz auf die Einmann-GmbH und auf den Gesichtspunkt der Rechtssicherheit durch Publizität der Gestattung.[42] Eine Bedeutung des durch § 181 BGB bezweckten Vertretenenschutzes für den Schutz der Gläubiger lehnt er dagegen ab.

Diese auf die Hinweisfunktion der Gestattung begrenzte Betrachtungsweise greift zu kurz. Eine bloße Hinweispflicht als Unterzweck der Rechtssicherheit hätte der Gesetzgeber gleichermaßen dadurch erreichen können, daß er die Eintragungspflichtigkeit der Befreiung vom Verbot des Selbstkontrahierens direkt angeordnet hätte.

Besinnt man sich auf die ursprüngliche Funktion der Norm, so wird deutlich, daß die Ableitung des Gläubigerschutzes sowohl aus dem Aspekt der Rechtssicherheit in Form der Publizität der Gestattung als auch aus dem Normzweck des Vertretenenschutzes in Form eines Bestandsschutzes der Gesellschaft als Schuldner ableiten läßt[43]. Die Gläubiger von Kapitalgesellschaften müssen sich

---

[41] Hätte der Gesetzgeber ein generelles Verbot der teleologischen Reduktion bei § 181 BGB gewollt, so hätte er nicht nur von der Gefahr „privater Entnahmen" der Gesellschafter, sondern auch von Zuwendungen der Gesellschafter sprechen müssen, da die Fallgruppe der teleologischen Reduktion bei „lediglich rechtlich vorteilhaften Geschäften" zum Zeitpunkt der GmbH-Reform die fast einhellige Ansicht war. Vgl. aber BT-DRUCKS. 8/3908, S. 74.

[42] Siehe oben Fn. 31.

[43] In diesem Sinne wohl LESSMANN, BB 1976, 1377 (1378).

primär an das Gesellschaftsvermögen halten. Daß dies gesetzgeberisch intendiert war, folgte schon immer aus den Vorschriften der §§ 13 Abs. 2, 30, 31, 43 Abs. 3, 58 und 64 GmbHG. Diese beruhen auf dem Gedanken eines zwar beschränkten, jedoch zum Schutz der Gläubiger gegenüber Eingriffen der Gesellschafter in seinem Bestand geschützten Haftungsfonds der GmbH[44].

In die gleiche Richtung zielen die aktienkonzernrechtlichen Vorschriften der §§ 300, 301, 302, 311, 317 ff. AktG, die allesamt zur Erhaltung der Substanz der abhängigen Gesellschaft und ihrer Eigenständigkeit beitragen. Sie können für den hier verfolgten Gedanken nutzbar gemacht werden, auch wenn sie nur für die abhängige Aktiengesellschaft gelten, da das Aktienkonzernrecht vom Gesetzgeber als Grundkonzeption eines Unternehmenskonzernrechts angesehen wurde[45]. Der Gesetzgeber hat mithin auch im Konzernrecht den Schutz des bestehenden Vermögens der Schuldnergesellschaft für maßgebend erachtet und der Idee einer bürgschaftsähnlichen Haftung des herrschenden Unternehmens gegenüber den Gläubigern eine klare Absage erteilt.

Einen Vermögensschutz bewirkt ferner § 92 Abs. 1 AktG, nach dem der Vorstand eine außerordentliche Hauptversammlung einberufen muß, wenn ein Verlust in Höhe der Hälfte des Grundkapitals besteht[46].

Wenn die früher herrschende Meinung[47] zur teleologischen Reduktion des § 181 BGB die Einmann-GmbH nur als Träger der Vermögensinteressen der an ihr beteiligten Personen ansieht, so berücksichtigt sie nicht, daß das Gesetz in den oben angeführten Vorschriften das Vermögen der juristischen Personen nur am Rande für ihre Gesellschafter und primär für ihre Gläubiger schützt. Zwar haben die Gesellschafter die Gesellschaft zur Wahrnehmung bestimmter Aufgaben gegründet, durch die Gründung entsteht gleichwohl ein neues Rechtssubjekt mit einem vermögensrechtlichen Eigenleben[48].

Diese Fehleinschätzung korrigiert § 35 Abs. 4 S. 1 GmbHG. Nach dessen Einführung kann der Gläubiger mangels anderweitiger Verlautbarung davon ausgehen, daß das Selbstkontrahieren dem Gesellschafter-Geschäftsführer einer Einmann-GmbH nicht gestattet ist, so daß die Einmann-GmbH nicht als ein in besonderer Form verwalteter Teil des dem Einmanngesellschafters zustehenden

---
[44] ULMER, ZHR 148 (1984), 391 (408).
[45] ULMER, ZHR 148 (1984), 391 (408 f.).
[46] Näheres bei MARTENS, ZGR 1972, 254 (256 ff.); MERTENS, AG 1983, 173 ff.
[47] Vgl. nur U. HÜBNER, Interessenkonflikt, S. 232; nach KERN, JA 1990, 281 (283) handelt es sich bei der Einmann-GmbH und ihrem Gesellschafter materiell um eine Person.
[48] IMMENGA/WERNER, GmbHR 1976, 53 (55).

Vermögens betrachtet werden kann[49]. Wird die juristische Person in diesem Sinne als Vertretene und Vermögensträger hinreichend gewürdigt, so beinhaltet der Schutz des Vermögens der vertretenen selbständigen juristischen Person zugleich den Schutz der Gläubiger. Die im GmbH-Recht vorgenommene Gleichstellung des Einmanngesellschafter mit „seiner" GmbH im Sinne einer völligen Interessenidentität ist seit der Einführung des § 35 Abs. 4 S. 1 GmbHG abzulehnen.

Die Rechtsordnung geht vielmehr von einem eigenen Interesse der juristischen Person aus[50].

Als Teilergebnis ist folglich festzustellen, daß über den Schutz des Vertretenen zugleich der Schutz der Gesellschaftsgläubiger bezweckt wird.

Der Vertretenenschutz bildet dennoch nur im gesetzlichen Regelfall der fehlenden Gestattung[51] die Stütze des Gläubigerschutzes in § 181 BGB. Wird der Vertretenenschutz durch die Befreiung des Einmanngesellschafters vom Verbot des Selbstkontrahierens ausgeschaltet, so füllt die Warnfunktion der publizierten Gestattung als Ausfluß der Rechtssicherheit die frei gewordene Schutzlücke aus. Die Verlautbarung der Gestattung im Handelsregister warnt den Rechtsverkehr davor, daß die schwer überschaubaren Insichgeschäfte in der betreffenden Gesellschaft vorgesehen sind[52]. Diese Warnfunktion des Handelsregisters wird in Zukunft noch verbessert werden, wenn das Handelsregister, wie in § 8 a Abs. 1 HGB bereits für zulässig erklärt, vollelektronisch geführt wird. Dann werden die Gläubiger mittels der Internet-Technologie die Registerdaten der Gesellschaften abfragen können, mit denen sie geschäftlich in Kontakt treten[53].

---

[49] Davon geht jedoch der BGH in: BGHZ 61, 380 = NJW 1974, 134 aus, wenn er eine Schädigung der Einmann-GmbH als „unmittelbare" Schädigung des Gesellschafters ansieht.

[50] Der Bundesgerichtshof scheint seit der TBB-Entscheidung (BGHZ 122, 123 (130 ff.) von einem eigenständigen Interesse der Einmann-GmbH auszugehen, wenn er von der nicht angemessenen Rücksichtnahme auf die Belange der abhängigen GmbH spricht. Das Bestehen eines Eigeninteresses der GmbH gegenüber ihrem Gesellschafter wird im neueren Schrifttum auch überwiegend bejaht. Vgl. nur ASSMANN, JZ 1986, 928 (931 f.); BURGARD, WM 1993, 925 (927); FLECK, ZHR 149 (1985), 387 (394 f.); K. SCHMIDT, BB 1985, 2074 (2077); ULMER, ZHR 148 (1984), 391, 412 ff.; ablehnend LUTTER, ZIP 1985, 1425.

[51] Welcher in der Praxis der Ausnahmefall ist.

[52] FISCHER, FS Hauß, S. 61 (70).

[53] Bedauerlicherweise hinkt Deutschland der Entwicklung in anderen europäischen Ländern hinterher, da die Führung der Handelsregister Sache der Bundesländer ist. In Frankreich führt das *Institut National de la Propriété Industrielle*, in Dänemark die *Publicom* und in

Die Gläubiger sind somit durch ein mehrstufiges System geschützt, das kumulativ durch den Bestandsschutz der vertretenen juristischen Person und der Publizität der Gestattung als besonderer Ausformung des Schutzes der Rechtssicherheit gebildet wird[54].

Weiterhin ist festzustellen, daß die Anwendbarkeit der Kapitalerhaltungsvorschriften der §§ 30 ff. GmbHG entgegen *Ziche* einen parallel dazu im oben entwickelten Sinne wirkenden Gläubigerschutz durch § 181 BGB nicht ausschließt[55]. Die Normen ergänzen vielmehr einander. Hier können die Grundsätze der „Kippschen Lehre von der Doppelnichtigkeit"[56] eines Rechtsgeschäft verwertet werden, mit der Folge, daß ein Insichgeschäft nach § 181 BGB schwebend unwirksam und zugleich nach den § 30 Abs. 1 GmbHG verboten sein kann. Ein solcher doppelter Schutz vermeidet etwaige Beweisschwierigkeiten bezüglich des Vorsatzes des Geschäftsführers bei der Verletzung des § 30 Abs. 1 GmbHG[57], und stärkt die Position der vertretenen juristischen Person sowie der Gläubiger. Der Blick auf die Rechtsfolgen der Normen bestätigt dieses Ergebnis, da ein Verstoß gegen die §§ 30 ff. GmbHG nicht zur Ungültigkeit des Rechtsgeschäfts führt, sondern nur einen Anspruch auf Rückgewähr der ohne angemessene Gegenleistung erlangten Vorteile begründet (§ 31 Abs. 1

Großbritannien die *Mercury Communications* das elektronische Handelsregister. Beachtlich ist, daß Österreich das alte Handelsregister in Papierform abgeschafft und dieses durch ein elektronisches Firmenbuch ersetzt hat (vgl. http://www.jura.uni-duesseldorf.de/dozenten/noack/kommunik.htm).
Das bayrische Justizministerium hat inzwischen angekündigt, daß es im Verbund mit Nordrhein-Westfalen und Sachsen die bayerische Justiz die Handelsregister der Amtsgerichte mit einem EDV-System zur maschinellen Registerführung (RegisSTAR) ausrüsten wird. Über eine "Online-Auskunft" können dann externe Nutzer wie Rechtsanwälte, Notare und Kreditinstitute in ihren Büroräumen vom Schreibtisch aus in das Handelsregister Einsicht nehmen. Die Erprobung des Programmes soll im Frühjahr 2000 beginnen (vgl. dazu die Presseerklärung von Justizminister Alfred SAUTER 15. April 1999 unter http://www.justiz.bayern.de /presseer.htm).

[54] ZICHE (siehe oben Fn. 31.) erkennt dieses vom Gesetzgeber vorgesehene Zusammenspiel von Vertretenenschutz und Schutz der Rechtssicherheit nicht. Aus diesem Grunde bezeichnet er den Gläubigerschutz durch die Publizität der Gestattung als eine „Zweckentfremdung" des § 181 BGB durch § 35 Abs. 4 GmbHG, welchen er wegen der eindeutigen Gesetzesbegründung als Schutzzweck jedoch anerkennt.

[55] ZICHE, a.a.O.

[56] KIPP, FS für v. Martitz, 211 (224 ff.).

[57] Der Vorsatz bezüglich des Entstehens einer Unterbilanz ist nach der herrschenden Meinung Voraussetzung für die Nichtigkeit, vgl. BGHZ 81, 311 = NJW 1982, 383 (385 u. 387); OLG DÜSSELDORF, ZIP 1989, 1458 = GmbHR 1990, 134; WILHELM, FS Flume II, 337 (384 ff.).

GmbHG). Eine Spezialität der §§ 30 ff. GmbHG gegenüber § 181 BGB würde jedenfalls eine gleichlautende Rechtsfolge voraussetzen[58].

3. Ergebnis

Durch die Einführung des § 35 Abs. 4 S. 1 GmbHG rückt der bisher nicht hinreichend herausgearbeitete und durchgesetzte Schutz der Gesellschaftsgläubiger als dritter Normzweck wieder in den Vordergrund. Insofern korrigiert § 35 Abs. 4 S. 1 GmbHG die Fehlentwicklung, die in der teleologischen Reduktion des § 181 BGB bei der Einmann-GmbH bestand, ohne ihm eine neuartige Bedeutung zuzumessen. Aus diesem Grunde ist § 35 Abs. 4 S. 1 GmbHG ausschließlich eine deklaratorische Vorschrift, die keine anderen Schutzzwecke als § 181 BGB verfolgt.

Der Schutz der Gläubiger ist kumulativ aus den Normzwecken des Vertretenenschutzes und des Schutzes der Rechtssicherheit abzuleiten, wobei der Vertretenenschutz im gesetzlichen Regelfall maßgebend ist und im gesetzlichen Ausnahmefall der Gestattung durch die Publizität der Gestattung ersetzt wird. Insofern besteht ein mehrstufiges System des durch § 181 BGB bewirkten Gläubigerschutzes.

Die Kapitalerhaltungsvorschriften der §§ 30 ff. GmbHG, 57 ff. AktG verdrängen die Anwendbarkeit des § 181 BGB nicht, da sie andere tatbestandliche Voraussetzungen und Rechtsfolgen haben. Vielmehr ergänzen sie sich in ihrer parallelen Anwendbarkeit.

Dieses Ergebnis ist bei der Anwendung des § 181 BGB im folgenden zu beachten.

---

[58] Entsprechendes gilt für die §§ 57 ff. AktG, die jedoch nach zutreffender Ansicht keine Nichtigkeit sondern nur den Ausgleichsanspruch des § 63 AktG zur Folge haben, vgl. beispielsweise: FLUME, ZHR 144 (1980), 18 (23 ff.); WILHELM, FS Flume II, 337 (384 ff.); JOOST, ZHR 149 (1985), 419 (421 ff.).

§ 3 Der Anwendungsbereich des § 181 BGB beim Abschluß von Rechtsgeschäften im Gesellschaftsrecht

Verträge zwischen einer Gesellschaft und ihrem organschaftlichen Vertreter können vielfältiger Natur sein. Den wichtigsten Vertrag zwischen der Gesellschaft und ihrem organschaftlichen Vertreter bildet der Anstellungsvertrag. Ferner werden in der Praxis häufig Darlehensverträge abgeschlossen oder es werden Betriebsgrundstücke von dem organschaftlichen Vertreter gemietet, gepachtet oder gekauft. Die Möglichkeiten der rechtsgeschäftlichen Beziehungen sind nahezu unbegrenzt und mit ihnen die Gefahr von Interessenkollisionen. Insbesondere besteht die Gefahr, daß der Organvertreter Vermögensgegenstände der Gesellschaft ohne angemessene Gegenleistung auf sich überträgt oder Miet-, Kauf- und Pachtverträge zu überhöhten Preisen abschließt.

A. Anwendbarkeit des § 181 BGB auf die organschaftlichen Vertreter

Bei der organschaftlichen Vertretung juristischer Personen - und ebenso bei den Personengesellschaften des Handelsrechts - findet § 181 BGB unabhängig davon Anwendung, ob man die Organe als gesetzliche Vertreter ansieht oder nicht[59]. Bei Ablehnung der Vertretereigenschaft von Organmitgliedern wird § 181 BGB analog angewendet[60]. Dies überzeugt, denn ein Organ einer juristischen Person ist weder ein gesetzlicher noch ein gewillkürter Vertreter. Maßgeblich ist jedoch, daß ein Organ einer juristischen Person einem Vertreter vergleichbar Interessen wahrnimmt, so daß deren Interessen wie bei der gewillkürten Stellvertretung geschützt werden müssen[61]. Diese Betrachtungsweise wird durch § 26 Abs. 2 BGB gestützt, welcher das Organ einer juristischen Person einem Vertreter gleichstellt[62].

Hieran hat sich durch die Einführung des nach der hier entwickelten Ansicht[63] nur deklaratorischen § 35 Abs. 4 S. 1 GmbHG nichts geändert, obwohl man im Umkehrschluß zu dieser Norm annehmen könnte, daß § 181 BGB allein für den

---

[59] BGHZ 33, 189; 56, 97 (101); Erman-BROX, BGB, § 181, Rdnr. 7; Münchener Kommentar-SCHRAMM (Vorauflage), BGB, § 181, Rdnr. 33; Soergel-LEPTIEN, BGB, § 181, Rdnr. 18; Staudinger-SCHILKEN, BGB, § 181, Rdnr. 19 ff.
[60] BGHZ 33, 189 (190); 56, 97 (101), REINICKE/TIEDTKE, GmbHR 1990, 200.
[61] BERNS, S. 61 ff.
[62] PLANDER, S. 13 f.
[63] Siehe oben § 2 B III 2.

Alleingesellschafter-Geschäftsführer gelte[64], denn die Begründung zu § 35 Abs. 4 S. 1 GmbHG zeigt, daß der Gesetzgeber nur die Rechtsprechung zur teleologischen Reduktion des § 181 BGB korrigieren wollte[65]. Dafür spricht auch, daß § 181 BGB nach der schon immer einhelligen Meinung auf Organe angewendet wurde, so daß ein Abgehen von dieser Meinung einer besonderen Begründung bedurft hätte.

B. Selbstkontrahieren

Hauptanwendungsfall des § 181 BGB ist das Selbstkontrahieren, bei dem der organschaftliche oder rechtsgeschäftliche Vertreter mit sich selbst als anderer Partei einen Vertrag abschließt. Hierbei erfaßt § 181 BGB obligatorische, dingliche, familien- und erbrechtliche Verträge[66].

C. Mehrvertretung

Ferner verbietet § 181 BGB die Mehrvertretung, bei der dieselbe Person als organschaftlicher oder rechtsgeschäftlicher Vertreter von zwei Gesellschaften ein Rechtsgeschäft zwischen diesen abschließt.

D. Parallele Willenserklärungen

§ 181 BGB ist bei parallelen Willenserklärungen weder direkt noch analog anwendbar, bei denen jemand einen Vertrag zugleich im eigenen und im Namen eines oder mehrerer Vertretenen abschließt, da es an einer generell-abstrakt faßbaren, vom Einzelfall abstrahierbaren Interessenkollision in Form einer Personenidentität fehlt[67].

Das gleiche gilt, wenn der Stellvertreter die beiden Vertretenen gemeinsam gegenüber einem Dritten vertritt[68]. Auch hier fehlt es an der Personenidentität.

---

[64] Vgl. BÜHLER, DNotZ 1983, 588 (590 in Fn. 9).
[65] Siehe oben § 2 B III 2.
[66] Insoweit unstrittig, vgl. Staudinger-SCHILKEN, BGB, § 181, Rdnr. 10 f. mit umfangreichen weiteren Nachweisen.
[67] RGZ 127, 103 (105); BGHZ 50, 8 (10); BGHZ 94, 132 (137) = NJW 1985, 2409 = ZIP 1985, 745; Münchener Kommentar-SCHRAMM (Vorauflage), BGB, § 181, Rdnr. 12; Staudinger-SCHILKEN, BGB, § 181, Rdnr.8; Palandt-HEINRICHS, BGB, § 181, Rdnr. 7.
[68] Staudinger-SCHILKEN, BGB, § 181, Rdnr. 15.

E. Einseitige Rechtsgeschäfte

I. Gewöhnliche einseitige Rechtsgeschäfte

Gewöhnliche einseitige Rechtsgeschäfte, welche einer empfangsbedürftigen Willenserklärung bedürfen, wie Kündigung, Rücktritt, Ermächtigung, Vollmachtserteilung oder Zustimmung, unterliegen unstreitig dem Verbot des § 181 BGB[69]. Der Vertreter nimmt zwar das einseitige Rechtsgeschäft nicht „mit" sich selbst vor, sondern nur sich selbst „gegenüber". Dies ist aber unerheblich, da die Gefahr einer Benachteiligung für den Vertretenen besonders groß ist, wenn der Vertreter einseitig rechtsgestaltend in ein Rechtsverhältnis zum Vertretenen eingreift. Insofern ist der Begriff des „Selbstkontrahierens" zu eng gefaßt.

II. Wahlweise an mehrere private Adressaten richtbare Erklärungen

Teilweise darf eine einseitige Erklärung an mehrere private Adressaten gerichtet werden[70]. Ist dann einer der möglichen Adressaten der materiell betroffene Erklärungsempfänger, weil die Erklärung ihm gegenüber ein Insichgeschäft ist, so ist an eine entsprechende Anwendung des § 181 BGB zu denken[71].

Vertritt beispielshalber der als Vorerbe eingesetzte gesetzliche Vertreter des minderjährigen Nacherben diesen bei einer Zustimmungserklärung zu einer von ihm getroffenen Verfügung i. S. d. §§ 2113, 2114 S. 3 BGB über den Nachlaß und gibt er die Zustimmungserklärung gegenüber dem durch die Verfügung Begünstigten und nicht gegenüber sich selbst ab, so wird eine Anwendung des § 181 BGB durch die Rechtsprechung[72] und Teile der Literatur[73] abgelehnt.

Die Gegenansicht verweist darauf, daß der Erklärende sich unter mehreren ohne Berücksichtigung der Problematik des Insichgeschäfts denjenigen aussuchen könne, bei dem die in § 181 BGB formal vorausgesetzte Personenidentität nicht

---

[69] Unstreitig vgl.: RGZ 143, 350 (352); BGH, NJW-RR 1991, 1441; Staudinger-SCHILKEN, BGB, § 181, Rdnr. 13; FLUME AT II, Das Rechtsgeschäft, § 48, 2; Palandt-HEINRICHS, BGB, § 181, Rdnr. 6; ausführlich zur Problematik der einseitigen Rechtsgeschäfte U. HÜBNER, Interessenkonflikt, S. 94 ff.
[70] Vgl. §§ 182 Abs. 1, 1064, 1225 Abs. 1. BGB.
[71] Staudinger-SCHILKEN, BGB, § 181, Rdnr. 40.
[72] BAYOBLG, NJW-RR 1986, 1077.
[73] Palandt-HEINRICHS, BGB, § 181, Rdnr. 8; Soergel-LEPTIEN, BGB, § 181, Rdnr. 31.

vorliege[74], so daß eine analoge Anwendung des § 181 BGB geboten sei. Dem ist nach der hier vertretenen Ansicht zuzustimmen, nach welcher § 181 BGB umgehungsfeindlich angewendet werden muß[75], denn die Interessenkollision des Vertreters und Vorerben besteht unabhängig davon, ob die Zustimmung ihm oder dem Geschäftsgegner gegenüber erklärt wird.

III. Amtsempfangsbedürftige Rechtsgeschäfte

Die Anwendbarkeit des § 181 BGB für amtsempfangsbedürftige Rechtsgeschäfte ist umstritten, da es sich bei diesen um eine nichtempfangsbedürftige Willenserklärung im Sinne des BGB handelt[76].

Bei amtsempfangsbedürftigen Willenserklärungen ist zunächst zwischen solchen zu unterscheiden, die der Vertreter auch wahlweise gegenüber sich selbst hätte vornehmen können[77] und solchen, die nur gegenüber einer staatlichen Stelle abgegeben werden können[78].

Bei ersteren ist offensichtlich, daß der Erklärende materiell zugleich der Erklärungsempfänger ist, so daß § 181 BGB wegen des vergleichbaren Interessenkonflikts entsprechend anzuwenden ist[79].

Bei letzteren ist der Interessenkonflikt zwar wegen der fehlenden Möglichkeit, die Erklärung an sich selbst zu richten, nicht ganz so offensichtlich. Es muß § 181 BGB jedoch angewendet werden, da die Erklärung im Ergebnis an den Erklärenden gerichtet ist[80]. Daher kann zum Beispiel ein Vertreter sich nicht die Eintragung der Abtretung einer Hypothek des Vertretenen an sich selbst gegenüber dem Grundbuchamt bewilligen[81]. Ferner kann ein gesetzlicher Vertreter

---

[74] Staudinger-SCHILKEN, BGB, § 181, Rdnr. 41; Münchener Kommentar-SCHRAMM (Vorauflage), BGB, § 181, Rdnr. 24; Erman-BROX, BGB, § 181, Rdnr. 17; FLUME AT II, Das Rechtsgeschäft, § 48, 2.
[75] Siehe oben § 2 B III 2.
[76] Staudinger-SCHILKEN, BGB, § 181, Rdnr. 40.
[77] Vgl. §§ 875 Abs. 1 S. 2; 876 S. 3; 880 Abs. 3; 1168 Abs. 2; 1183 S. 2 BGB.
[78] Vgl. etwa die §§ 2079 ff. BGB.
[79] BGH, WM 1980, 651; Erman/BROX, BGB, § 181, Rdnr. 16; Münchener Kommentar-SCHRAMM (Vorauflage), BGB, § 181, Rdnr. 24; Soergel-LEPTIEN, BGB, § 181, Rdnr. 30, Staudinger-SCHILKEN, BGB, § 181, Rdnr. 40; FLUME AT II, Das Rechtsgeschäft, § 48, 2.
[80] RGZ 143, 350; LARENZ (Vorauflage), AT § 30 II, S. 598; Alternativkommentar-OTT, BGB, § 181, Rdnr. 12; Münchener Kommentar–SCHRAMM (Vorauflage), BGB, § 181, Rdnr. 24; Staudinger-SCHILKEN, BGB, § 181, Rdnr. 40.
[81] KG BERLIN, KJG 41, 168; Staudinger-SCHILKEN, BGB, § 181, Rdnr. 40.

nicht im Namen des vertretenen Kindes ein Testament anfechten, in dem er selbst der Begünstigte ist[82].

Etwas anderes muß hingegen gelten, wenn die Behörde oder das Gericht nicht nur formell, sondern auch der Sache nach Erklärungsempfänger ist. Aus diesem Grund verstößt die als Vorerbin eingesetzte Mutter als gesetzliche Vertreterin ihres Kindes nicht gegen das Verbot des § 181 BGB, wenn sie für ihr als Nacherbe eingesetztes Kind die Nacherbschaft gemäß § 2081 BGB ausschlägt, selbst wenn sie dadurch Erbin wird[83].

F. Der Geschäftsabschluß durch Untervertreter, Prokuristen, Handlungsbevollmächtigte und weitere Geschäftsführer

I. Meinungsstand

Bei mittelbaren Insichgeschäften in der Form der Bestellung eines Untervertreters kontrahiert der organschaftliche Vertreter nicht direkt mit sich, sondern nur mittelbar über die Einschaltung des Untervertreters. Bei der Untervertretung gibt es zwei Formen. Entweder bestellt der Hauptvertreter einen Substituten, der den Geschäftsherrn unmittelbar vertritt, oder er beauftragt einen Dritten mit seiner Vertretung, während er für den Geschäftsherrn auftritt[84]. Unabhängig von den Untervertretungsvarianten treffen die Rechtswirkungen nur den Vertretenen und Vertreter.

Trotz dieses materiellen Befundes hat die bisherige Rechtsprechung diese Umgehungsform des § 181 BGB für zulässig gehalten[85]. Diese Judikatur wurde als sachgerechtes Korrektiv der „überschießenden Tendenz" der formalen Fassung des § 181 BGB bewertet, welches ein Mittel zur Hand gebe, ordnungsgemäße und interessengerechte Geschäfte zwischen Vertreter und Vertretenem zu ermöglichen[86]. Für die Wirksamkeit des im Wege der Untervertretung

---

[82] RGZ 143, 350, aus diesem Grunde läuft die Anfechtungsfrist bei Unterlassung der Anfechtung nicht ab.
[83] Eine Anwendung des § 181 BGB ablehnend: BayObLGZ 1983, 213 (220 f.); Staudinger-SCHILKEN, BGB, § 181, Rdnr. 40; Münchener Kommentar-SCHRAMM (Vorauflage), BGB, § 181, Rdnr. 24.
[84] Vgl. dazu OLG HAMM, OLGZ 1981, 60 (61 f.) = NJW 1982, 1105 = MDR 1981, 140 = ZIP 1980, 1115.
[85] RGZ 108, 405; 157, 24 (31 f.); W. Schmidt, S. 43; zustimmend im neueren Schrifttum: PAWLOWSKI AT, Rdnr. 796, der die Lösung für nicht interessengerechte Geschäftsabschlüsse im Institut des Mißbrauchs der Vertretungsmacht sieht.
[86] U. HÜBNER, Interessenkonflikt, S. 26.

abgeschlossenen Rechtsgeschäfts komme es nur auf den Nachweis der Interessenwahrung an[87].

Diese Rechtsprechung ist auf Bedenken gestoßen, da sie von einer formalistischen Handhabung der Schutzvorschrift ausgeht und es genügen läßt, wenn auf beiden Seiten des Rechtsgeschäfts verschiedene Personen handeln[88]. Der *Bundesgerichtshof* zweifelt inzwischen an der Richtigkeit seiner bisher vertretenen Auffassung, da niemand mehr Rechte auf einen anderen übertragen könne, als er selbst habe[89].

Die herrschende Meinung in der Literatur befürwortet dagegen eine analoge Anwendung des § 181 BGB[90]. Dem folgen mittlerweile einige Obergerichte[91].

Der Geschäftsabschluß mit einem Prokuristen oder Handlungsbevollmächtigten wird überwiegend nicht der Untervertretung zugeordnet[92]. Einerseits sei der Prokurist zwar weisungsabhängig und durch die organschaftlichen Vertreter kündbar. Darüber hinaus werde die Prokura im Außenverhältnis durch die organschaftlichen Vertreter erteilt und widerrufen. Andererseits entscheide die Gesellschafterversammlung über die Erteilung und den Widerruf der Prokura im

---

[87] U. HÜBNER, Interessenkonflikt, S. 186 ff.
[88] OLG FRANKFURT, OLGZ 1974, 347; FLUME, AT II, Das Rechtsgeschäft, § 48, 4; Münchener Kommentar-THIELE, BGB, § 181, Rdnr. 21; Staudinger-DILCHER, BGB, § 181 Rdnr. 26 f.; Baumbach/Hueck-ZÖLLNER, GmbHG, § 35, Rdnr. 77; HARDER, AcP 170 (1970), 295 (301); Rowedder-Koppensteiner, GmbHG, § 35, Rdnr. 28; Lutter-HOMMELHOFF, GmbHG, § 35, Rdnr. 18; EKKENGA, AG 1985, 40 (44).
[89] BGHZ 64, 72 (74).
[90] Zur Kritik vgl. GÖGGERLE, GmbHR, 1979, 79 (85); Münchener Handbuch des Gesellschaftsrechts III -MARSCH-BARNER/DIECKMANN, § 44, Rdnr. 31; Staudinger-SCHILKEN, BGB, § 181, Rdnr. 35; Roth-ALTMEPPEN, GmbHG, § 35, Rdnr. 63; ENNECERUS-NIPPERDEY, BGB, § 181 III; BLOMEYER, AcP 172 (1972), 1 (18); REINICKE, NJW 1975, 1185;, FLUME AT II, Das Rechtsgeschäft, § 48, 4 nimmt ein regelrechtes Insichgeschäft an.
[91] OLG FRANKFURT, OLGZ 1974, 347; OLG HAMM, ZIP 1980, 1115; nach der neueren Rechtsprechung gilt § 181 BGB sogar, wenn der von § 181 BGB Betroffene für sich selbst einen Vertreter bestellt und zugleich für den anderen einen Untervertreter bestellt und diesen vom Verbot des § 181 BGB befreit, vgl. KG BERLIN, FGPrax 1998, 81; in diesem Zusammenhang ist auch die Entscheidung des BAYOBLG (Rpfleger 1993, 441) zu sehen.
[92] BGHZ 91, 334 (336 f.) = NJW 1984, 2085; Roth-ALTMEPPEN, GmbHG, § 35, Rdnr. 63; BALLOF/FICHTELMANN/GEISSEN/POSDZIECH/WINTER, GmbH-Handbuch, 5310, Rdnr. 26; Scholz-SCHNEIDER, GmbHG, § 35, Rdnr. 93; LARENZ/WOLF, AT, § 46, Rdnr. 140; Baumbach/Hueck-ZÖLLNER, GmbHG, § 35, Rdnr. 77.

Innenverhältnis, so daß dem Prokuristen eine gewisse Selbständigkeit zukommt[93]. Dies gelte erst recht für den Handlungsbevollmächtigten.

Nach der differenzierenden Ansicht von *Schneider*[94] ist bei der Vertretung durch einen Prokuristen zwischen der Lage bei einer Einmann- und einer Mehrpersonen-GmbH zu unterscheiden. Die von der Literatur angeführte Unabhängigkeit fehle, wenn der Geschäftsführer gleichzeitig der Alleingesellschafter sei oder den Alleingesellschafter vertrete; in einem solchen Fall müsse der Prokurist mit einem Widerruf der Prokura rechnen, wenn er sich den Weisungen des Alleingesellschafter-Geschäftsführers widersetze. Seine Stellung gleiche aus diesem Grunde der eines Unterbevollmächtigten. Entsprechendes gelte unter dem Gesichtspunkt des Vertretenenschutzes für den Fremdgeschäftsführer einer Einmann-GmbH, da dieser an die Anordnungen des Alleingesellschafters im Innenverhältnis gebunden und damit jeglicher Haftung entledigt sei[95], so daß seine Stellung der eines Prokuristen oder Handlungsbevollmächtigten in der Einmann-GmbH gleiche[96]. Insofern befürwortet *Schneider* eine analoge Anwendung des § 35 Abs. 4 S. 1 GmbHG.

Ziche[97] hingegen unterscheidet bei der Frage der Untervertretung zwischen dem allgemeinen Zivilrecht und dem Recht der Einmann-GmbH. Bei letzterer will er sämtliche Untervertretungskonstellationen im Wege einer Rechtsanalogie zu §§ 35 Abs. 4 S. 1 GmbHG, 181 BGB erfassen. Angefangen bei dem Unterbevollmächtigten über den Prokuristen bis hin zum „ermächtigten" Fremdgeschäftsführer sei bei fehlender oder ungültiger Befreiung jede Einschaltung eines Dritten verboten. Das Kriterium der „Eigenverantwortlichkeit der Funktion", wie es die Rechtsprechung der Sache nach außerhalb der Verweisung als „Gradmesser" für die Gesetzesanalogie zu § 181 BGB ausgeformt hat, passe im Rahmen von § 35 Abs. 4 S. 1 GmbHG nicht. Bis hin zum Prokuristen sei jede Hilfsperson in dem Moment der eigenen Verantwortung enthoben, in dem der Einmann mit dem Substitutionsanliegen an sie herantrete, weil hierin zugleich die „Absegnung" durch die Gesellschaft liege.

---

[93] Vgl. etwa § 46 Nr. 7 GmbHG.
[94] SCHNEIDER, BB 1986, 201 (206); zustimmend EKKENGA, AG 1985, 40 (44); Münchener Handbuch des Gesellschaftsrechts III -MARSCH-BARNER-DIECKMANN, § 44, Rdnr. 34.
[95] Scholz-SCHNEIDER, GmbHG, § 35, Rdnr. 113.
[96] EKKENGA, AG 1985, 40 (44).
[97] ZICHE, S. 371.

Am weitesten reicht eine Ansicht, die die entsprechende Anwendung des § 181 BGB auf Prokuristen und Handlungsbevollmächtigte einer Mehrpersonen-GmbH erstreckt[98].

II. Stellungnahme

Um § 181 BGB entsprechend auf die Konstellation der Untervertretung anwenden zu können, muß die Interessenlage der des § 181 BGB in direkter Anwendung entsprechen[99].

Nach dem hier vertretenen Standpunkt zur Auslegung des § 181 BGB seit der Einführung des § 35 Abs. 4 S. 1 GmbHG sind der Schutz des Vertretenen, der Rechtssicherheit sowie der Gläubiger mittels des Vertretenenschutzes und gegebenenfalls mittels der Publizität der Gestattung zu prüfen. Hierbei kommt § 35 Abs. 4 S. 1 GmbHG nur die Funktion einer deklaratorischen Korrekturnorm zu[100], weshalb die von *Ziche* vorgenommene strenge Differenzierung zwischen allgemeinem Zivilrecht und dem Recht der Einmann-GmbH in dogmatischer Hinsicht abzulehnen ist.

Betrachtet man die Schutzbedürftigkeit des Vertretenen[101], so ist dieser durch eine Untervertretung genauso gefährdet, wie durch das Selbstkontrahieren. Insbesondere im Fall der Bestellung eines Dritten, der den Vertreter vertritt, hat der Geschäftsherr keine Möglichkeit, die Untervertretung zu verhindern. Dieser Befund widerspricht dem tatbestandlichen Aufbau des § 181 BGB, der dem Geschäftsherrn über die Möglichkeit der Gestattung die Entscheidung über den Erfolg einer vertraglichen Beziehungen mit seinem Vertreter überlassen hat[102]. Bei wirtschaftlicher Betrachtungsweise müßte man dem Vertreter das Rechtsgeschäft des Untervertreters als eigenes zurechnen, was der Struktur des Stellvertretungsrechts der §§ 164 ff. BGB entspräche, welches nicht auf Förmlichkeiten, sondern auf Zurechnungslehren beruht[103]. Der Vertreter kann als Vollmachtgeber der Untervollmacht gemäß § 166 Abs. 2 BGB auf die Entscheidung des Untervertreters einwirken, so daß er bei einer wertenden Betrachtungsweise am Rechtsgeschäft beteiligt bleibt.

---

[98] Lutter-HOMMELHOFF, GmbHG, § 35, Rdnr. 18; Rowedder-KOPPENSTEINER, GmbHG, § 35, Rdnr. 28.
[99] Vgl. zur Methode des Analogieschlusses LARENZ, Methodenlehre, S. 369 ff.
[100] Siehe oben § 2 B III 2.
[101] Und damit zugleich die Schutzbedürftigkeit der Gläubiger die mittelbar über den Vertretenenschutz realisiert wird.
[102] GÖGGERLE, GmbHR, 1979, 79 (85).
[103] K. SCHMIDT, Gesellschaftsrecht § 10 II, S. 272.

Für Prokuristen und Handlungsbevollmächtigte ist im Gegensatz dazu regelmäßig eine andere Beurteilung sachgerecht. Sie werden üblicherweise nicht für ein bestimmtes konfliktbehaftetes Rechtsgeschäft bestellt, sondern üben langfristige Vertretungsfunktionen für eine Gesellschaft aus. Aus diesem Grunde ist der „Umgehungscharakter" nicht im gleichen Maße wie bei der rechtsgeschäftlichen Untervertretung vorhanden, so daß keine der Situation des § 181 BGB vergleichbare Interessenlage vorliegt. Eine Analogie für Prokuristen und Handlungsbevollmächtigte ist daher grundsätzlich abzulehnen, zumal der Rechtsverkehr davon ausgeht, daß diese Personen ihr Verhalten gegenüber dem Vertretenen verantworten müssen, ohne sich durch den Hinweis auf eine Weisung eines organschaftlichen Vertreters entlasten zu können[104].

Etwas anderes muß hingegen gelten, wenn die Prokura oder Handlungsvollmacht von einem Alleingesellschafter einer GmbH erteilt wurde. In diesem Fall droht der jederzeitige Entzug der Prokura, da das Hindernis der Einberufung einer Gesellschafterversammlung, wie in einer mehrgliedrigen Gesellschaft, fehlt.

Ob bei einem Geschäftsabschluß durch einen Zweitgeschäftsführer in der Einmann-GmbH gleichermaßen angebracht ist, muß bezweifelt werden[105], da dieser zwar durch den Alleingesellschafter bestellt wird, aber im Gegensatz zum Prokuristen oder Handlungsbevollmächtigten durchaus in der Lage ist, einen eigenen Standpunkt gegenüber dem Alleingesellschafter zu vertreten. *Göggerle* hat zu recht betont, daß dem Zweitgeschäftsführer keine unmittelbaren Vorteile aus einer Manipulation zu Lasten der Gesellschaft erwachsen. Der Verlust des guten Rufs bei Insolvenz der Gesellschaft oder eine etwaige Haftung aus §§ 43 GmbHG, 826 BGB sprechen vielmehr für die Möglichkeit korrekten Verhaltens des Zweitgeschäftsführers[106].

Die wegen der Gefahren für den Vertretenenschutz zu bejahende Analogie zu § 181 BGB im Fall der Untervertretung in allen Gesellschaftsformen sowie der Vertretung durch Prokuristen und Handlungsbevollmächtigte in einer Einmann-GmbH bedarf noch einer Überprüfung am Maßstab der Rechtssicherheit, um der Gefahr der Uferlosigkeit bei der rechtsfortbildenden Anwendung des § 181 BGB vorzubeugen.

---

[104] ZICHE, S. 290.
[105] So zu recht KREUTZ, FS Mühl, 409 (428); vergleiche auch GÖGGERLE, S. 61; ders., GmbHR 1979, 79 (84).
[106] GÖGGERLE, GmbHR, 1979, 79 (84).

Der Interessenkonflikt zwischen Vertretenem und Vertreter im Fall der einfachen rechtsgeschäftlichen Untervertretung ist für alle Beteiligten gut erkennbar und stellt eine klar abgrenzbare Fallgruppe dar. Eine entsprechende Anwendung entspricht außerdem eher der Parallelwertung juristisch nicht Vorgebildeter. Die Rechtssicherheit wird durch eine Analogie nicht besonders beeinträchtigt[107]. Dafür spricht auch, daß bei der Zulassung der Untervertretung der Schutz der Gläubiger durch die Publizität der Gestattung nur noch lückenhaft wäre, womit die in § 35 Abs. 4 S. 1 GmbHG enthaltene gesetzgeberische Mahnung, § 181 BGB umgehungsfeindlich anzuwenden, nicht umgesetzt würde[108]. Aus den Gesichtspunkten des Schutzes des Vertretenen und der Rechtssicherheit sowie des in diesen enthaltenen Gläubigerschutzes ist die Frage einer analogen Anwendung des § 181 BGB somit positiv zu beantworten.

Die Rechtssicherheit mit dem Ziel einer klaren Fallgruppenbildung wird durch die aus dem Gesichtspunkt des Vertretenenschutzes nur für die Einmann-GmbH angezeigte Analogie für Prokuristen und Handlungsbevollmächtigte nicht mehr wie früher erheblich gefährdet, als § 40 GmbHG a.F. dem Rechtsverkehr mit der jährlichen Verpflichtung zur Einreichung einer Gesellschafterliste nur einen schwachen Indikator für die Eingliedrigkeit bot. Die aus der Unsicherheit bezüglich des Bestehens der Eingliedrigkeit einer GmbH resultierenden Gefahren für den Rechtsverkehr sind seit der Neufassung des § 40 GmbHG durch das Handelsrechtsreformgesetz als gering anzusehen, welcher die Geschäftsführer zur unverzüglichen Anzeige von Veränderungen in den Personen der Gesellschafter verpflichtet (§ 40 Abs. 1 GmbHG n.F.) und diese für bei Nichterfüllung der Anzeigepflicht gegenüber den Gläubigern haften läßt[109]. Insofern hat nach der hier vertretenen Meinung vorrangig eine umgehungsfeindliche, auf die Interessen des Vertretenen abstellende Anwendung des § 181 BGB zu erfolgen.

III. Ergebnis

§ 181 BGB ist in allen Gesellschaftsformen auf die Fälle der Untervertretung entsprechend anwendbar. In der Einmann-GmbH ist der analoge Anwendungsbereich des § 181 BGB auf Prokuristen, Handlungsbevollmächtigte und jedoch nicht auf weitere Geschäftsführer zu erweitern.

---

[107] U. HÜBNER, Interessenkonflikt, S. 25.
[108] Vgl. § 2 B III 2.
[109] Vgl. SCHUMACHER, HandelrechtsreformG, Teil 1, Rdnr. 23; vgl. SCHAEFER, Handelsrechtsreformgesetz, S. 52 und 233 f., der darauf hinweist, daß die zwangsweise Durchsetzung der Pflicht zur jährlichen Einreichung der Gesellschafterliste nach § 40 Abs. 1 a.F. mancherorts aufgrund von Kapazitätsengpässen gänzlich unterblieb.

G. Gesamtvertretung

Eine Personenidentität im Sinne des § 181 BGB liegt vor, wenn jemand auf der einen Seite des Rechtsgeschäfts als Gesamtvertreter und auf der anderen Seite für sich im Sinne eines Selbstkontrahierens oder für einen anderen als Vertreter tätig wird[110].

I. Ermächtigung unter Gesamtvertretern

Nicht geklärt ist hingegen der Fall der sog. „Ermächtigung unter Gesamtvertretern". Bei dieser ermächtigt der dem Verbot des § 181 BGB unterliegende Gesamtvertreter den anderen zum Abschluß mit ihm selbst. An der grundsätzlichen Zulässigkeit einer Ermächtigung unter Gesamtvertretern bestehen angesichts der §§ 125 Abs. 2 S. 2, 150 Abs. 2 S. 1 HGB, § 25 Abs. 3 GenG, §§ 78 Abs. 4, 269 Abs. 4 AktG keine Bedenken. Diese stellen einen im Wege der Gesamtanalogie wegen einer vergleichbaren Interessenlage auf das Recht der GmbH und der BGB-Gesellschaft übertragbaren Rechtsgedanken dar[111]. Die Vergleichbarkeit der Interessenlage bei der BGB-Gesellschaft folgt, wie die aktuelle Diskussion um die *Akzessorietätstheorie*[112] und die Norm des § 105 HGB[113] zeigt, aus ihrer Ähnlichkeit mit der OHG, bei der GmbH ist die Vergleichbarkeit der Interessenlage gegeben, da diese eine zwischen der OHG und AG stehende Gesellschaftsform ist[114].

1. Meinungsstand

a) Erstarkungstheorie

Nach der wohl herrschenden Meinung und auch vom *Bundesgerichtshof* vertretenen Meinung kann unter mehreren Gesamtvertretern derjenige, in dessen Person § 181 BGB zum Zuge kommt, den anderen ermächtigen, in Einzelvertretung für die GmbH das Geschäft mit ihm abzuschließen[115]. Die Er-

---

[110] Staudinger-SCHILKEN, BGB, § 181, Rdnr. 16; Hachenburg-MERTENS, GmbHG, § 35, Rdnr. 57 (unstreitig).
[111] BGH, WM 1988, 216; BGH, NJW –RR 1986, 778; RGZ 81, 325 (328); Scholz-SCHNEIDER, GmbHG, § 35 Rdnr. 55; Hachenburg-MERTENS, GmbHG, § 35, Rdnr. 96.
[112] Statt aller ULMER, ZIP 1999, 509 ff. und 554 ff. mit zahlreichen weiteren Nachweisen zum bisherigen Streitstand.
[113] Nach § 105 HGB ist jede BGB-Gesellschaft, deren Zweck auf den Betrieb eines größeren Handelsgewerbes i.S.d. § 1 Abs. 2 HGB n.F. gerichtet ist, kraft Gesetzes eine OHG.
[114] Hachenburg-MERTENS, GmbHG, § 35, Rdnr. 96.
[115] BGHZ 64, 72 (76 ff.) = NJW 1975, 1117 = JZ 1975, 446; OLG Celle SJZ 1948, 311; Staudinger-SCHILKEN, BGB, § 181, Rdnr. 17; Scholz-SCHNEIDER, GmbHG, § 35, Rdnr.

mächtigung eines anderen sei kein Insichgeschäft, sondern es verhalte sich umgekehrt: Der durch § 181 BGB verhinderte Geschäftsführer beteilige sich nicht am Geschäft der GmbH, sondern enthalte sich nur der Ausübung seiner Gesamtvertretungsbefugnis. Das nun allein handelnde Vertretungsorgan leite seine Vertretungsmacht nicht von dem nach § 181 BGB am Rechtsgeschäft gehinderten Gesamtvertreter ab, sondern handele in eigener, zur Einzelvertretungsmacht erstarkten Vertretungsbefugnis. Der ermächtigte Gesamtvertreter handele in diesem Fall selbständig, nicht etwa „in Vertretung" für den verhinderten Gesamtvertreter. Dieser wirke deshalb auch nicht mittelbar an dem Geschäft mit, so daß es sich nicht um jene Interessenkollision handele, um die es bei § 181 BGB gehe.

b) *Übertragungstheorie*

Nach der Gegenansicht ist die von den Vertretern der Erstarkungstheorie vorgetragene Begründung, wonach der vom Verbot des § 181 BGB betroffene Gesellschafter aus dem Gesamtvertretungsverbund herausfalle und dem Mitvertreter schon kraft Gesetzes die Einzelvertretungsmacht zuwachse[116], nicht tragfähig. Vielmehr liege in der Ermächtigung des anderen Gesamtvertreters eine Übertragung der eigenen Vertretungsmacht, so daß ein mittelbares Selbstkontrahieren stattfinde. Auffällig sei, daß der *Bundesgerichtshof* selbst seinem Erstarkungsargument widerspreche, wenn er in einer jüngeren Entscheidung im gemeinschaftlichen Handeln eines nach § 181 BGB ausgeschlossenen und eines nicht ausgeschlossenen Gesamtvertreters keine „Ermächtigung des einen durch einen anderen sieht"[117]. Zudem sei es ein Widerspruch, wenn die Gesellschafter ein System der wechselseitigen Kontrolle durch Gesamtvertretung für erforderlich halten, dieses aber in dem besonders konfliktbehafteten Fall des Eigeninteresses eines der Gesamtvertreter außer Kraft gesetzt werden könne. Deshalb gelte § 181 BGB beim ermächtigten Gesamtvertreter[118].

c) *Vermittelnde Ansicht*

Nach einer vermittelnden Ansicht ist § 181 BGB bei der Ermächtigung unter Gesamtvertretern grundsätzlich nicht anzuwenden. Etwas anderes gelte nur bei

---

94; SUDHOFF, GmbH-Vertrag, S. 263; Roth-ALTMEPPEN, GmbHG, § 35, Rdnr. 63; Münchener Kommentar-THIELE, BGB, § 181, Rdnr. 20.

[116] Grundlegend REINICKE, NJW 1975, 1185 ff.; U. HÜBNER, Interessenkonflikt, S. 236 ff.; Hachenburg-MERTENS, GmbHG, Rdnr. 68; Baumbach/Hueck-ZÖLLNER, GmbHG, § 35, Rdnr. 76.

[117] BGH, NJW 1992, 618 = ZIP 1991, 1582 = MDR 1992, 463, worauf K. SCHMIDT, Gesellschaftsrecht, § 10 II, S. 273 aufmerksam macht.

[118] Lutter/HOMMELHOFF, GmbHG, § 35, Rdnr. 18.

der Einmann-GmbH, da dort der ermächtigte Geschäftsführer im Hinblick auf die dominierende Stellung des Alleingesellschafters vollständig dessen Weisungen unterworfen sei[119].

2. Stellungnahme und eigener Ansatz

Entgegen der undeutlichen Formulierung des *Bundesgerichtshofs*[120] ist zunächst zwischen der Ermächtigung als solcher und dem darauf folgenden Rechtsgeschäft zu unterscheiden[121]. Die in Gesamtvertretung vorgenommene Ermächtigung ist für den Ermächtigten ein Selbstkontrahieren, welches durch die § 125 Abs. 2 HGB, § 78 Abs. 4 S. 1 AktG, § 25 Abs. 3 GenG und § 7 Abs. 3 PartGG gestattet ist[122]. Die Ermächtigung selbst ist daher wirksam.

Unabhängig davon ist das aufgrund der Ermächtigung geschlossene Rechtsgeschäft zu beurteilen. Selbst wenn ein gesamtvertretungsberechtigter Gesellschafter seinen Mitgesellschafter zur Alleinvertretung wirksam ermächtigt hat, so kann das daraufhin erfolgende Rechtsgeschäft mit dem ermächtigenden Gesellschafter möglicherweise gegen § 181 BGB verstoßen. Es ist daher unnötig und der Rechtssicherheit abträglich, hielte man die Ermächtigung selbst für schwebend unwirksam.

Zu prüfen ist aber, ob § 181 BGB auf den infolge der Ermächtigung geschlossenen Vertrag selbst anzuwenden ist.

Eine direkte Anwendung des § 181 BGB scheidet aus, da beim Vertragsschluß zwischen dem Vertretenen durch den ermächtigten Gesamtvertreter und dem ermächtigenden Gesamtvertreter keine Personenidentität vorliegt[123].

Maßgeblich ist mithin, ob eine analoge Anwendung des § 181 BGB möglich ist. Da § 181 BGB eine grundsätzlich analogiefähige Norm ist[124] und nicht ersichtlich ist, daß der Gesetzgeber den Fall der Ermächtigung unter Gesamtvertretern

---

[119] Münchener Kommentar-SCHRAMM (Vorauflage), BGB, § 181, Rdnr. 16 a und 20.
[120] BGHZ 64, 72, welcher im Leitsatz formuliert: „Einer von zwei gesamtvertretungsberechtigten Geschäftsführern, der mit der Gesellschaft einen Vertrag abschließen will, kann den anderen Geschäftsführer zu Alleinvertretung der Gesellschaft ermächtigen."
[121] Dazu ausführlich WEINHARDT, S. 120, der darauf hinweist, daß im Grundfall des § 181 BGB die rechtsgeschäftliche Vollmacht des Vertreters auch dann wirksam bleibt, wenn dieser ein Insichgeschäft tätigt.
[122] FLUME, AT II, Das Rechtsgeschäft, § 48, 6; WEINHARDT, S. 120.
[123] BGHZ 64, 72 (74).
[124] Siehe oben § 2 B III 2.

gesehen hat, ist hierfür entscheidend, ob eine der Grundsituation des § 181 BGB vergleichbare Interessenlage vorliegt.

§ 181 BGB schützt die Interessen des Vertretenen, der Rechtssicherheit und damit zugleich die Gläubiger bei dem Interessenkonflikt des Selbstkontrahierens und der Mehrvertretung.

Die bisherige Diskussion untersuchte die Frage der Analogie des § 181 BGB nur unter dem Gesichtspunkt des mittelbaren Selbstkontrahierens beim Abschluß des auf die Ermächtigung folgenden Rechtsgeschäfts, wobei die mittelbare Teilnahme in der Ermächtigung des anderen Gesamtvertreters gesehen wurde. Nach der Erstarkungstheorie ist diese Ermächtigung ein Enthalten von einer Mitwirkung am Rechtsgeschäft, während die Übertragungstheorie eine mittelbare Mitwirkung in Form des Selbstkontrahierens sieht[125]. Beide Ansichten stellen daher nur auf das Weiterwirken des Interessenkonflikts des ermächtigenden Gesamtvertreters ab. Bei der Frage des Weiterwirkens des Interessenkonflikts ist meines Erachtens der Erstarkungstheorie beizupflichten, da der ermächtigende Gesamtvertreter nach der Ermächtigung nicht mehr an dem Rechtsgeschäft mitwirkt. Ein Interessengegensatz, der dem des Selbstkontrahierens entspricht, liegt nicht vor, denn der ermächtigte Gesamtvertreter ist im Gegensatz zu einem Untervertreter nicht weisungsgebunden.

Diese Betrachtungsweise übersieht jedoch einen wesentlichen Aspekt. § 181 BGB schützt gleichfalls vor dem weniger intensiven Interessenkonflikt, der bei der Mehrvertretung wegen der Gefahr der Parteilichkeit vorliegt. Dieser Interessenkonflikt in der Person des Ermächtigten ist für die hier zu beantwortende Fragestellung entscheidend, denn bei der Ermächtigung unter Gesamtvertretern besteht ein Interessengegensatz, welcher der einer Mehrvertretung im Sinne des § 181 BGB gleicht. Es ist wahrscheinlich, daß der ermächtigte Gesamtvertreter sich sowohl seinem Geschäftsherrn als auch dem ihn ermächtigenden Gesamtvertreter verpflichtet fühlt, denn die Gesamtvertreter sind auf eine tägliche Zusammenarbeit angewiesen, wodurch eine gewisse tatsächliche Abhängigkeit folgt[126]. Der ermächtigte Gesamtvertreter befindet sich in einer schwierigen Lage, in der er nicht einmal auf die Hilfe des anderen Gesamtvertreters als Beratungs- und Kontrollinstanz zurückgreifen kann, obwohl der Geschäftsherr durch die Anordnung der Gesamtvertretung deutlich gemacht hat, daß er einem

---

[125] Vgl. nur REINICKE, NJW 1975, 1185 (1190).
[126] Diesen Gesichtspunkt erkennt auch WEINHARDT (S. 139), der dennoch die Frage der analogen Anwendbarkeit des § 181 BGB unter dem Gesichtspunkt des mittelbaren Selbstkontrahierens des ermächtigenden Gesamtvertreters diskutiert.

Vertreter alleine nicht die Kompetenz zutraut, selbständig über den Abschluß eines Rechtsgeschäfts zu entscheiden. Hieran ändert auch der Umstand nichts, daß der ermächtigte Gesamtvertreter grundsätzlich eigenverantwortlich handelt und nicht weisungsgebunden ist.

Es liegt daher eine der Mehrvertretung i.S.d. § 181 BGB entsprechende Interessenlage vor. Der Fall des ermächtigten Gesamtvertreters ist überdies hinreichend klar abgrenzbar, so daß der Gesichtspunkt der Rechtssicherheit einer analogen Anwendung des § 181 BGB nicht entgegen steht.

II. Ergebnis

Im Ergebnis ist festzustellen, daß ein Rechtsgeschäft, welches ein ermächtigter Gesamtvertreter mit dem ihn ermächtigenden Gesamtvertreters abschließt, wegen der der Mehrvertretung vergleichbaren Interessenlage in Analogie zu § 181 BGB schwebend unwirksam ist. Nach dem ersatzlosen Ausscheiden eines von zwei Gesamtvertretern kann der verbleibende inzwischen alleinvertretungsberechtigte Vertreter den zuvor gegen § 181 BGB verstoßenden Vertrag genehmigen[127].

H. Nahestehende Personen

Wegen des Interessenkonflikts wollen Teile der Rechtsprechung und Literatur durch die analoge Anwendung des § 181 BGB Rechtsgeschäfte zwischen dem organschaftlichen Vertreter und seinen nahen Angehörigen verhindern[128].

Ohne Frage bestehen hierbei Interessenkonflikte. Das Konfliktpotential wird jedoch nicht an das des einfachen Selbstkontrahierens oder der Untervertretung heranreichen, da in diesen Fällen der organschaftliche Vertreter selbst zumindest mittelbar der Vertragspartner ist. Entscheidend ist jedoch, daß der Gesetzgeber in den §§ 1795 i.V.m. 1629 Abs. 2 S. 1 BGB; § 3 Nr. 2 AnfG und § 138 InsO die Problematik der Näheverhältnisse abschließend geregelt hat, um einem Aufweichen anderer Normen in unbestimmte Interessenbewertungen vorzubeugen. Daher ist eine Analogie des § 181 BGB für Rechtsgeschäfte des organschaftlichen Vertreters mit nahen Angehörigen abzulehnen[129].

---

[127] BGH, WM 1994, 63 = ZIP 1994, 129 = NJW-RR 1994, 291; Baumbach/Hueck-ZÖLLNER, GmbHG, § 35, Rdnr. 76.
[128] OLG HAMM, OLGZ 1981, 60 = NJW 1982, 1105 f. = ZIP 1980, 1115 = MDR 1981, 140; Rowedder-KOPPENSTEINER, GmbHG, § 35, Rdnr. 28.
[129] BGHZ 80, 69 (71) = ZIP 1981, 399; HENZE, GmbH-Handbuch, Rdnr. 1037.

I. Interzessionsfälle

Für die Einräumung von Sicherheiten an einen Gläubiger des Vertreters hat das *Reichsgericht*, obwohl bei dieser die Interessen des Vertretenen ersichtlich beeinträchtigt werden können, eine analoge Anwendung des § 181 BGB abgelehnt und damit weitgehend Zustimmung in der Literatur erfahren[130].

Das Schrifttum geht zum Teil von einer entsprechenden Anwendung des § 181 BGB aus[131]. Zwischen folgenden Interzessionsfällen wird unterschieden:

I. Schuldübernahme

1. Schuldübernahme nach § 415 BGB

Bei einer Schuldübernahme nach § 415 BGB schließt der Übernehmer den Übernahmevertrag mit dem Schuldner und die Wirksamkeit der Schuldübernahme hängt von der Genehmigung des Gläubigers ab.

Wenn es um eine Interzession im Wege der Schuldübernahme nach § 415 BGB geht, ist § 181 BGB unmittelbar anwendbar, da der Vertreter mit Zustimmung seines Gläubigers den Übernahmevertrag zwischen sich als Schuldner und dem Vertretenen als Übernehmer schließt[132].

2. Schuldübernahme nach § 414 BGB

Bei der Schuldübernahme nach § 414 BGB schließt der Übernehmer den Übernahmevertrag mit dem Gläubiger. Wird nun der Übernehmer hierbei durch den Schuldner vertreten, so kommt eine direkte Anwendung des § 181 BGB mangels Personenidentität nicht in Betracht.

Teile der Literatur wollen auf diesen Fall § 181 BGB entsprechend anwenden, da es ein Fall des latenten Mißbrauchs sei[133].

---

[130] RGZ 56, 422 f; 71, 219; 157, 24 ff., zustimmend FLUME AT II, Das Rechtsgeschäft, § 48, 5; GÖGGERLE, GmbHR, 1979, 79 (86).
[131] U. HÜBNER, Interessenkonflikt, S. 195 ff. und 205 ff.; Staudinger-SCHILKEN, BGB, § 181, Rdnr. 43.
[132] Unstreitig RGZ 51, 422; Staudinger-SCHILKEN, BGB, § 181, Rdnr. 43; U. HÜBNER, Interessenkonflikt, S. 204 f.
[133] Staudinger-DILCHER, BGB, § 181, Rdnr.22.

Nach der überwiegenden Auffassung ist eine analoge Anwendung der Norm abzulehnen, weil die analoge Anwendung mit dem Charakter der Regelung als „formaler Ordnungsvorschrift" nicht vereinbar sei[134]. Der Interessengegensatz sei nur gesetzgeberisches Motiv und für ein Eingreifen des § 181 BGB nicht ausreichend.

Die Begründung einer analogen Anwendung des § 181 BGB mit dem Argument des latenten Mißbrauchs ist zurückzuweisen, da die Norm nicht vor jeder Interessenkollision, sondern nur vor dem speziellen strukturellen Interessenkonflikt der Personenidentität schützt. Der Übernehmer im Fall des § 414 BGB wird insofern durch die Grundsätze über den Mißbrauch der Vertretungsmacht geschützt.

II. Die Übernahme von Bürgschaften und sonstigen Sicherheiten

Dieselbe Interessenlage liegt im Fall der Bürgschaftsübernahme und bei sonstigen Sicherheiten, wie der Garantie, dem Schuldbeitritt und dem Pfandrecht vor, weshalb die herrschende Meinung mangels Personenidentität eine analoge Anwendung des § 181 BGB ablehnt[135].

Der Schutz des Rechtsverkehrs vor einer konturenlosen Ausdehnung des Anwendungsbereichs des § 181 BGB verdient den Vorzug. Die Lehre vom Mißbrauch der Vertretungsmacht mit den Fallgruppen der Kollusion und Evidenz ist daher das sachnähere Korrektiv als die undifferenzierte Unwirksamkeitsfolge des § 181 BGB[136].

---

[134] JÜNGST, S. 43; FLUME, AT II, Das Rechtsgeschäft, § 48, 5; GÖGGERLE, GmbHR, 1979, 79 (86); Soergel-LEPTIEN, BGB, § 181, Rdnr. 34; Münchener Kommentar-SCHRAMM (Vorauflage), BGB, § 181, Rdnr. 31; Staudinger-SCHILKEN, BGB, § 181, Rdnr. 43; RGRK-STEFFEN, BGB, § 181, Rdnr. 11.
[135] BGH, NJW 1996, 1467 (1468); RGZ 71, 219; Staudinger-SCHILKEN, BGB, § 181, Rdnr. 43; Erman-BROX, BGB, § 181, Rdnr. 20.
[136] GÖGGERLE, GmbHR 1979, 79 (86).

§ 4 Die teleologische Reduktion des Anwendungsbereichs des § 181 BGB beim Abschluß von Rechtsgeschäften

Nach der inzwischen einhelligen Ansicht ist § 181 BGB teleologisch zu reduzieren, wenn in einer abstrakten und gut abzugrenzenden Fallgruppe eine Gefährdung der durch diese Norm geschützten Interessen ausscheidet. Dem ist beizupflichten, da § 35 Abs. 4 S. 1 GmbHG nach der hier vertretenen Ansicht kein Rechtsfortbildungsverbot darstellt[137].

Ausschlaggebend ist daher, ob die Interessen des Vertretenen, der Rechtssicherheit und der Gläubiger in der jeweiligen Fallgruppe durch eine teleologische Reduktion beeinträchtigt sein könnten.

A. Lediglich rechtlich vorteilhafte Geschäfte

Nach der überwiegenden Ansicht[138] ist eine teleologische Reduktion bei Insichgeschäften vorzunehmen, die dem Vertretenen lediglich einen rechtlichen Vorteil verschaffen, wobei auf eine Gesamtbetrachtung des schuldrechtlichen und sachenrechtlichen Vertrags abzustellen ist[139].

Die Gegenansicht hält das Abgrenzungskriterium des „lediglich rechtlichen Vorteils" für zu unbestimmt, so daß eine teleologische Reduktion des § 181 BGB schon aus Gründen der Rechtssicherheit ausscheiden müsse[140]. Ferner verstoße eine teleologische Reduktion gegen den Grundsatz, daß sich niemand Schenkungen aufdrängen lassen müsse.

---

[137] Siehe oben § 2 B III 2.
[138] BGHZ 59, 236 = NJW 1972, 2262; 94, 232 = NJW 1985, 2407; BGH, NJW 1975, 1885; BAYOBLGZ 1998, 139 = NJW 1998, 3574 f.; BROX, BGB AT, Rdnr. 543; Erman-BROX, BGB, § 181, Rdnr. 10; LUTTER-HOMMELHOFF, GmbHG, § 35, Rdnr. 18; LARENZ/WOLF, AT, § 48, Rdnr. 135; Soergel-LEPTIEN, BGB, § 181, Rdnr. 27; Roth-ALTMEPPEN, GmbHG, § 35, Rdnr.57; STÜRNER, AcP 173 (1973) 402 (446); KÖHLER, BGB AT, § 18, Rdnr. 64.
[139] Alternativkommentar-OTT, BGB, § 181, Rdnr. 7; kritisch zu der Gesamtbetrachtung bei der Feststellung des lediglich rechtlichen Vorteils FELLER, DNotZ 1989, 66 (73).
[140] SCHUBERT, WM 1978, 290 (291 ff.); KREUTZ, FS Mühl (1981), 409 (415 f.); PAWLOWSKI, AT, Rdnr. 795, der ein § 181 BGB zugleich eine Norm zum Schutz der Gläubiger des Vertreters (!) sieht und darauf verweist, daß Eltern Zuwendungen „in Erfüllung ihrer Unterhaltspflicht" vornehmen können (grundlegend dazu RAAPE AcP 140, 352 f.); dies überzeugt jedoch nicht, da die Unterhaltspflicht auch durch Gebrauchsüberlassung erfüllt werden kann.

An dieser teleologischen Reduktion ist problematisch, daß der organschaftliche Vertreter einer Gesellschaft dieser Gegenstände übereignen oder ihre Übereignung zu einem früheren Zeitpunkt behaupten kann, wenn gegen ihn als natürliche Person die Zwangsvollstreckung betrieben wird[141].

Eine teleologische Reduktion scheint insoweit gegen den durch § 181 BGB bezweckten Schutz der Gläubiger zu verstoßen. § 181 BGB schützt jedoch nur die Gläubiger des vertretenen Gesellschaft, mithin des Schenkungsempfängers. Das Interesse der Gläubiger der vertretenen Gesellschaft an einem solventen Vertragspartner wird durch die Zuwendung nicht beeinträchtigt, sondern nur gestärkt[142]. Hinsichtlich des Aspektes des Vertretenenschutzes und damit zugleich des Gläubigerschutzes ist daher eine teleologische Reduktion zu befürworten.

Das gleiche gilt für die Frage der Rechtssicherheit, die nicht gefährdet ist, da es sich bei den lediglich rechtlich vorteilhaften Rechtsgeschäften um eine abstrakt und objektiv zu bestimmende Fallgruppe handelt und weil durch die Orientierung an § 107 BGB abstrahierend auf den rechtlichen Vorteil abgestellt wird[143]. Die Schwierigkeiten bei der Feststellung des lediglich rechtlichen Vorteils dürfen nicht überbewertet werden, da sie der Gesetzgeber dem Rechtsverkehr auch beim § 107 BGB zumutet[144].

§ 181 BGB ist daher bei lediglich rechtlich vorteilhaften Geschäften zugunsten der vertretenen Gesellschaft teleologisch zu reduzieren.

B. Insichgeschäfte des Gesellschafter-Geschäftsführers einer Einmann-GmbH

Die früher beinahe einhellig befürwortete teleologische Reduktion bei Rechtsgeschäften des Gesellschafter-Geschäftsführers einer Einmann-GmbH[145] ist

---

[141] Vgl. den Fall BGHZ 94, 232 (235 ff.) = NJW 1985, 2407, in dem der gesetzliche Vertreter eines Kindes die Übereignung von Gegenständen an sein Kind behauptet, so daß es bei einer Anfechtung nach § 3 Abs. 1 Nr. AnfG auf die Kenntnis des Kindes von der Benachteiligungsabsicht des Schuldners ankommt.
[142] Zudem erweist sich eine Übereignung zur Abwendung einer Zwangsvollstreckung für den gesetzlichen Vertreter eines Kindes als „*Einbahnstraße*", da für die Rückübertragung ein Pfleger bestellt werden muß, vgl. GÖGGERLE, GmbHR, 1979, 79 (84 f.).
[143] MEDICUS, AT, Rdnr. 961.
[144] Soergel-LEPTIEN, BGB, § 181, Rdnr. 27.
[145] Grundlegend BGHZ 56, 97 (103 ff.).

durch die Einführung der Korrekturnorm des § 35 Abs. 4 S. 1 GmbHG vom Gesetzgeber als Fehlentwicklung in der Rechtsfortbildung unterbunden worden[146].

C. Rechtsgeschäfte mit Konzernunternehmen

I. Ausgangspunkt

Die Stimmenmacht in der Haupt- oder auch Gesellschafterversammlung einer abhängigen Gesellschaft eröffnet der Konzernobergesellschaft regelmäßig die Möglichkeit, über die Zusammensetzung der Geschäftsleitung der Tochtergesellschaft zu entscheiden. Diese Möglichkeit wird häufig dazu genutzt, um eine einheitliche Leitung durch eine personelle Verflechtung in Form von Doppelmandaten zwischen den Konzernunternehmen sicherzustellen[147]. Bei Spartenkonzernen wird typischerweise dasjenige Geschäftsleitungsmitglied der Muttergesellschaft in die Geschäftsleitung der Tochtergesellschaft entsandt, welches das dem Unternehmensbereich der Tochtergesellschaft korrespondierende Ressort betreut (sog. „Stammesherzöge")[148].

Auf diese Weise wird erreicht, daß die geschäftsleitenden Organe der abhängigen Gesellschaft mit den Verhältnissen des Gesamtkonzerns gut vertraut sind und über die Informationen verfügen, die für rationale und schnelle Entscheidungen zwischen den Konzerngesellschaften unerläßlich sind. Weitere Effekte der Personalunion durch Doppelmandate sind die erleichterte Durchsetzung der Konzernpolitik in den Bereichsgesellschaften sowie die bessere Berücksichtigung der Interessen der Bereichsgesellschaften bei der Formulierung der Konzernziele[149]. Hierdurch wird das hierarchische „Kommandoprinzip" durch das organrechtliche „Konsensprinzip" ersetzt[150].

Das Organisationsmodell der Vorstands-Doppelmandate wird zwar kritisch beurteilt und teilweise sogar für unzulässig gehalten. Es verstößt jedoch nicht

---

[146] Näheres siehe unten § 9 B I.
[147] Zur rechtstatsächlichen Verbreitung der personellen Verflechtungen in Deutschland vgl. HOLTMANN, Personelle Verflechtungen, S. 89–186; SCHÖNWITZ/WEBER, S. 51 ff.; Konzentrationsenquête, Anlagenband zum Bericht über das Ergebnis einer Untersuchung der Wirtschaft vom 29.2.1964 zu BT-Drucks. IV/2320, S. 571.
[148] EBBE/GEIGER, ZVglRWiss 93 (1994), 38 (57); STREYL, S. 24.
[149] HOFFMANN-BECKING, ZHR 150 (1986) 570 (570); MARTENS, ZHR 159 (1995), 567 (571).
[150] MARTENS, ZHR 159 (1995), 567 (571).

gegen die gesetzlichen Inkompatibilitätsregelungen, so daß im folgenden von ihrer Zulässigkeit ausgegangen wird[151].

Inwieweit die wirtschaftliche Einheit des Konzerns sich bei den jeweiligen Konzernierungsstufen auf die Anwendung des § 181 BGB bei der Mehrvertretung durch Doppelmandatare auswirkt, wird im folgenden untersucht.

II. Methodische Vorüberlegungen

In methodischer Hinsicht ist denkbar, daß bereits eine spezifische Auslegung des § 181 BGB zu dem Ergebnis führt, daß keine Mehrvertretung vorliegt. Weiterhin könnte im Konzernrecht eine abgeschlossene Sonderregelung gegenüber § 181 BGB bestehen, die dessen Anwendung insgesamt ausschließt (lex specialis derogat legi generali). Sollte dies nicht der Fall sein, bleibt zu prüfen, welche Schutzzwecke eine vorrangige Spezialregelung erfahren haben und ob die übrigen von § 181 BGB erfaßten Schutzzwecke im Konzernrecht in einer Weise verwirklicht werden, daß eine Gefährdung derselben von vornherein ausgeschlossen ist. Dies hätte zur Konsequenz, daß die Anwendbarkeit des § 181 BGB teilweise durch eine Spezialität und teilweise durch eine teleologische Reduktion ausgeschlossen wäre.

Dabei liegt jedoch auf der Hand, daß diese feinsinnige methodische Differenzierung nicht daran vorbeiführen kann, daß nicht sie, sondern die bei jeder Methode gleichermaßen erforderliche Interessenabwägung im Vordergrund stehen muß. Maßgeblich ist infolgedessen, ob die vertretenen Gesellschaften und damit zugleich deren Gläubiger und Gesellschafter überhaupt durch ein Verbot der Mehrvertretung für Doppelmandatar geschützt werden müssen.

III. Konsequenzen für die Darstellung

Da die Auslegung eines Rechtsgeschäft als Mehrvertretung das Vorliegen zweier Rechtssubjekte erfordert, muß zunächst geprüft werden, ob Konzerngesellschaften überhaupt selbständige Rechtssubjekte sind (IV).

An diese Überlegungen anknüpfend, ist bei den jeweiligen Konzernarten festzustellen, ob nicht prävalente konzernrechtliche Regelungen eine Anwendung des § 181 BGB ganz oder teilweise ausschließen oder ob die Interessenlage bei den

---

[151] LINDERMANN, AG 1987 225 (232 f.); vgl. dazu ausführlich MARTENS, ZHR 159 (1995), 567 (572 f.) mit umfassenden Nachweisen zum Meinungsstreit über die Zulässigkeit der Doppelmandate.

einzelnen Konzernierungsformen eine teleologische Reduktion des § 181 BGB zuläßt. Dabei wird die Darstellung auf den Aktien- und GmbH-Konzern beschränkt bleiben.

IV. Konzerngesellschaften als selbständige Rechtssubjekte

Der Tatbestand einer Mehrvertretung i.S.d. § 181 BGB liegt im Konzern nur vor, wenn die Konzerngesellschaften trotz der Konzernierung als eigenständige Rechtssubjekte anzusehen sind.

Früher wurde aus der wirtschaftlichen Einheit auf eine rechtliche Einheit des Konzerns geschlossen, indem man den Konzern selbst als eigenständiges Rechtssubjekt und die verbundenen Unternehmen als unselbständige Teile eines einheitlichen Organismus[152] betrachtete. Dies hätte zur Folge, daß die Vertretung zweier Konzerngesellschaften keine Mehrvertretung im Sinne des § 181 wäre, da diese als unselbständige Teile des Konzerns nicht vertreten werden könnten.

Eine solche Betrachtungsweise vermengt jedoch den Begriff des Unternehmens als wirtschaftlicher Einheit und dem Unternehmensträger als Rechtssubjekt und wird daher heute allgemein abgelehnt[153], zumal der Wortlaut der §§ 15 ff. AktG von der Selbständigkeit der konzernierten Rechtsträger ausgeht[154].

Teilweise wird dem Konzern als polykorporativen Unternehmen wenigstens Teilrechtsfähigkeit zugestanden oder dieser als „Rechtsperson sui generis" anerkannt. Dieses hätte zur Folge, daß durch einen Doppelmandatar geschlossene, konzerninterne Rechtsgeschäfte zugleich als Rechtsgeschäfte für den Konzern und für die Konzerngesellschaften qualifiziert werden könnten. Diese Betrachtungsweise widerspricht jedoch dem System gesellschaftsrechtlicher Normativbestimmungen[155], nach dem die Rechtsfähigkeit vom Gesetzgeber vorgesehen sein muß[156]. Vielmehr sprechen zahlreiche Vorschriften dafür, daß der Gesetzgeber den Konzern nicht als eigenständiges Rechtssubjekt ansehen wollte. § 5 MitbestG wäre ohne Bedeutung und die §§ 290 HGB, welche das Mutterunternehmen zur Konzernrechnungslegung verpflichten, wären ver-

---

[152] So zum Beispiel ISAY, S. 96 ff.
[153] KRONSTEIN, S. 3; LUTTER/TIMM, ZGR 1983, 269 (272 f); EBENROTH/MÜLLER, GMBHR 1991, 237 (240); RASCH, Deutsches Konzernrecht, S. 104 ff.
[154] BORK, ZGR 1994, 237 (244).
[155] Dazu ausführlich: K. SCHMIDT, Gesellschaftsrecht, § 8 II 5; S. 199 ff.
[156] BORK, ZGR 1994, 237 (244).

fehlt[157]. Bei einem Konzern werden mithin durch die einheitliche Leitung die einzelnen Gesellschaften als Unternehmensträger nur wirtschaftlich und nicht rechtlich zu einem Unternehmen zusammengefaßt.

Werden demnach Verträge zwischen Mutter- und Tochtergesellschaft oder zwischen zwei Tochtergesellschaften durch eine Person abgeschlossen, welche in beiden Gesellschaften eine Organstellung innehat, so greift tatbestandlich das Verbot der Mehrvertretung gemäß § 181 BGB ein, obwohl wirtschaftlich-funktional ein reines Binnengeschäft des Konzerns vorliegt.

Ist die Muttergesellschaft Alleingesellschafterin einer GmbH, so dürfte ferner der Tatbestand des § 35 Abs. 4 S. 1 GmbHG erfüllt sein, auch wenn die Muttergesellschaft nicht Geschäftsführerin der GmbH ist[158].

V. Der Vorrang konzernrechtlicher Regelungen und die teleologische Reduktion des § 181 BGB bei der Mehrvertretung im Konzern

Für den Konzern hat der Gesetzgeber nur im AktG eine Regelung getroffen. Fraglich ist, ob diese Regelung eine den § 181 BGB verdrängende abschließende Sonderregelung darstellt. Liegt nur eine teilweise Spezialität der konzernrechtlichen Regelungen vor, so ist zu prüfen, ob die übrigen durch § 181 BGB geschützten Rechtsgüter in einem Ausmaß geschützt sind, welches eine Gefährdung ausschließt und eine teleologische Reduktion des § 181 BGB ermöglicht. Hierbei ist zwischen den einzelnen Konzernierungsformen zu unterscheiden.

1. Anwendbarkeit des § 181 BGB bei der Mehrvertretung im Aktienvertragskonzern

Ein Aktienvertragskonzern wird durch den Abschluß eines Beherrschungsvertrags im Sinne des § 291 AktG begründet. Dieser stellt einen Grundlagenvertrag dar, dem die Hauptversammlung der beherrschten Aktiengesellschaft mit qualifizierter Mehrheit zustimmen muß. Ist der andere Vertragsteil des Unternehmensvertrags ebenfalls eine Aktiengesellschaft oder KGaA bedarf der Beherrschungsvertrag wegen seiner weitreichenden Wirkungen zusätzlich der Zustimmung ihrer Hauptversammlung (§ 293 Abs. 2 AktG). Der Beherrschungsvertrag reicht in seinen Wirkungen über diejenigen schuldrechtlicher Austauschverträge hinaus, denn er verändert bei äußerlich unveränderter Fortgeltung der Satzung der beherrschten Gesellschaft deren Struktur, welches

---
[157] Dazu ausführlich: BORK, ZGR 1994, 237 (244).
[158] Scholz-SCHNEIDER, GmbHG, § 35, Rdnr. 128.

sich in der Weisungsbefugnis des herrschenden Unternehmens (§ 308 Abs. 1 AktG) und in der Maßgeblichkeit des Konzerninteresses niederschlägt[159]. Die organschaftliche Leitungsbefugnis gemäß § 76 Abs. 1 AktG verbleibt jedoch bei dem Vorstand der abhängigen Gesellschaft[160].

Streitig ist die Frage, ob Verkehrsrechtsgeschäfte zwischen Konzerngesellschaften, also etwa konzerninterne Kauf- oder Darlehensverträge, im Aktienvertragskonzern dem Verbot der Mehrvertretung unterliegen, wenn auf beiden Seiten ein Doppelmandatar als Organ tätig ist.

a)   Meinungsstand

Überwiegend wird § 181 BGB ohne Ausnahme bei der Mehrvertretung zwischen Konzernunternehmen angewendet[161]. Nach der Meinung von *Streyl* ist im Bestellungsbeschluß in Kenntnis der anderweitigen konzerninternen Aktivität eine konkludente Gestattung zu sehen[162].

Nach der Ansicht von *Timm* ist zunächst davon auszugehen, daß die Konzerngesellschaften nicht zugleich haftungsrechtlich bei der Annahme eines Durchgriffs als Einheit und organisationsrechtlich als völlig unverbunden betrachtet werden können. Aus der stärkeren Betonung der „haftungsrechtlichen Einheit" müsse eine stärkere „binnenrechtliche Einheitsbetrachtung" erfolgen[163]. Nach einer Untersuchung der konzernrechtlichen Organisations-, Struktur und Handlungsprinzipien kommt er zu dem Schluß, daß die Binnenverfassung des Vertragskonzerns ein tragfähiges Konzept zur Bewältigung der durch Insichgeschäfte mit dem anderen Vertragsteil entstehenden Gefahrenlage bietet. § 181 BGB sei teleologisch zu reduzieren[164].

---

[159] HÜFFER, AktG, § 291, Rdnr. 17.
[160] GÄTSCH, S. 149.
[161] RGZ 89, 367 (370); U. HÜBNER, Interessenkonflikt, S. 232; eine Ausnahme vom Verbot der Mehrvertretung beim Parallelproblem des GmbH-Konzerns ablehnend und damit dieser Ansicht zuzurechnen: SCHNEIDER, BB 1986, 201 (205 f.); ders. in: Scholz, GmbHG, § 35, Rdnr. 127; vgl. ferner EDER/KALLMEYER, GmbH-Handbuch, I. Teil, Rdnr. 579.3; BALLOF/FICHTELMANN/GEISSEN/POSDZIECH/WINTER, GmbH-Handbuch, 5310, Rdnr. 31; Lutter/HOMMELHOFF, GmbHG, § 35, Rdnr. 18; Baumbach/Hueck-ZÖLLNER, GmbHG, § 35, Rdnr. 79.
[162] STREYL, S. 198 ff. (200)., ebenso FLUME, AT II, Das Rechtsgeschäft, § 48 6.
[163] TIMM, AcP 193 (1993), 423 (424 f.).
[164] TIMM, AcP 193 (1993), 423 (427).

b)   Stellungnahme und eigener Ansatz

Bei der Erörterung der Anwendbarkeit des § 181 BGB im Aktienvertragskonzern ist methodisch die Frage der Spezialität der konzernrechtlichen Regelungen vorrangig. Wird § 181 BGB durch die konzernrechtlichen Regelungen nicht verdrängt, ist die von *Timm* erörterte Frage der teleologischen Reduktion des § 181 BGB aufzugreifen. Die Annahme einer konkludenten Gestattung im Sinne *Streyls* ist als nachrangige Möglichkeit der Einschränkung des Anwendungsbereichs des § 181 BGB zu prüfen. Diese ist jedoch zumindest bei faktischen Konzernen abzulehnen, da sich die Intensität der Konzernierung nicht nach dem Willen der abhängigen Gesellschaft entwickelt, so daß die Annahme einer konkludenten Gestattung eine Fiktion darstellt.

aa)   Vorliegen einer abschließenden konzernrechtlichen Spezialregelung für konzerninterne Rechtsgeschäfte im Aktienvertragskonzern

Zu untersuchen ist, ob im Aktienvertragskonzern spezielle Regelungen hinsichtlich des Schutzes des Vertretenen, der Rechtssicherheit und der Gläubiger jeweils der Konzerntochtergesellschaft und Konzernmuttergesellschaft bestehen, die eine Anwendung des § 181 BGB bezogen auf den jeweiligen Schutzzweck verdrängen.

(1)   Vorrangige Spezialregelungen hinsichtlich des Schutzes des Vertretenen

(a)   Die Konzerntochtergesellschaft als Vertretene

Bei der Betrachtung des Schutzes der vertretenen abhängigen Gesellschaft, erscheint diese auf den ersten Blick durch die Möglichkeit der Obergesellschaft, gemäß § 308 Abs. 1 S. AktG nachteilige Weisungen zu erteilen, besonders schutzbedürftig. Das Konzernrecht hat jedoch mit der Ausgleichspflicht des § 302 AktG die Problematik der wirtschaftlichen Eingliederung der Tochtergesellschaft reaktiv gelöst. Diese gesetzliche Wertung steht einem zusätzlichen präventiven Schutz der vertretenen abhängigen Gesellschaft über § 181 BGB entgegen.

Der Vorrang der Ausgleichspflicht zeigt sich zugleich darin, daß der Gesetzgeber durch die in § 308 Abs. 2 S. 1 AktG statuierte Weisungsgebundenheit auch ohne eine personelle Verflechtung nachteilige Weisungen zugelassen hat. Durch eine gestattungsfreie Ausübung des Doppelmandates wird das daraus resultierende Schädigungspotential nur unwesentlich erhöht[165]. Der Gesetzgeber hält

---
[165] TIMM, AcP 193 (1993), 423 (430).

im Aktienvertragskonzern einen präventiven Schutz somit für unnötig und verweist wiederum auf die Ausgleichspflicht des § 302 AktG. Durch den Abschluß des Beherrschungsvertrags wird die Überlagerung der Interessen des abhängigen Unternehmens durch das Konzerninteresse gerechtfertigt[166].

Positiv zu beantworten ist die Frage, ob die mit dem Schutz des Vertretenen ebenfalls erfaßten Vermögensinteressen der Aktionäre einen gegenüber § 181 BGB speziellen Schutz erfahren haben. Die Verlustausgleichspflicht des § 302 AktG wiegt den Verlust des durch § 181 BGB gewährleisteten Schutzes des Vertretenen im wesentlichen auf, da diese zwingend ist und keiner weiteren Voraussetzung mehr bedarf. Durch § 302 AktG wird daher auf konzernspezifische Weise das Kapital erhalten[167]. Falls die Aktionäre diesen Schutz nicht für ausreichend halten, können sie darüber hinaus gegen Abfindung aus der Tochtergesellschaft ausscheiden (§ 305 AktG) oder die Dividendengarantie des § 304 AktG in Anspruch nehmen[168], welche zwingend im Unternehmensvertrag geregelt sein müssen[169].

§ 181 BGB ist somit im Recht des Aktienvertragskonzerns hinsichtlich des Schutzes des Vertretenen in Bezug auf die abhängige Gesellschaft durch die reaktive Verlustausgleichspflicht des § 302 AktG verdrängt[170].

(b)   Die Konzernmuttergesellschaft als Vertretene

Zum Schutz der Konzernmuttergesellschaft als Vertretene hat der Gesetzgeber jedoch keine Regelung getroffen. Aus diesem Grunde ist § 181 BGB nicht durch eine abschließende Sonderregelung verdrängt.

(2)   Zwischenergebnis

§ 181 BGB ist im Aktienvertragskonzern nicht durch eine abschließende Sonderregelung verdrängt.

---

[166] TIMM, AcP 193 (1993), 423 (430).
[167] MESTMÄCKER, Verwaltung, S. 335.
[168] TIMM, AcP 193 (1993), 423 (432 f.).
[169] GEßLER/Hefermehl/Eckard/Kropff, AktG, § 305, Rdnr. 7.
[170] Das gleiche gilt für die aktienrechtlichen Kapitalerhaltungsvorschriften, die gemäß § 291 Abs. 3 AktG keine Anwendung mehr finden.

bb) *Die Einschränkung des Anwendungsbereichs des § 181 BGB wegen einer partiellen Subsidiarität ergänzt durch eine teilweise teleologische Reduktion*

Mangels einer abschließenden Spezialität des Aktienkonzernrechts gegenüber § 181 BGB ist daher maßgebend, ob die übrigen, nicht durch eine teilweise Spezialität verdrängten Schutzgüter des § 181 BGB in einem Maße geschützt werden, die eine Verletzung derselben ausschließt. Dies hätte zur Folge, daß der Anwendungsbereich durch eine Kombination aus einer partiellen Subsidiarität und einer teilwesen teleologischen Reduktion einzuschränken wäre.

(1) *Der Schutz des Vertretenen im Aktienvertragskonzern*

Der Schutz der vertretenen Konzerntochtergesellschaft ist durch konzernrechtliche Regelungen verdrängt, fraglich ist daher, ob der Schutz der Konzernmuttergesellschaft im Konzernrecht in einer Weise gewährleistet ist, daß die Verletzung ihrer Interessen als Vertretene ausgeschlossen wird.

(a) *Schutz der Konzernmuttergesellschaft*

Bei der Konzernmuttergesellschaft als Vertretene besteht die Gefahr, daß durch konzerninterne Rechtsgeschäfte ein Nachteil entsteht. Diese Gefahr ist jedoch gering einzuschätzen, da Doppelmandate gewöhnlich auf Veranlassung der Konzernobergesellschaft entstehen. Die für die Anwendbarkeit des § 181 BGB notwendige abstrakte Möglichkeit einer Interessenkollision zu Lasten der Konzernmuttergesellschaft wird daher praktisch nicht auftreten[171]. Sollten trotzdem einmal Nachteile auftreten, so läßt sich der bei der Tochtergesellschaft aufgetretene Vorteil durch eine Gewinnabführung gemäß § 291 Abs. 1 AktG oder, falls ein Gewinnabführungsvertrag untypischerweise einmal nicht abgeschlossen sein sollte, durch eine Weisung nach § 308 Abs. 1 AktG wieder abschöpfen[172]. Ein ergänzender Schutz der Konzernmuttergesellschaft als Vertretene durch § 181 BGB ist entbehrlich.

Insofern kann § 181 BGB hinsichtlich des Schutzes der Konzernmuttergesellschaft als Vertretene teleologisch reduziert werden.

---

[171] TIMM, AcP 193 (1993), 423 (435)
[172] Kölner Kommentar-BIEDENKOPF/KOPPENSTEINER, AKTG, § 308, Rdnr. 10.

(b)   Zwischenergebnis

Der durch § 181 BGB bewirkte Vertretenenschutz steht damit einer Einschränkung des Anwendungsbereichs des § 181 BGB für die Mehrvertretung eines Doppelmandatars im Aktienvertragskonzern nicht entgegen.

(2)   Der Schutz der Rechtssicherheit im Aktienvertragskonzern

Zu ermitteln ist überdies, ob der durch § 181 BGB bezweckte Schutz der Rechtssicherheit speziell im Aktienvertragskonzernrecht geregelt ist oder durch eine teleologische Reduktion des § 181 BGB beeinträchtigt würde. Wird ein vertretungsberechtigtes Organ einer Aktiengesellschaft vom Verbot des § 181 BGB befreit, ist die Befreiung im Handelsregister einzutragen[173]. Bei einer teleologischen Reduktion des § 181 BGB würde diese Publizität der Gestattung wegfallen. Ob das Erfordernis einer Publizität der Gestattung auch im Aktienvertragskonzern besteht, ist wiederum getrennt nach den Interessen des Rechtsverkehrs an der Publizität der Gestattung bei der Konzerntochtergesellschaft und bei der Konzernmuttergesellschaft zu analysieren.

(a)   Das Interesse des Rechtsverkehrs an der Publizität der Gestattung der Mehrvertretung bei der Konzerntochtergesellschaft

Die Publizitätsfunktion der Eintragung der Gestattung der Mehrvertretung wird beim Aktienvertragskonzern durch § 294 Abs. 2 AktG ersetzt, der die konstitutiv wirkende[174] Eintragung des Beherrschungsvertrags anordnet. Die Gläubiger der abhängigen Gesellschaft sind daher durch die Eintragung des Beherrschungsvertrags davor gewarnt, daß Rechtsgeschäfte zwischen der Tochter- und Muttergesellschaft vorgenommen werden. Eine weitere Warnung durch eine Publizierung der Gestattung der Mehrvertretung des Doppelmandatars zwischen den Konzerngesellschaften würde keinen zusätzlichen Schutz für den Rechtsverkehr bedeuten. Der durch § 181 BGB verfolgte Schutz des Rechtsverkehrs durch die Publizität der Gestattung ist somit durch § 294 Abs. 2 AktG speziell geregelt.

---

[173] Siehe unten § 9 C III 1 a aa.
[174] SCHNEIDER, WM 1986, 181 (185); GEßLER/Hefermehl/Eckardt/Kropff, AktG, § 294, Rdnr. 20 und 26.

(b) Das Interesse des Rechtsverkehrs an der Publizität der Gestattung der Mehrvertretung bei der Konzernmuttergesellschaft

Bei der Konzernmuttergesellschaft besteht im Gegensatz zur abhängigen Gesellschaft keine Verpflichtung zur Eintragung des Beherrschungsvertrags[175]. Müßte nun der Doppelmandatar vom Verbot der Mehrvertretung befreit werden, um einen reibungslosen Konzernablauf zu gewährleisten, käme es zu einer gesetzgeberisch nicht gewollten Publizitätspflicht bezüglich des Beherrschungsvertrags, da auch dieser zur Konkretisierung der Befreiung eingetragen werden müßte[176]. Der Konzernablauf und die Konzernbildungsautonomie würden erheblich eingeschränkt[177]. Diese gegenüber § 181 BGB spezielle gesetzgeberische Wertung zeigt, daß ein zusätzlicher Schutz des Rechtsverkehrs durch § 181 BGB im Hinblick auf die Konzernmuttergesellschaft nicht erforderlich ist.

Der Gesichtspunkt des Schutzes des Rechtssicherheit mittels der Publizität der Gestattung steht daher der Begrenzung des Anwendungsbereichs des § 181 BGB im Wege einer partiellen Spezialität in Verbindung mit einer teleologischen Reduktion nicht entgegen. Ferner ist eine Einschränkung des Anwendungsbereichs des § 181 BGB im Aktienvertragskonzern eine klar begrenzte Fallgruppe, so daß die Rechtsklarheit durch eine Restriktion des Anwendungsbereichs des Verbots der Mehrvertretung nicht beeinträchtigt würde.

(3) Der Schutz der Gläubiger im Aktienvertragskonzern

Letztlich könnte nach der hier vertretenen Ansicht der Schutz der Gläubiger einer Einschränkung des § 181 BGB aufgrund einer partiellen Spezialität in Verbindung mit einer teleologischen Reduktion der nicht verdrängten Schutzzwecke entgegenstehen. Der Gläubigerschutz ist bei § 181 BGB in der Rechtssicherheit in Form der Publizität der Gestattung und im Schutz des Vermögens der Schuldnergesellschaft enthalten.

(a) Der Schutz der Gläubiger der Konzerntochtergesellschaft

Der Schutz der Gläubiger durch Publizität erfolgt, wie gezeigt, hinreichend durch die spezielle Eintragung des Beherrschungsvertrags (§ 294 Abs. 2 AktG). Ferner sind das Vermögen der Schuldnergesellschaft und damit mittelbar die

---

[175] Argumentum e contrario zu § 294 Abs. 1 AktG, Kölner Kommentar-KOPPENSTEINER, AktG, 294, Rdnr. 3 m.w.N.; a.A. SCHNEIDER, WM 1986, 181 (186 F.); HOMMELHOFF, Konzernleitungspflicht, S. 310 f.
[176] TIMM, AcP 193 (1993), 423 (427).
[177] TIMM, AcP 193 (1993), 423 (427).

Realisierbarkeit der Ansprüche der Gläubiger durch die spezielle Norm des § 302 AktG hinlänglich geschützt[178]. Der Schutz der Gläubiger wird über den Schutz, den § 181 BGB bieten würde, hinaus durch einen Direktanspruch der Gläubiger gegen die Konzernobergesellschaft verstärkt, welche nach Beendigung des Beherrschungsvertrags Sicherheit leisten oder beim endgültigen Forderungsausfall die Ansprüche der Gläubiger erfüllen muß (§ 303 AktG). Auf das Bestehen des Direktanspruchs ist gemäß § 303 Abs. 1 S. 2 AktG hinzuweisen.

Zusätzlich können die Gläubiger der beherrschten Gesellschaft gemäß § 309 AktG Schadensersatz von dem gesetzlichen Vertreter des herrschenden Unternehmens verlangen, wenn eine Weisung nicht der Sorgfalt eines ordentlichen und gewissenhaften Geschäftsleiters entsprach und die nachteilige Weisung nicht dem Konzerninteresse diente[179].

Insofern steht das Schutzinteresse der Gläubiger der Konzerntochtergesellschaft einer Einschränkung des § 181 BGB nicht im Wege.

(b)   Der Schutz der Gläubiger der Konzernobergesellschaft

Der Schutz der Gläubiger der Konzernobergesellschaft durch die Publizität der Gestattung der Mehrvertretung wird, wie gezeigt, durch die spezielle Wertung des § 294 Abs. 1 AktG e contrario überlagert. Im übrigen ist der im Schutz der vertretenen Konzernobergesellschaft zugleich beinhaltete Schutz ihrer Gläubiger durch die Möglichkeit der Weisung und Gewinnabführung zur Genüge ausgestaltet.

c)   Ergebnis

Es bleibt daher festzuhalten, daß sämtliche durch § 181 BGB verfolgten Schutzzwecke beim Aktienvertragskonzern vorrangigen Regelungen weichen oder durch andere Regelungen gleichermaßen gewährleistet werden. Auf Grund dessen ist der Anwendungsbereichs des § 181 BGB bei der Mehrvertretung im Aktienvertragskonzern wegen der teilweisen Subsidiarität der Norm einzuschränken, welche durch eine teleologische Reduktion der nicht durch spezielle Regelungen überlagerten Schutzzwecke ergänzt wird.

---

[178] Auch GEßLER/Hefermehl/Eckardt/Kropff, AktG, § 302, Rdnr. 2 hält den Schutz der Gläubiger über den Schutz des Vermögens der abhängigen Gesellschaft für hinreichend ausgebildet.

[179] Ausführlich dazu GEßLER/Hefermehl/Eckardt/Kropff, AktG, § 309, Rdnr. 41.

Die gleiche Interessenlage wie bei der „primären personellen Verflechtung"[180] der Leitungsorgane liegt bei der „sekundären personellen Verflechtung" mittels nachgeordneter Führungskräfte unterhalb der Vorstands- und Aufsichtsratsebene vor. Bei der Mehrvertretung des „Doppelprokuristen" und „Doppelhandlungsbevollmächtigten" im Aktienvertragskonzern ist deswegen eine Einschränkung des Anwendungsbereichs vorzunehmen.

2. Anwendbarkeit des § 181 BGB bei der Mehrvertretung im einfachen und qualifiziert faktischen Aktienkonzern

Um einen faktischen Konzern handelt es sich, wenn das Konzernverhältnis nicht auf einem Beherrschungsvertrag beruht[181].

Beim faktischen Aktienkonzern überwiegen die sich aus Vorstands-Doppelmandaten ergebenden Einflußmöglichkeiten oftmalig diejenigen aufgrund kapitalmäßiger Beteiligung[182]. Wegen der daraus resultierenden Gefahr, daß Vermögensinteressen des abhängigen Unternehmens zum Vorteil des herrschenden Unternehmens beeinträchtigt werden, halten Teile der Literatur Vorstands-Doppelmandate bei faktischen Konzernen generell für unzulässig[183]. Dafür spreche ein Umkehrschluß zu § 311 AktG, der nur Einzelweisungen gestatte, so daß eine personelle Verflechtung die Grenze der Ausübung von Leitungsmacht im faktischen Konzern überschreite.

Die Gegenansicht hält dem entgegen, daß dem Gesetzgeber die Existenz von Vorstands-Doppelmandaten bekannt war und daß er dennoch im Aktiengesetz von 1965 nur ein Verbot für die Überkreuzverflechtung in § 100 Abs. 2 S. 1 Nr. 3 AktG eingeführt hat. Der Gegenansicht ist zuzustimmen, da organisationsrechtliche Regelungen, die die faktische Konzernierung mittels personeller Verflechtungen verbieten wollen, schnell auf ihre Grenzen stoßen[184] und der Konzernvielfalt nicht gerecht werden[185], zumal sie den Doppelvorständen ein pflichtwidriges Verhalten unterstellen[186].

---

[180] Begriff nach EBKE/GEIGER, ZVglRWiss 93 (1994), 38 (40).
[181] Die Konstruktion eines konkludent abgeschlossenen Beherrschungsvertrages (dafür EMMERICH, Der GmbH-Konzern, S. 3 (17 f.) ist abzulehnen, da sie eine unzulässige Fiktion darstellt. Ablehnend auch: BGHZ 105, 324 ff. (Autokran).
[182] SCHÖNWITZ/WEBER, S. 18.
[183] SÄCKER, ZHR 151 (1987), 59 (68).
[184] EBKE/GEIGER, ZVglRWiss 93 (1994), 38 (58).
[185] LINDERMANN, AG 1987, 225 (231).
[186] LINDERMANN, AG 1987, 225 (233 f.).

Für die Geltung des § 181 BGB bei faktisch verbundenen Unternehmen mit einer AG als Tochter ist maßgebend, ob § 181 BGB (teilweise) verdrängt ist oder sich teleologisch reduzieren läßt.

a)   Meinungsstand

Nach der Ansicht von *Timm* wäre eine Geltung des § 181 BGB bei faktisch verbundenen Unternehmen mit einer Aktiengesellschaft als Tochter nur anzunehmen, wenn das grundsätzliche Handlungsermessen des Vorstands der Tochter auf die Ablehnung eines nachteiligen Vertragschlusses durch die Befreiung von der Mehrvertretung beseitigt würde[187]. Dieses sei jedoch nicht der Fall, da die Schadensersatzpflicht wegen Verletzung seiner Kontrollpflichten aus § 93 Abs. 2 AktG sowie die Haftung als gesetzlicher Vertreter des herrschenden Unternehmens gemäß § 317 Abs. 3 AktG den Doppelmandatar ausreichend zur sorgfältigen Prüfung des konzerninternen Rechtsgeschäfts auf die Notwendigkeit eines Nachteilsausgleichs veranlassen. Da § 311 AktG nachteilige Einflußnahmen durch das herrschende Unternehmen toleriere, wenn die Nachteile innerhalb eines Geschäftsjahres tatsächlich ausgeglichen werden oder wenn ein Ausgleichsanspruchs bis zu diesem Zeitpunkt gewährt wird, müsse davon ausgegangen werden, daß der Gesetzgeber die Kompensation der Verhinderung nachteiliger Weisungen gleichstellen wollte[188]. Sofern ein Nachteilsausgleich sichergestellt sei, könne die abhängige Gesellschaft daher wählen, ob es das nachteilige Rechtsgeschäft abschließen wolle. Aufgrund dessen folgert *Timm* aus der Üblichkeit personeller Verflechtungen in den Leitungsorganen, daß das Verbot der Mehrvertretung nicht gelten könne, da sonst das Wahlrecht des Geschäftsleiters als Kernstück des Konzepts einer „flexible response" weitgehend außer Kraft gesetzt würde[189]. Der Schutz der verbundspezifischen Schutzkautelen sei hinreichend und müsse nicht durch das Mehrvertretungsverbot des § 181 BGB aufgewertet werden[190].

Durch die Gegenansicht, die von der Geltung des § 181 BGB ausgeht, erfolgt keine eingehende Diskussion einer teleologischen Reduktion des § 181 BGB im faktischen Aktienkonzern[191].

---

[187] TIMM, AcP 193 (1993), 423 (437 f.).
[188] TIMM, AcP 193 (1993), 423 (437).
[189] TIMM, AcP 193 (1993), 423 (438).
[190] TIMM, AcP 193 (1993), 423 (440 f.)
[191] Lutter/HOMMELHOFF, GmbHG, § 35, Rdnr. 18.

b) Stellungnahme und eigener Ansatz

Um festzustellen, ob die §§ 311 ff. AktG ein geschlossenes Regelungskonzept dahingehend darstellen, daß sie als konzernrechtliche Normen die zivilrechtliche Norm des § 181 BGB verdrängen, bedarf es in erster Linie einer genauen Analyse der Bedeutung der §§ 311 ff. AktG beim faktischen Aktienkonzern. Die §§ 311 ff. AktG können § 181 BGB nur dann abschließend verdrängen, wenn der Schutz der abhängigen Gesellschaft als Vertretene sowie ihrer Gläubiger und Aktionäre nach der ratio legis der Regelungen über den faktischen Aktienkonzern dem Konzerninteresse untergeordnet sind. Ist dies nicht der Fall, ist zu klären, ob die §§ 311 ff. AktG für die durch § 181 BGB geschützten Interessen eine teilweise spezielle Regelung darstellen oder ob sie diese bereits in einem Umfang schützen, welcher eine Gefährdung derselben vollständig ausschließt.

aa) Vorliegen einer abschließenden konzernrechtlichen Spezialregelung bei der Mehrvertretung im faktischen Aktienkonzern

Die § 311 ff. AktG weisen einen Privilegierungs- und Schädigungsverbotscharakter auf [192]. Wegen dieser beiden Schutzrichtungen ist umstritten, welche Schutzrichtung vorgeht, wenn im Einzelfall die Vermögeninteressen der abhängigen Gesellschaft und damit ihrer Aktionäre und Gläubiger nicht genügend durch die §§ 311 ff. AktG gesichert werden.

(1) Vorrang des Konzerninteresses

Teilweise werden, ausgehend von der Prämisse rechtlicher Anerkennung von Konzernleitungsmacht, die Konzerninteressen den Außenseiterinteressen übergeordnet[193]. Um überhaupt einen faktischen Konzern bilden zu können, müßten die §§ 311 ff. AktG am Maßstab effizienter Konzernleitung ausgelegt werden, wobei hinzunehmen sei, daß Außenseiterinteressen benachteiligt werden[194]. Nach dieser Ansicht wäre hiermit eine Verdrängung des § 181 BGB durch eine abschließende Sonderregelung die Folge.

(2) Gleichwertigkeit der Interessen der Konzerns und der Außenseiter

Die herrschende Meinung lehnt demgegenüber eine Überordnung der Konzerninteressen ab, da erstens die Prämisse der rechtlichen Anerkennung des fakti-

---

[192] Geßler/Hefermehl/Eckardt/KROPFF, AktG, Vorb. § 311 Rdnr. 12; MARTENS, Existentielle Wirtschaftsabhängigkeit, S. 109 ff.; Großkommentar-WÜRDINGER, AktG, Vorb. § 311, Anm. 2; § 311 Anm. 5; STROHN, S. 15 ff.
[193] HOMMELHOFF, Konzernleitungspflicht, S. 109 ff.; LUCHTERHAND, ZHR 133 (1970), 1 (6 ff. und 13).
[194] Vgl. LUCHTERHAND, ZHR 133 (1970), 1 (13).

schen Konzerns nicht zutreffe und zweitens nicht ersichtlich sei, daß eine einheitliche Leitung und ein effektiver Außenseiterschutz nicht miteinander vereinbar seien[195].

(3) Stellungnahme

Wegen der rechtspolitisch plausiblen Möglichkeit, faktische Konzernierungen zu verbieten, verengt sich die Diskussion darauf, ob der faktische Konzern nun durch die §§ 311 ff. verboten ist oder nicht[196]. Da ein Verbot des faktischen Konzerns in den §§ 311 ff. nicht geregelt ist, drängt sich die von der Mindermeinung vertretenen Prämisse der rechtlichen Anerkennung des faktischen Konzerns auf. Ob eine solche rechtliche Anerkennung des faktischen Konzerns besteht, bedarf der kritischen Prüfung unter Abgrenzung zum Aktienvertragskonzernrecht:

(a) Die inhaltliche Konzeption der § 311 ff. AktG

Gegen die Annahme eines normativen Prinzips, welches die „faktische Abhängigkeit" erlaubt, spricht zunächst, daß faktische Abhängigkeit ein Zustand ist, an den die 311 ff. AktG anknüpfen[197]. Die Privilegierung der Konzernierung ist nicht umfassend, sondern sie beschränkt sich in der Rechtfertigung nachteiliger Maßnahmen, wenn die Obergesellschaft für Nachteilsausgleich sorgt. Für die rechtliche Anerkennung der Konzernierung aufgrund faktischer Herrschaftsverhältnisse gibt der Wortlaut des Gesetzes nichts her.

Ein entscheidender Unterschied zum Aktienvertragskonzern besteht darin, daß nur beim Aktienvertragskonzern gemäß § 308 AktG ein Weisungsrecht besteht. Der Gesetzgeber geht somit beim faktischen Konzern davon aus, daß die Planungsautonomie des Vorstands der abhängigen Gesellschaft erhalten bleibt und daß es nur auf die faktische Durchsetzungsmöglichkeiten des herrschenden Unternehmens ankommt[198].

---

[195] MARTENS, Existentielle Wirtschaftsabhängigkeit, S. 110.
[196] K. SCHMIDT, Gesellschaftsrecht, § 31 Abs. 4 S. 693.
[197] Großkommentar-WÜRDINGER, AktG, § 311, Anm. 2; Geßler/Hefermehl/Eckardt/ KROPFF, AktG, § 311, Rdnr. 10.
[198] MARTENS, Existentielle Wirtschaftsabhängigkeit, S. 111; Kölner Kommentar-KOPPENSTEINER, AktG, Vorb. § 311, Rdnr. 8; LUCHTERHANDT, ZHR 133 (1970), 1 (11 ff.).

(b) Systematik

Gleichermaßen spricht ein Vergleich der Überschriften des Ersten und Zweiten Abschnitts gegen die rechtliche Anerkennung der faktischen Konzernierung. Denn während beim Aktienvertragskonzernrecht von „Leitungsmacht und Verantwortlichkeit bei Bestehen eines Beherrschungsvertrags" gesprochen wird, beschränkt sich die Überschrift des zweiten Abschnitts auf die „Verantwortlichkeit beim Fehlen eines Beherrschungsvertrags"[199].

(c) Entstehungsgeschichte

Nach der Begründung des Regierungsentwurfs besteht der Leitgedanke „der § 311 ff. darin, die abhängige Gesellschaft vor einer Schädigung durch das herrschende Unternehmen zu schützen"[200]. Dabei sei davon auszugehen, daß die Vermögensinteressen des Konzerns, der Gesellschaft und ihrer Aktionäre „unabhängig von ihrer Größe für das Recht gleichwertig" seien. Kein Gesichtspunkt unserer Rechts- und Wirtschaftsordnung gestatte es, den Vermögensinteressen eines Konzerns nur deswegen Vorrang einzuräumen, weil sie quantitativ größer seien[201].

(4) Zwischenergebnis

Aus diesen Formulierungen läßt sich folgern, daß der Außenseiterschutz Primärzweck der vom Regierungsentwurf beabsichtigten Regelung war[202]. Aus diesem Grunde kann nicht angenommen werden, daß durch die Anwendung der individualschützenden Norm des § 181 BGB ein vorrangiges, abschließendes Konzernprivileg der §§ 311 ff. AktG unzulässigerweise mißachtet würde. Vielmehr ist davon auszugehen, daß die Vorschrift des § 181 BGB beim faktischen Konzern grundsätzlich zur Anwendung kommt. Etwas anderes könnte daher nur gelten, wenn die Vorschriften der §§ 311ff. AktG hinsichtlich der durch § 181 BGB geschützten Interessen bereits spezielle Regelungen enthalten oder diese eigenständig ausreichend schützen, so daß eine ergänzende teilweise teleologische Reduktion des § 181 BGB sachgerecht wäre.

---

[199] Kölner Kommentar-KOPPENSTEINER, AktG, Vorb., § 311, Rdnr. 8; Geßler/Hefermehl/Eckardt/KROPFF, AktG, § 311, Rdnr. 18.
[200] Bei Geßler/Hefermehl/Eckardt/KROPFF, AktG, § 311, S. 407 f.
[201] BEGR.REGE bei Geßler/Hefermehl/Eckard/KROPFF, AktG, § 311.
[202] Kölner Kommentar-KOPPENSTEINER, AktG, Vorb. § 311, Rdnr. 9.

bb) Partielle Subsidiarität ergänzt durch eine teilweise teleologische Reduktion im faktischen Aktienkonzern

Für die Restriktion des Anwendungsbereichs des § 181 BGB bei der Mehrvertretung im faktischen Aktienkonzern ist maßgebend, ob der durch diesen bezweckte Schutz des Vertretenen, der Rechtssicherheit sowie der Gläubiger durch die §§ 311 ff. AktG verdrängt oder bereits so verwirklicht wird, daß eine Gefährdung der Schutzgüter von vornherein ausscheidet.

(1) Der Schutz des Vertretenen im faktischen Aktienkonzern

Bei dem durch § 181 BGB bezweckten Schutz des Vertretenen ist wiederum zwischen der Konzerntochtergesellschaft und Konzernmuttergesellschaft zu unterscheiden.

(a) Die Konzerntochtergesellschaft als Vertretene

Der Schutz der Konzerntochtergesellschaft als vertretene juristische Person ist präventiv und reaktiv gewährleistet:

Ein präventiver Schutz wird dadurch bewirkt, daß der Geschäftsleiter einer durch faktische Konzernierung abhängigen Aktiengesellschaft in seiner Entscheidung frei und nur dem Wohl des Unternehmens verbunden ist. Er wird daher als Hüter der Belange des abhängigen Unternehmens eingeordnet[203]. Wenn er ein Rechtsgeschäft in Mehrvertretung zwischen den Konzerngesellschaften abschließen will, muß er als Vertreter der abhängigen Aktiengesellschaft mit der Sorgfalt eines ordentlichen und gewissenhaften Geschäftsleiters das Geschäft anwenden (§ 93 Abs. 1 AktG). Kommt er dieser Verpflichtung nicht nach, ist er zum Schadensersatz verpflichtet (§ 93 Abs. 2 AktG). Diese Schadensersatzverpflichtung wird ergänzt durch eine Haftung als gesetzlicher Vertreter des herrschenden Unternehmens gemäß § 317 Abs. 3 AktG. Ferner wird, wenn die Obergesellschaft Gesellschafterin der abhängigen Gesellschaft ist, ein wertinkongruentes Rechtsgeschäft eine verdeckte Einlagenrückgewähr und damit einen Verstoß gegen § 93 Abs. 3 Nr. 1 AktG i.V.m. § 57 AktG beinhalten, mit der Folge, daß das betreffende Vorstandsmitglied Schadensersatz leisten muß[204]. Eine vergleichbare Haftung trifft die Aufsichtsratsmitglieder, wenn sie ihrer Prüfungspflicht nicht hinreichend nachgekommen sind.

---

[203] HOMMELHOFF, Konzernleitungspflicht, S. 118, 120, 123; NEUHAUS, DB 1970, 1913 (1915), TIMM, AcP 193 (1993), 423 (439).
[204] TIMM, AcP 193 (1993), 423 (440).

Als reaktiver Schutz der vertretenen abhängigen Gesellschaft greift die obligatorische Kompensationspflicht bei nachteiligen Insichgeschäften gemäß der §§ 311 ff. AktG ein. Danach darf ein herrschendes Unternehmen die abhängige Gesellschaft nur dann zu nachteiligen Maßnahmen veranlassen, wenn die Nachteile ausgeglichen werden. Dieses Instrumentarium ist jedoch bei einer personellen Verflechtung aus zweierlei Gründen nur ein schwacher Schutz:

Einerseits ist schwer zu beweisen, daß das Rechtsgeschäft wegen der Vielfalt und großen Zahl möglicher Einflußnahmen auf Veranlassung im Sinne der §§ 311 ff. AktG erfolgt ist[205]. Ohne Veranlassung besteht jedoch kein Ausgleichsanspruch[206].

Andererseits läßt sich das hypothetische Verhalten eines ordentlichen und gewissenhaften Geschäftsleiters einer unabhängigen Gesellschaft als Vergleichsmaßstab bei zunehmender Verdichtung der Einflußnahme kaum noch feststellen.

Der Schadensersatzanspruch nach den §§ 317 f. AktG bei Maßnahmen, die mangels Nachteilsausgleichs nicht gerechtfertigt sind, ist aus den gleichen Gründen schwer durchsetzbar. Gleiches gilt für den teilweise befürworteten Schadensersatzanspruch für Maßnahmen, die nach ihrer Art nicht legalisierbar sind[207].

Wegen des Fehlens einer allgemeinen, von besonderen Voraussetzungen unabhängigen Verlustübernahmepflicht in den §§ 311 ff. AktG gleichen die Mechanismen, die das AktG zum Schutz der abhängigen Gesellschaft vorsieht, die durch den Interessenkonflikt bei der Mehrvertretung hervorgerufenen Gefahren für die vertretene Konzerntochtergesellschaft nicht umfassend aus. Der Gesetzgeber ging durch die Schaffung von Schadensersatznormen gegen den Vorstand der Tochtergesellschaft selbst davon aus, daß die Interessenkonflikte bei der Mehrvertretung nicht immer durch einen angemessenen Ausgleich etwaiger Nachteile aufgewogen werden. Die Haftung des Vorstands bildet jedoch kein ausreichendes Korrektiv für die Probleme, die sich bei der Feststellung und Quantifizierung von „Nachteilen" im Sinne des § 311 AktG bei

---

[205] HOFFMANN/BECKING, ZHR 150 (1986) 570 (577).
[206] H.M.: Geßler/Hefermehl/Eckardt/KROPFF, AktG, § 311, Rdnr. 48 m.w.N.; a.A. UECKER, S. 51 f., der jeden Nachteil für ausgleichspflichtig hält und sich damit über den eindeutigen Gesetzeswortlaut des § 311 Abs. 1 AktG hinwegsetzt.
[207] K. SCHMIDT, Gesellschaftsrecht, § 31 IV, S. 966.

langfristigen Entscheidungen ergeben[208]. Dies ist ein Mangel, der auch nicht durch den Abhängigkeitsbericht neutralisiert wird[209].

Etwas anderes müßte gelten, wenn aus dem Bestehen einer Personalunion auf das Bestehen eines sog. „qualifiziert faktischen Konzerns" mit einer Verlustausgleichspflicht analog § 302 AktG geschlossen werden könnte. Nach *Säcker* ist beim Bestehen von Vorstands-Doppelmandaten eine entsprechende Anwendung der §§ 302, 322 AktG geboten, weil dann eine dauerhafte und umfassende Einflußnahme des herrschenden Unternehmens vorliege, so daß das auf einzelne Weisungen konzipierte Nachteilsausgleichsystem der § 311 ff. AktG mangels Identifizierbarkeit nicht mehr funktioniere[210].

Die herrschende Meinung lehnt eine Strukturhaftung wegen des Bestehens von Vorstands-Doppelmandaten ab. Allein aus der personellen Verflechtung auf der Vorstandsebene könne nicht auf einen „qualifiziert faktischen Konzern" mit der Folge des Übergangs des wirtschaftlichen Risikos auf die herrschende Gesellschaft geschlossen werden[211].

Dem ist zuzustimmen. Seit der TBB-Entscheidung[212] steht fest, daß im qualifizierten faktischen GmbH-Konzern zum Schutze der Gläubiger eine analoge Anwendung der §§ 302, 303 AktG nur bei Vorliegen der folgenden Voraussetzungen in Betracht kommt: Erstens muß das herrschende Unternehmen die abhängige Gesellschaft in ihrem Interesse zu nachteiligen Maßnahmen veranlaßt haben. Zweitens muß diese Einflußnahme einen „objektiven Mißbrauch" der Art bilden, daß das herrschende Unternehmen nicht die angemessene Rücksicht auf die eigenen Belange der abhängigen Gesellschaft genommen hat. Drittens muß ein Einzelausgleich der zugefügten Nachteile durch Ersatzansprüche der abhängigen Gesellschaft unmöglich sein.

---

[208] Kölner Kommentar-KOPPENSTEINER, AktG, Vorb. § 291, Rdnr. 58; zusätzlich ist fraglich, inwiefern sich die abhängige Gesellschaft die mit der Konzernierung verbundenen Vorteile im Rahmen einer schadensersatzrechtlichen Vorteilsausgleichung anrechnen lassen muß, vgl. SCHEFFLER, AG 1990, 173 (185 f.).
[209] Kölner Kommentar-KOPPENSTEINER, AktG, Vorb. § 291, Rdnr. 58.
[210] SÄCKER, ZHR 151 (1987), 59 (65 ff. und 71).
[211] LINDERMANN, AG 1987, 225 (235); HUBER, ZHR 152 (1988), 123 (130 in Fn. 32); DECHER, S. 96 ff., 170 ff., 213 ff.; HOFFMANN-BECKING, ZHR 150 (1986), 570 ff; KRIEGER, ZGR 1994, 375 (392); K. SCHMIDT, Gesellschaftsrecht, § 31 IV 4. b), S. 968.
[212] BGHZ 122, 123.

Diese jegliche Strukturhaftung ablehnende Rechtsprechung kann als gefestigte Rechtsprechung des *Bundesgerichtshofs* und der anderen Gerichte[213] und als wohl herrschende Meinung in der Literatur[214] bezeichnet werden und gilt auch im faktischen Aktienkonzern. Sie ist zugleich eine Absage an eine generelle Verlustausgleichspflicht analog § 302 AktG aufgrund von Vorstands-Doppelmandaten.

Hinsichtlich des Gesichtspunkts des Vertretenenschutzes der Konzerntochtergesellschaft existiert daher weder eine spezielle Regelung noch ein dem § 181 BGB vergleichbarer Schutz. Der für die Mehrvertretung i.S.d. § 181 BGB typische Interessenkonflikt besteht im faktischen Aktienkonzern in der Form eines Loyalitätskonflikts fort, so daß eine rechtsfortbildende Einschränkung des Anwendungsbereichs der Norm bereits wegen des mangelhaften Schutzes der Konzerntochergesellschaft abzulehnen ist.

(b)   Die Konzernmuttergesellschaft als Vertretene

Bei vordergründiger Betrachtungsweise scheint eine Benachteiligung der Interessen der Konzernmuttergesellschaft im faktischen Aktienkonzern ausgeschlossen. Trotzdem kann es wegen besonderer Erfordernisse im Konzern notwendig sein, ein für die Konzernmuttergesellschaft nachteiliges Rechtsgeschäft abzuschließen. Zwar kann die Obergesellschaft ihren Einfluß zur Kompensation der für sie nachteiligen Maßnahme ausnutzen, doch die den Nachteil der Muttergesellschaft ausgleichende Maßnahme wird zugleich ein nachteiliges Geschäft im Sinne des § 311 Abs. 1 AktG darstellen. Dies hätte zur Folge, daß die beherrschende Gesellschaft, ohne eine Ausgleichsmöglichkeit zu haben, jeden Nachteil gegenüber ihrer Tochtergesellschaft hinnehmen müßte. *Timm* kommt mit einer wertenden, auf wirtschaftliche Gesichtspunkte abstellenden Gesamtbetrachtung zu dem Ergebnis, daß die Restitution eines für die Muttergesellschaft nachteiligen Geschäfts eine für die abhängige Gesellschaft neutrale und damit nicht gegen § 311 Abs. 1 AktG verstoßende Maßnahme ist[215]. Die Muttergesellschaft habe daher die Möglichkeit alle für sie selbst nachteiligen Maßnahmen durch Weisungen auszugleichen. Dem kann meines Erachtens nur bei eng zusammenhängenden Maßnahmen gefolgt werden, so daß der Schutz der Konzernmuttergesellschaft große Lücken aufweist.

---

[213] EMMERICH/SONNENSCHEIN, Konzernrecht, § 24a I 1., S. 398.
[214] W. BITTER/G. BITTER, BB 1996, 2153 (2154 ff.); ENSTHALER/KREHER, BB 1995, 1422 (1426); dies., BB 1996, 385; GUMMERT, WiB 1994, 217; HOMMELHOFF, ZGR 1994, 395 (417); MICHALSKI/ZEIDLER, NJW 1996, 224 (226); jeweils m.w.N.
[215] TIMM, AcP 193 (1993), 423 (441).

Die größte Gefahr beim Vorliegen einer Vorstandspersonalunion liegt in der Möglichkeit einer qualifiziert faktischen Konzernierung mit der Folge, daß die unternehmerischen und haftungsmäßigen Risiken über den Verlustausgleich analog § 302 Abs. 1 AktG auf die Konzernspitze durchschlagen, ohne daß dem, wie im Vertragskonzern, der Vorrang der Konzerninteressen und das Weisungsrecht gemäß § 308 Abs. 1 AktG kompensierend gegenüberstehen. Die Möglichkeit des herrschenden Unternehmens, sich bei seinen Leitungsorganen schadlos zu halten, ist diesbezüglich wohl nur theoretischer Natur[216]. Insofern sind die Interessen der Konzernmuttergesellschaft als Vertretene nicht unwesentlich gefährdet, so daß eine teleologische Reduktion des § 181 BGB im faktischen Aktienkonzern gleichermaßen unter diesem Aspekt ausscheidet.

(2)   Der Schutz der Rechtssicherheit im faktischen Aktienkonzern

Eine Einschränkung des § 181 BGB wäre ferner aus Gründen der Rechtssicherheit äußerst fragwürdig, da faktische Konzernierungen in allen möglichen Facetten vorkommen und auf einem für den Rechtsverkehr schwer erkennbaren, auf vielfältigen Umständen beruhenden faktischen Zustand beruhen. Eine Einschränkung des § 181 BGB im Bereich faktischer Aktienkonzerne wäre dem Rechtsverkehr nicht zumutbar, zumal eine Warnung des Rechtsverkehrs durch handelsregisterliche Publizität nicht stattfindet.

(3)   Der Schutz der Gläubiger im faktischen Aktienkonzern

(a)   Der Schutz der Gläubiger der Konzerntochtergesellschaft

Der Gläubigerschutz ist wiederum als Ausfluß des Vertretenenschutzes und des Schutzes der Rechtssicherheit zu untersuchen. Der Schutz der Gläubiger, vermittelt über den durch die §§ 311 ff. AktG bewirkten Schutz der abhängigen Gesellschaft, ist wie gezeigt nur schwach. Ein direkter Schutz durch die §§ 302, 303 AktG findet nur unter den Gesichtspunkt einer modifizierten Verhaltenshaftung im Fall einer sogenannten qualifiziert faktischen Konzernierung statt[217]. Im Gegensatz zum Aktienvertragskonzern besteht obendrein keine Pflicht zur Sicherheitsleistung gemäß § 303 AktG nach dem Ende des Vertragskonzerns. *Timm* hält dieses für kein entscheidendes „Minus", da bei der Aufhebung eines Beherrschungs- und Gewinnabführungsvertrags bei einer einfachen faktischen Konzernierung grundsätzlich nicht die Gefahr bestehe, daß die Untergesellschaft ihre Lebensfähigkeit einbüße[218]. Der Gesetzgeber halte vielmehr den

---

[216] K. SCHMIDT, Gesellschaftsrecht, § 31 IV 4a, S. 967.
[217] HÜFFER, AktG, § 302, Rdnr. 6 ff.
[218] TIMM, AcP 193 (1993), 423 (439).

obligatorischen Nachteilsausgleich für ausreichend, um die Gläubiger der Untergesellschaft in angemessener Weise zu schützen[219].

Einen weiteren Schutz erfahren die Gläubiger durch die Regelung der § 62 Abs. 2 S. 1 AktG, § 317 Abs. 1, 3 i.V.m. § 309 Abs. 4 AktG, wonach die Gläubiger den Ersatzanspruch gegen den Geschäftsleiter der Untergesellschaft im eigenen Namen geltend machen und Leistung an sich verlangen können, soweit sie keine Befriedigung von der Gesellschaft erlangen können[220]. Einen weiteren Anspruch haben die Gläubiger über § 93 Abs. 5 S. 1. AktG, selbst wenn der Geschäftsleiter eine Weisung des herrschenden Unternehmens befolgt[221].

Alle diese Schutznormen können gleichwohl nicht darüber hinweg täuschen, daß der durch den Vertretenenschutz bewirkte Gläubigerschutz wegen des Fehlens einer den §§ 302 ff. AktG vergleichbaren Vorschrift viel schwächer ausgestaltet ist als im Aktienvertragskonzern. Da durchaus Fälle denkbar sind, in denen die abhängige Gesellschaft nach dem Ende der Konzernierung lebensunfähig ist, kann nicht davon gesprochen werden, daß die durch § 181 BGB geschützten Interessen ausreichend durch andere Regelungen im faktischen Aktienkonzern geschützt werden.

Darüber hinaus werden die potentiellen Gläubiger der abhängigen Gesellschaft im Gegensatz zum Aktienvertragskonzern nicht vor den auf sie zukommenden Gefahren durch die faktische Konzernierung im Wege der Publizität gewarnt, so daß auf den durch § 181 BGB intendierten Schutz der Gläubiger durch die Publizität der Gestattung nicht verzichtet werden kann.

(b)   Der Schutz der Gläubiger der Konzernmuttergesellschaft

Entsprechendes gilt für die Gläubiger der Konzernmuttergesellschaft, die der Gefahr einer Schmälerung des Vermögens der Konzernmuttergesellschaft wegen einer Verlustübernahmepflicht analog § 302 AktG aufgrund einer qualifiziert faktischen Konzernierung ausgesetzt werden, ohne davor handelsregisterlich gewarnt zu werden.

---

[219] TIMM, AcP 193 (1993), 423 (440).
[220] Vgl. TIMM, AcP 193 (1993), 423 (440).
[221] KRAFT/KREUTZ, Gesellschaftsrecht, K IV 1 e; LINDERMANN, AG 1987 225 (233).

c) Ergebnis

§ 181 BGB ist somit beim faktischen Aktienkonzern nicht aufgrund einer partiellen Spezialität konzernrechtlicher Normen ergänzt durch eine teleologische Reduktion einzuschränken.

3. Anwendbarkeit des § 181 BGB bei der Mehrvertretung im GmbH-Vertragskonzern

Ein GmbH-Konzern liegt bei den Unternehmensverbindungen vor, bei denen die GmbH abhängiges Unternehmen ist, da das Aktienkonzernrecht nur auf den Schutz der abhängigen AG oder KGaA zielt[222]. Da der Gesetzgeber die ursprünglich vorgesehene, umfassende Regelung eines GmbH-Konzernrechts[223] aufgegeben hat, ist die Lösung GmbH-konzernrechtlicher Probleme der Rechtsprechung und Literatur überlassen. Eine umfassende Analogie zum Aktienkonzernrecht der §§ 291 ff. AktG, die der Gesetzgeber als Kern eines allgemeinen Unternehmenskonzernrechts verstanden hatte, ist wegen der strukturellen Unterschiede von Aktiengesellschaft und GmbH nicht möglich.

Die Zulässigkeit des Abschlusses eines Beherrschungsvertrags ist dagegen anerkannt[224]. Die Folgepflicht der Geschäftsführer der beherrschten GmbH kann nicht nur, wie bei der AG aufgrund der §§ 23 Abs. 5, 76 Abs. 1 AktG, durch einen Beherrschungsvertrag, sondern auch durch eine statutarische Regelung hergestellt werden[225].

a) Meinungsstand

Die überwiegende Meinung will § 181 BGB ausnahmslos im Verhältnis der Konzernunternehmen anwenden[226]. Danach könne vom Verbot der Mehrvertretung nur statutarisch befreit werden, welches einer Eintragung im Handelsregister bedürfe[227].

---

[222] KRAFT/KREUTZ, Gesellschaftsrecht, B V 3.
[223] Vgl. REGE eines GmbH-Gesetzes, BT-DRUCKS. 8 (1977), 1347; BT-DRUCKS. 8 (1980), 3908.
[224] Eingehend BRANDES, FS Kellermann (1990), 25 (32).
[225] K. SCHMIDT, Gesellschaftsrecht, § 39 II 1, S. 1213.
[226] RGZ 89, 367 (370); EDER/KALLMEYER, GmbH-Handbuch, I. Teil, Rdnr. 579.3; U. HÜBNER, Interessenkonflikt, S. 232; SCHNEIDER, BB 1986, 201 (205 f.); ders. in: Scholz, GmbHG, § 35, Rdnr. 127; BALLOF/FICHTELMANN/GEISSEN/POSDZIECH/WINTER, GmbH-Handbuch, 5310, Rdnr. 31; Lutter/HOMMELHOFF, GmbHG, § 35, Rdnr. 18; Baumbach/Hueck-ZÖLLNER, GmbHG, § 35, Rdnr. 79.
[227] SCHNEIDER, BB 1986, 201 (206).

Nach der Ansicht von *Timm* gilt das Mehrfachvertretungsverbot des § 181 BGB wegen einer teleologischen Reduktion nicht im GmbH-Vertragskonzern[228].

Bachmann differenziert demgegenüber zwischen der Anwendung des § 35 Abs. 4 S. 1 GmbHG und der des § 181 BGB bei der Doppelvertretung im GmbH-Konzern. Grundsätzlich sei eine analoge Anwendung des § 35 Abs. 4 S. 1 GmbHG bei der Mehrvertretung im GmbH-Konzern ausgeschlossen. Eine analoge Anwendung des § 35 Abs. 4 S. 1 GmbHG sei nur angebracht, wenn der Doppelmandatar zugleich Alleingesellschafter der Muttergesellschaft sei, weil nur dann der Gesellschafter wirtschaftlich betrachtet mit sich selbst kontrahiere[229]. Anschließend prüft *Bachmann*, ob § 181 BGB selbst auf die Vertretung durch einen Doppelmandatar anzuwenden ist und kommt zu dem Ergebnis, daß § 181 BGB nur auf die Vertretung der GmbH-Muttergesellschaft gegenüber ihrer alleinigen GmbH-Tochtergesellschaft Anwendung finde, da die Norm bei der Vertretung der Tochtergesellschaft gegenüber ihrer alleinigen Muttergesellschaft teleologisch reduziert werden müsse[230]. Danach bleibe es den Gesellschaftern der GmbH-Muttergesellschaft unbenommen, welche Insichgeschäfte sie dem Doppelmandatar gestatten wollen[231].

Streyl dürfte abermals die These der im Bestellungsbeschluß in Kenntnis der anderweitigen konzerninternen Aktivität enthaltenen konkludenten Gestattung vertreten[232].

b) Stellungnahme und eigener Ansatz

Wenn nach der Ansicht von *Bachmann* die Mehrvertretung im GmbH-Konzern nur verboten sein soll, wenn der Geschäftsführer der hundertprozentigen Tochter-GmbH zugleich der Alleingesellschafter der Muttergesellschaft ist, so sind seine Überlegungen abzulehnen. Sie beruhen auf der abzulehnenden These, daß der Schutzzweck § 35 Abs. 4 S. 1 GmbHG vom Schutzzweck des § 181 BGB abweicht, mit der Folge, daß er den Schutz der Gläubiger über den Schutz abhängigen GmbH vom Tatbestand des § 35 Abs. 4 S. 1 GmbHG abhängig macht, ohne näher auf die Interessen der Gläubiger und Gesellschafter der konzernverbundenen Gesellschaften einzugehen. Zudem bleibt er eine Erklärung dafür schuldig, warum nur eine teleologische Reduktion des § 181 BGB auf der

---

[228] TIMM, AcP 193 (1993), 423 (428 in Fn. 17.), zustimmend Staudinger-SCHILKEN, BGB, § 181, Rdnr. 21.
[229] BACHMANN, ZIP 1999, 85 (91).
[230] BACHMANN, ZIP 1999, 85 (92 f.).
[231] BACHMANN, ZIP 1999, 85 (93).
[232] STREYL, S. 198 ff (200), ebenso FLUME, AT II, Das Rechtsgeschäft, § 48 6.

Ebene der Tochtergesellschaft vorzunehmen ist und nicht auch auf der Ebene der Muttergesellschaft, obwohl die Konzerntochergesellschaft schutzbedürftiger ist.

Ausgangspunkt der Überlegungen muß sein, daß das Verbot der Mehrvertretung gemäß § 181 BGB bei der konzerninternen Vertretung durch Doppelmandatare tatbestandlich eingreift.

Betrachtet man zusätzlich den Tatbestand des § 35 Abs. 4 S. 1 GmbHG, so fällt auf, daß Rechtsgeschäfte zwischen der Muttergesellschaft und ihrer 100%-igen Tochtergesellschaft mit dem Selbstkontrahieren des geschäftsführenden Alleingesellschafters vergleichbar sind, wenn der Alleingesellschafter der Tochtergesellschaft zugleich Geschäftsführer der Muttergesellschaft ist.[233] Dies könnte zur Konsequenz haben, daß wegen einer analogen Anwendung des § 35 Abs. 4 S. 1 GmbHG eine teleologische Reduktion des § 181 BGB für diesen konkreten Fall ausscheidet. Eine solche Annahme widerspricht aber der Funktion des § 35 Abs. 4 S. 1 GmbHG als deklaratorischer Korrekturnorm, indem sie § 35 Abs. 4 S. 1 GmbHG und § 181 BGB unterschiedlich anwendet, obwohl diese die gleichen Schutzzwecke verfolgen. Weiterhin ist nicht ersichtlich, daß er Gesetzgeber § 35 Abs. 4 S. 1 GmbHG als allgemeines Rechtsfortbildungsverbot erlassen hat, da es ihm nur darum ging, die Interessen der Gläubiger über den Schutz der vertretenen Einmann-GmbH vor Vermögensverschiebungen seitens des Alleingesellschafter-Geschäftsführers zu wahren. Sind diese Interessen hinreichend durch die Regeln des GmbH-Vertragskonzerns geschützt, so die allgemein anerkannten Methode der rechtsfortbildenden teleologischen Reduktion anzuwenden. Richtigerweise ist daher zu analysieren, inwiefern im GmbH-Vertragskonzernrecht bezüglich der einzelnen Schutzzwecke des § 181 BGB Sonderregelungen bestehen und ob der durch § 181 BGB bezweckte Schutz bereits anderweitig gewährleistet ist, so daß die Norm teleologisch reduziert werden kann.

aa) *Vorliegen einer abschließenden konzernrechtlichen Spezialregelung für konzerninterne Rechtsgeschäfte*

Eine abschließende Spezialregelung kann in der Möglichkeit einzelner Analogien zum Aktienkonzernrecht nicht gesehen werden.

---

[233] Aus diesem Grund wird auch vertreten, § 35 Abs. 4 S. 1 GmbHG bei der Muttergesellschaft anzuwenden, wenn deren alleiniger Geschäftsführer zugleich deren alleiniger Gesellschafter ist: SCHNEIDER, BB 1986, 201 (206); BALLOF/FICHTELMANN /GEISSEN/POSDZIECH/WINTER, GmbH-Handbuch, 5310, Rdnr. 31.

bb) Partielle Subsidiarität ergänzt durch eine teilweise teleologische Reduktion des § 181 BGB im GmbH-Vertragskonzern

In Betracht kommt eine Einschränkung der Anwendbarkeit des § 181 BGB wegen einer partiellen Spezialität der einzelnen analog anzuwendenden Vorschriften des Aktienvertragskonzernrechts gegenüber den Schutzgütern des § 181 BGB. Sind die Schutzzwecke des § 181 BGB nicht vollständig durch Spezialregelungen verdrängt, so wird die Anwendung des § 181 BGB teleologisch reduziert, wenn die übrigen Schutzzwecke durch die Regeln des GmbH-Vertragskonzernrechts gewährleistet werden.

(1) Der Schutz des Vertretenen im GmbH-Vertragskonzern

(a) Die Konzerntochtergesellschaft als Vertretene

Betrachtet man im GmbH-Vertragskonzern den Schutz der vertretenen abhängigen Gesellschaft, so besteht eine dem Aktienvertragskonzern vergleichbare Situation. Durch den Beherrschungsvertrag wird die Weisungskompetenz der Gesellschafterversammlung auf die herrschende Gesellschaft übertragen[234]. Diese Weisungskompetenz erstreckt sich auch auf Rechtsgeschäfte mit dem herrschenden Unternehmen. Dieser Weisungskompetenz korreliert eine Verlustausgleichspflicht analog § 302 AktG für nachteilige Weisungen[235]. Zumindest ist eine Pflicht zur Verlustübernahme aus Gründen der steuerlichen Anerkennung (§ 17 Nr. 3 KStG) in den meisten Unternehmensverträgen enthalten[236]. Ferner sind die §§ 30 ff. GmbHG nicht wie beim Aktienvertragskonzern (§ 291 Abs. 3) verdrängt. Ein zusätzlicher präventiver Schutz durch § 181 BGB ist daher, wie schon beim Aktienvertragskonzern, nicht notwendig und stünde in diametralen Gegensatz zum Sinn und Zweck des Beherrschungsvertrags.

Im Unterschied zum Aktienvertragskonzern ist beim GmbH-Vertragskonzern umstritten, ob § 304 AktG analog anzuwenden ist. Zu der Frage muß nicht weiter Stellung genommen werden: Folgt man der eine Analogie bejahenden Ansicht[237], ist der Gesellschafter der abhängigen GmbH ausreichend geschützt. Die Gegenansicht gewährleistet den Schutz ebenfalls, indem sie die Zustimmung aller Gesellschafter zum Unternehmens- und Gewinnabführungsvertrag verlangt.

---

[234] Vgl. BGHZ 105, 324; ZÖLLNER, ZGR 1992, 173 (182).
[235] Herrschende Meinung: vgl. BGH, NJW 1980, 231 (232) (Gervais); Rowedder-KOPPENSTEINER, GmbHG, Anh. § 52, Rdnr. 44; EMMERICH/SONNENSCHEIN, Konzernrecht, S. 259; BRANDES, FS Kellermann, 1991, 25 (32); ULMER, ZHR 148 (1984), 391 (394 f.); ZÖLLNER, ZGR 1992, 173 (192).
[236] ULMER, ZHR 148 (1984) 391 (394).
[237] LUTTER/HOMMELHOFF, GmbHG, Anh. § 13, Rdnr. 46; K. SCHMIDT, GmbHR 1979, 121 (129); hiergegen aber Rowedder/KOPPENSTEINER, GmbHG, Anh. § 52, Rdnr. 41.

Damit hat jeder Gesellschafter die Möglichkeit, durch die Versagung seiner Zustimmung eine vertragliche Verpflichtung zu Ausgleichszahlungen zu erzwingen[238]. Das gleiche gilt für die Möglichkeit des Ausscheidens gegen Abfindung analog § 305, auf die der Gesellschafter für seine Zustimmung bestehen kann.

Der durch § 181 BGB bezweckte präventive Schutz des Vertretenen ist somit im Hinblick auf die abhängige Gesellschaft im Recht des GmbH-Vertragskonzerns hinreichend gewährleistet, so daß hinsichtlich des Schutzes der vertretenen abhängigen GmbH eine teleologische Reduktion möglich ist.

(b)   Die Konzernmuttergesellschaft als Vertretene

Wie im Aktienvertragskonzern ist die Gefahr von Nachteilen für die Konzernmuttergesellschaft durch konzerninterne Rechtsgeschäfte eines Doppelmandatars begrenzt. Die Einrichtung von Doppelmandaten erfolgt gewöhnlich im Interesse und auf Initiative der Konzernmuttergesellschaft. Sollten dennoch einmal Nachteile entstehen, so kann die Konzernmuttergesellschaft diese durch eine Weisung gemäß § 308 AktG ausgleichen. Ein zusätzlicher Schutz der Konzernmuttergesellschaft durch § 181 BGB ist in ihrer Position als Vertretene aus diesem Grunde entbehrlich.

(2)   Der Schutz der Rechtssicherheit im GmbH-Vertragskonzern

(a)   Das Interesse des Rechtsverkehrs an der Publizität der Gestattung der Mehrvertretung bei der Konzerntochtergesellschaft

Fraglich ist, ob die Publizitätsfunktion der Eintragung der Gestattung der Mehrvertretung auch im GmbH-Vertragskonzern gewährleistet ist. Insofern ist zu berücksichtigen, daß § 294 Abs. 2 AktG analog anzuwenden ist, der eine Eintragung des Beherrschungsvertrags anordnet[239]. Die Gläubiger der abhängigen Gesellschaft sind daher durch die Eintragung des Beherrschungsvertrags davor gewarnt, daß Rechtsgeschäfte zwischen der Tochter- und Muttergesellschaft vorgenommen werden können. Einer weiteren Warnung durch eine Publizierung der Gestattung der Mehrvertretung des Doppelmandatars zwischen den Konzerngesellschaften würde keinen zusätzlichen Schutz für den Rechtsverkehr bedeuten.

---

[238] ZÖLLNER, ZGR 1992, 173 (194).
[239] So der BGH in: BGHZ 105, 324 ff. = NJW 1989, 295, welcher die Eintragung des Beherrschungsvertrags in das Handelsregister der beherrschten GmbH als Wirksamkeitserfordernis ansieht; a.A. mit ausführlichen Angaben zum Streitstand SCHNEIDER, WM 1986, 181 (186) m.w.N.

(b) Das Interesse des Rechtsverkehrs an der Publizität der Gestattung der Mehrvertretung bei der Konzernmuttergesellschaft

Umstritten ist, ob der Rechtsverkehr ein berechtigtes Interesse an der Publizität der Gestattung bei der Konzernmuttergesellschaft hat. Wie schon beim Aktienvertragskonzern besteht keine Verpflichtung zur Eintragung des Beherrschungsvertrags[240]. Diese gegenüber § 181 BGB spezielle gesetzgeberische Wertung zeigt, daß der Rechtsverkehr bezüglich der Konzernmuttergesellschaft nicht zusätzlich durch § 181 BGB geschützt werden soll.

Außerdem ist die Existenz eines GmbH-Vertragskonzerns als Anknüpfungspunkt für eine teleologische Reduktion wegen des Wirksamkeitserfordernisses einer handelsregisterlichen Eintragung des Beherrschungsvertrags als Fallgruppe leicht zu erkennen und abzugrenzen.

Der Gesichtspunkt des Schutzes des Rechtssicherheit steht daher einer Einschränkung des Anwendungsbereichs des § 181 BGB nicht entgegen.

(3) Der Schutz der Gläubiger im GmbH-Vertragskonzern

Schließlich könnte in dem Vertretenenschutz und Schutz der Rechtssicherheit enthaltene Schutz der Gläubiger durch eine teleologische Reduktion des § 181 BGB geschmälert werden. Eine teleologische Reduktion des § 181 BGB ist nur zulässig, wenn im GmbH-Vertragskonzern die Interessen der Gläubiger so wie durch § 181 BGB selbst gesichert sind.

(a) Der Schutz der Gläubiger der Konzerntochtergesellschaft

Der in dem Vermögensschutz der beherrschten GmbH beinhaltete Schutz der Gläubiger erfolgt durch die analoge Anwendung der reaktiven Vorschrift des § 302 AktG. Eine Verstärkung erfährt dieser Schutz durch die analoge Anwendung des § 303 AktG, der wie im Aktienvertragskonzernrecht einen Direktanspruch der Gläubiger gegen die Konzernobergesellschaft begründet[241]. Somit sind die Gläubiger der abhängigen GmbH in einem GmbH-Vertragskonzern als ausreichend geschützt anzusehen, so daß ein ergänzender Schutz durch § 181 BGB entfallen kann.

---

[240] Argumentum e contrario zu § 294 Abs. 1 AktG, Kölner Kommentar-KOPPENSTEINER, AktG, § 294, Rdnr.3 m.w.N.
[241] ZÖLLNER, ZGR 1992, 173 (192).

(b) Der Schutz der Gläubiger der Konzernobergesellschaft

Die Gläubiger der Konzernobergesellschaft sind durch die Möglichkeit der Weisung an die Tochtergesellschaft hinlänglich geschützt. Nachteile durch wertinkongruente Insichgeschäfte können so ausgeglichen werden. Weiterhin sind sie über das Handelsregister über den Beherrschungsvertrag informiert.

c) Ergebnis

Im Ergebnis werden die Schutzzwecke des § 181 BGB im GmbH-Vertragskonzern hinreichend durch andere Regelungen überlagert oder berücksichtigt. § 181 BGB ist daher bei der Mehrvertretung im GmbH-Vertragskonzern nicht anwendbar.

4. Anwendbarkeit des § 181 BGB bei der Mehrvertretung im einfachen und qualifiziert faktischen GmbH-Konzern

Der faktische GmbH-Konzern ist die häufigste Erscheinung in der Unternehmenspraxis[242]. Dies beruht auf der Tatsache, daß ein Beherrschungsvertrag oder eine statutarische Beherrschungsregelung bei einer GmbH als abhängiger Gesellschaft nicht unbedingt erforderlich ist, da sie auch über die Gesellschafterversammlung beherrscht werden kann, denn der Geschäftsführer einer GmbH muß gemäß § 37 Abs. 1 GmbHG den Weisungen der Gesellschafter folgen[243]. Sie wird daher als „konzernoffen" bezeichnet[244]. Beim faktischen GmbH-Konzern ist die Geschäftsführung innerhalb der beherrschten GmbH zwar an deren Interesse auszurichten[245]. Hervorzuheben ist aber, daß in der Praxis die Geschäftsführung in starkem Maße von den Gesellschaftern abhängig ist.

a) Meinungsstand

Nach vorherrschender Meinung in der Literatur gilt § 181 BGB auch bei konzerninternen Rechtsgeschäften im faktischen GmbH-Konzern[246].

---

[242] GUMMERT, WiB 1994, 217.
[243] Näher GUMMERT, WiB 1994, 217; Die Motivation für den Abschluß eines Beherrschungs- und Gewinnabführungsvertrags wird überwiegend die Ermöglichung einer steuerrechtlichen Organschaft im Sinne des § 17 KStG sein.
[244] ENSTHALER/KREHER, BB 1984, 1422.
[245] EBENROTH/MÜLLER, GmbHG 1991, 237 (238).
[246] Lutter/HOMMELHOFF, GmbHG, § 35, Rdnr. 18; SCHNEIDER, BB 1986, 201 (204 ff), TIMM, AcP 193 (1993), 423 (443 f.).

Bachmann unterscheidet wiederum zwischen der Anwendung des § 35 Abs. 4 S. 1 GmbHG und der des § 181 BGB und kommt zu dem Ergebnis, daß § 35 Abs. 4 S. 1 GmbHG nur analog anzuwenden sei, wenn der Doppelmandatar zugleich Alleingesellschafter der Muttergesellschaft sei, weil nur dann der Gesellschafter wirtschaftlich betrachtet mit sich selbst kontrahiere[247]. Bei der sich anschließenden Prüfung der Anwendbarkeit § 181 BGB kommt er zu dem Schluß, daß die Norm aufgrund einer teleologischen Reduktion auf die Vertretung der GmbH-Tochter gegenüber ihrer alleinigen Muttergesellschaft durch einen Doppelmandatar nicht anzuwenden sei[248].

b) Stellungnahme und eigener Ansatz

Da eine abschließende Sonderregelung im dem auf Rechtsfortbildung beruhenden Rechts des faktischen GmbH-Konzerns nicht gesehen werden kann, ist wiederum die Frage der teilweisen Spezialität GmbH-konzernrechtlicher Regelungen gegenüber einzelnen Schutzzwecken sowie die Möglichkeit einer teleologischen Reduktion zu prüfen.

aa) Die partielle Subsidiarität sowie teleologische Reduktion des § 181 BGB bei der Mehrvertretung im faktischen GmbH-Konzern

(1) Der Schutz des Vertretenen im faktischen GmbH-Konzern

Nach der herrschenden Meinung sind Doppelmandate beim faktischen GmbH-Konzern zulässig, da die Einflußnahme der Gesellschafter auf die Geschäftsführung zu den Mitgliedschaftsrechten eines GmbH-Gesellschafters gehöre. Die tatsächliche Ausübung der Geschäftsleitung durch Doppelmandate könne nicht unzulässig sein[249].

(a) Die Konzerntochtergesellschaft als Vertretene

Eine Personalunion allein führt bei einer GmbH ebenso wie bei einer Aktiengesellschaft als Tochterunternehmen nicht zu einer Haftung der Konzernmuttergesellschaft analog § 302 ff. AktG, obwohl die Einflußnahmemöglichkeit des Mutterunternehmens auf die abhängige GmbH viel weiter geht als bei der abhängigen Aktiengesellschaft[250]. Seit dem TBB-Urteil ist ein die persönliche Haftung

---

[247] BACHMANN, ZIP 1999, 85 (91).
[248] BACHMANN, ZIP 1999, 85 (92 f.).
[249] LINDERMANN, AG 1987 225 (235); STIMPEL, AG 1986, 117 (122).
[250] Eine Strukturhaftung, wie sie noch von DECHER (DB 1989, 965 (968)) vertreten wurde, wird seit der TBB-Entscheidung des Bundesgerichtshofs (BGHZ 122, 123 ff.) inzwischen abgelehnt. Das Abstellen auf eine modifizierte Verhaltenshaftung ist inzwischen herr-

rechtfertigender Mißbrauch in Form der nicht angemessenen Rücksichtnahme auf die abhängige Gesellschaft Anspruchsvoraussetzung[251]. Nicht einmal die §§ 311 ff. AktG mit dem in ihnen enthaltenen Schädigungsprivileg bei der Vereinbarung eines alsbaldigen Nachteilsausgleichs sind anwendbar[252]. Der Vertretenenschutz würde deshalb durch eine teleologische Reduktion des § 181 BGB noch stärker geschwächt[253], als er es bei der aufgrund der Weisungsabhängigkeit gefügigen GmbH als sog. „prädestinierter Konzerntochtergesellschaft"[254] bereits ist. Aus diesem Grunde ist eine solche teleologische Reduktion im faktischen GmbH-Konzern abzulehnen.

(b)   Die Konzernmuttergesellschaft als Vertretene

Wenn seit dem TBB-Urteil[255] das Bestehen einer Personalunion nicht notwendigerweise zu einem Anspruch auf Verlustausgleich analog §§ 302, 322 Abs. 2 AktG führt[256], so birgt die Rechtsprechung über die modifizierte Verhaltenshaftung im sog. qualifiziert faktischen Konzern immer noch erhebliche Risiken für die Konzernmuttergesellschaft[257]. Es kann daher nicht davon gesprochen werden, daß die Konzernmuttergesellschaft als Vertretene nicht schutzbedürftig wäre.

---

[251] schend: LINDERMANN, AG 1987 225 (235); K. SCHMIDT, ZIP 1993, 549 (551 f.); zu den Haftungsvoraussetzungen: GUMMERT, WiB 1994, 217 (221 f.).

[252] BGHZ 122, 123 (130 ff.) (TBB); bestätigt durch BGH, NJW 1994, 446 = WM 1994, 203 (EDV); BGH, NJW 1994, 3288 (Fertighaus II); BGH, BB 1995, 997 (Architekten); BGH, NJW 1996, 1283 f. (Betriebsfortführung).

[253] BGHZ 65, 15 (ITT); EBENROTH/WILKEN, ZIP 1993, 558 f.; LUTTER, ZGR 1982, 244 (260 f.); TIMM, AcP 193 (1993), 423 (442) mit zahlreichen weiteren Nachweisen.

[254] TIMM, AcP 193 (1993), 423 (443).

[255] So ausdrücklich ENSTHALER/KREHER, BB 1995, 1422.

[256] BGHZ 122, 123 (TBB).

[257] Vor dem TBB-Urteil wurden keine besonders hohen Anforderungen an eine Haftung gestellt: nach BGHZ 95, 330 = NJW 1985, 188 (Autokran) sollte für eine Analogie zu §§ 302, 322 Abs. 2 eine lückenlose Zentralisierung der Geschäftsführung ausreichen, wenn diese zur Unselbständigkeit der beherrschten GmbH führt und nicht nachgewiesen werden kann, daß ein pflichtgemäß handelnder Geschäftsführer einer selbständigen GmbH nicht anders gehandelt hätte; diese Entscheidung wurde durch BGHZ 107, 7 (17) = NJW 1989, 1800 unter Verzicht auf die Entlastungsmöglichkeit des Vergleichs mit dem Handeln eines pflichtgemäßen Geschäftsführers einer selbständigen GmbH noch verschärft.

GÄTSCH, S. 61, der darauf hinweist, daß Forderungen nach einer Haftungsbegrenzung (dazu ULMER, AG 1986, 123 (129)) bisher nicht von der Rechtsprechung umgesetzt wurden.

(2)   Der Schutz der Rechtssicherheit im faktischen GmbH-Konzern

Das gleiche gilt für den Gesichtspunkt der Rechtssicherheit, da die teleologische Reduktion von dem Bestehen eines schwer zu ermittelnden faktischen Zustands abhängig gemacht würde, welcher zudem jeglicher Publizität entbehrt.

(3)   Der Schutz der Gläubiger im faktischen GmbH-Konzern

Wegen des nur rudimentär gewährleisteten Schutzes des Vertretenen und der Rechtssicherheit, verlangt der in diesen Schutzgütern enthaltene Schutz der Gläubiger eine Aufrechterhaltung des Anwendungsbereichs des § 181 BGB beim faktischen GmbH-Konzern.

bb)   Ergebnis

§ 181 BGB findet nur im Aktien- und im GmbH-Vertragskonzern keine Anwendung. Im faktischen Aktien- und GmbH-Konzern stellt § 181 BGB eine wichtige Regel zum Schutz der Interessen der vertretenen Gesellschaften und ihrer Gläubiger sowie der Rechtssicherheit dar.

§ 5 Der Anwendungsbereich des § 181 BGB bei Beschlüssen

A. Der sachliche Anwendungsbereich des § 181 BGB bei Beschlüssen

Das Stimmrecht bei Beschlüssen ist das wichtigste Mitverwaltungsrecht der Gesellschafter. Da eine Gesellschaft keinen natürlichen Willen bilden kann, muß dieser durch den Gesamtwillen der Gesellschafter ersetzt werden, um die Funktionsfähigkeit der Gesellschaft zu ermöglichen[258]. Ermittelt wird dieser Gesamtwille dabei hauptsächlich durch Beschlüsse, in denen die Interessen der Gesellschafter ausgeglichen werden. Durch das Stimmrecht wirkt der Gesellschafter an der Willensbildung der Gesellschaft mit. Das Stimmrecht ist kein Sonderrecht, sondern ein unmittelbar aus der Mitgliedschaft fließendes Einzelrecht und untrennbar mit der Mitgliedschaft verbunden[259].

Üblicherweise wird im Kapitalgesellschaftsrecht zwischen dem mitgliedschaftlichen und organschaftlichen Stimmrecht unterschieden. Das organschaftliche Stimmrecht wird als altruistische Machtbefugnis definiert, während das mitgliedschaftliche Stimmrecht als eigennütziges Recht verstanden wird, das durch die gesellschaftsrechtliche Treuepflicht gebunden ist[260]. Bei der Personengesellschaft ist wegen des Prinzips der Selbstorganschaft diese Differenzierung hingegen nicht möglich, so daß es nur ein mitgliedschaftliches Stimmrecht gibt.

Der Gesetzgeber ging davon aus, daß die Gesellschafterbeschlüsse aufgrund der Ausrichtung der Gesellschafter auf die Verfolgung des Verbandsinteresses eine Richtigkeitsgewähr in sich tragen. Insofern unterliegt der Gesellschafter in seinem Abstimmungsverhalten wenig Beschränkungen. Wenn nun die Interessen eines Gesellschafters mit denen der Gesellschaft kollidieren, kann die Befangenheit eines Gesellschafters eine Ausschließung vom Stimmrecht rechtfertigen[261]. Seit *Zöllners* Habilitationsschrift wird zwischen starren und beweglichen Stimmrechtsschranken unterschieden[262]. Die verbandsrechtlichen Stimmverbote als Teil der starren Stimmrechtsschranken verhindern, daß der Gesellschafter bei Gesellschafterbeschlüssen seine Sonderinteressen verfolgt.

---

[258] Vgl. dazu grundlegend ZÖLLNER, Schranken, S. 11.
[259] MÜLLER-ERZBACH, Mitgliedschaftsrecht, S. 209.
[260] ZÖLLNER, Schranken, S. 7.
[261] FLUME AT I/2, Die juristische Person, § 7 V 1; ZÖLLNER, Schranken, S. 158 ff.
[262] ZÖLLNER, Schranken, 101 ff., 287 ff.

Bei jeder Einschränkung des Stimmrechts ist gleichwohl zu bedenken, daß die Teilhaberechte und das Gebot der Rechtssicherheit verbieten, daß jeder Interessenkonflikt ein Stimmverbot zur Folge hat[263]. Der Gesetzgeber hat daher in den §§ 34 BGB, § 47 Abs. 4 GmbHG, 136 Abs. 1 AktG, 43 Abs. 6 GenG bestimmte besonders häufige Fälle von Befangenheit konkretisiert. Die Gesellschafter sollen sicher sein, wann sie abstimmen dürfen und wann nicht. Diese Fälle umfassen bei weitem nicht alle wichtigen Fälle einer Interessenkollision, so daß sie durch die beweglichen Stimmrechtsschranken ergänzt werden, welche hauptsächlich an den Treupflichten der Gesellschafter festgemacht werden. Ferner sind die Stimmverbote im Personengesellschaftsrecht nur rudimentär geregelt, so daß sich die Frage einer verbandsübergreifenden Geltung der Stimmverbote stellt. Die gesetzliche Lage ist daher als „fragmentarisch und unstimmig" zu bezeichnen[264].

Dies macht die Beantwortung der Frage nicht leichter, welche Rolle § 181 BGB im Zusammenspiel mit diesen Normen als Stimmverbot für gesellschaftsrechtliche Beschlüsse zukommt. Gegen eine direkte Anwendung des § 181 BGB spricht, daß es sich um eine Norm des Vertretungsrechts handelt, welche den Interessenkonflikt zwischen Vertretenem und Vertreter betrifft. Andererseits kann § 181 BGB nicht unbedingt als durch die §§ 34 BGB, 47 Abs. 4 GmbHG, 136 Abs. 1 AktG, 43 Abs. 6 GenG verdrängt gesehen werden, da diese sich tatbestandlich unterscheiden und nicht dieselbe Schutzrichtung verfolgen. Insofern könnte grundsätzlich eine analoge Anwendung des § 181 BGB in zweierlei Hinsicht geboten sein.

Zum einen könnte § 181 BGB dem Gesellschafter aufgrund eines Interessenkonflikts die eigene Stimmabgabe im Rahmen der Beschlußfassung verbieten. Zum anderen könnte § 181 BGB die Stimmvertretung bei Beschlüssen untersagen.

Zur Beantwortung dieser Frage ist zu prüfen, ob nicht bereits die Rechtsnatur der Beschlüsse eine analoge Anwendung des § 181 BGB auf das Stimmrecht schlechthin ausschließt (I). In einem zweiten Prüfungsschritt ist zu erörtern, ob die verbandsrechtlichen Stimmverbote in direkter oder analoger Anwendung bereits erschöpfende oder nur unvollständige Spezialregelungen darstellen, welche die analoge Anwendung des § 181 BGB als Stimmverbot verhindern, und ob § 181 BGB ein Vertretungsverbot bei der Stimmvertretung beinhaltet.

---

[263] FLUME AT I/2, Die juristische Person, § 7 V 2; Zöllner, SCHRANKEN, S. 161.
[264] So ausdrücklich K. SCHMIDT, Gesellschaftsrecht, § 21 II.

I. Ausschluß der Anwendbarkeit des § 181 BGB auf Stimme und Beschluß aufgrund ihres „Wesens" ?

Eine Anwendung des § 181 BGB im Rahmen der gesellschaftsrechtlichen Beschlußfassung könnte möglicherweise aufgrund des „Wesens" der Stimmabgabe und des Beschlusses ausgeschlossen sein[265].

1. Die Rechtsnatur der Stimmabgabe

Mit der Abgabe seiner Stimme äußert der Gesellschafter, wenn er eine natürliche Person ist, seinen natürlichen Willen hinsichtlich des Beschlußgegenstandes und nimmt an der Beschlußfassung teil. Grundsätzlich besteht Einigkeit in Literatur[266] und Rechtsprechung[267] bezüglich der rechtlichen Natur der Stimme als rechtsgeschäftliche Willenserklärung[268]. Vom *Reichsgericht* wurde noch angenommen, daß die Stimme eine einseitige nicht empfangsbedürftige Erklärung sei, so daß § 181 BGB nicht anwendbar sei[269]. Überwiegend wird aber zurecht die Stimme als empfangsbedürftige Willenserklärung eingeordnet, da eine Stimme, die niemanden gegenüber abzugeben ist, keine Rechtswirkung entfalten könne[270]. Dies gilt auch für die ablehnende Stimmabgabe, da diese eine auf die Erzielung einer zumindest gesellschaftsinternen Rechtsfolge, in Form der Ablehnung des Beschlußantrages, gerichtete Äußerung des Parteiwillens ist.

2. Die Rechtsnatur des Beschlusses

Ein Gesellschafterbeschluß erfolgt, wenn eine Entscheidung durch die Mehrheit der Gesellschafter zu erfolgen hat oder alle Gesellschafter zustimmen müssen. Der Beschluß ist das Produkt einer zustimmenden oder ablehnenden Abstimmung über einen Beschlußantrag. Damit § 181 BGB als Vorschrift des Dritten Abschnitts des Allgemeinen Teils des BGB überhaupt auf Beschlüsse angewendet werden kann, müßten Beschlüsse als Rechtsgeschäfte anzusehen sein.

---

[265] Zur Kritik des „*Wesensarguments*" als Kryptoargument vgl. RÖHL, Allgemeine Rechtslehre, § 6 V, S. 64 ff.
[266] MELCHIOR, Rpfleger 1997, 505.
[267] RGZ 118, 67 (69); BGHZ 14, 264 (267).
[268] Die von OTTO VON GIERKE (Dt. Privatrecht Bd. I, S. 283) vertretene Gesamtaktstheorie, nach der die einzelnen Stimmen unselbständige Teile des körperschaftlichen Beschlußaktes sind, wird heute nicht mehr vertreten.
[269] RGZ 137, 305 (316).
[270] Münchener Kommentar-ULMER, BGB, § 709, Rdnr. 67; Erman-WESTERMANN, BGB, § 709, 28.

Das *Reichsgericht* und ihm bis zuletzt folgend der *Bundesgerichtshof* hatten bestimmten Gesellschafterbeschlüssen die Qualität von Rechtsgeschäften abgesprochen, indem sie diese als „Sozialakte" bezeichneten, auf welche die Vorschriften des Dritten Abschnitts des Allgemeinen Teils des BGB nicht anwendbar seien. Es fehle ihnen an einer Gegenseite[271]. Freigestellt wurden danach alle Arten von Beschlüssen, und zwar sowohl unter dem Gesichtspunkt des Selbstkontrahierens mit der Gesellschaft als auch der Mehrvertretung bei der Stimmabgabe; in Betracht kamen neben Satzungsänderungen[272] die Organbestellung und selbst die Auflösung der Gesellschaft[273]. § 181 BGB war nach dieser Auffassung nur auf den Abschluß des Gesellschaftsvertrags und auf Stimmabgaben anwendbar, die gleichzeitig eine rechtsgeschäftliche Willenserklärung darstellen[274].

Die Gegenansicht hat diese Auffassung kritisiert und die Beschlüsse teils als mehrseitige Rechtsgeschäfte[275] und teils als Rechtsgeschäfte sui generis[276] angesehen.

Dem ist zu folgen, denn der Beschluß läßt sich zwanglos als Rechtsgeschäft verstehen, welches sich aus mehreren Willenserklärungen zusammensetzt. Es handelt sich wie bei jedem anderen Rechtsgeschäft um die privatautonome Begründung willentlich gesteuerter Rechtsfolgen[277]. Die einzigen Besonderheiten des Beschlusses als Rechtsgeschäft liegen darin begründet, daß er aus gleichlautenden und nicht sich entsprechenden Willenserklärungen besteht, daß er sich an das Gremium richtet, dessen Willensbildung in Frage steht und daß auch Personen, die ihm nicht zugestimmt haben, gebunden werden können[278].

---

[271] RGZ 137, 305 (316); BGHZ 33, 189 (191); 51, 209 (217); 52, 316 (318); 65, 93 (96 f.); BFH, NJW 1976, 1287; BGH, ZIP 1990, 1194; der Rechtsprechung folgend: MEYER-LANDRUT/Miller/Niehus, GmbHG, § 47, Rdnr. 31; RGRK-STEFFEN, BGB, § 181, Rdnr. 5 und 10; SUDHOFF, GmbH-Vertrag, S. 263.
[272] Vgl. etwa BayObLGZ 1988, 400 = GmbHR 1989, 252.
[273] BGHZ 52, 316.
[274] Münchener Kommentar-ULMER, BGB, § 709, Rdnr. 63.
[275] Staudinger-SCHILKEN, BGB, § 181, Rdnr. 24; U. HÜBNER, Interessenkonflikt, S. 271 ff.; SCHILLING, FS Ballerstedt, 259 (263); FISCHER, FS Hauß, S. 61 (76 ff.); BLOMEYER, NJW 1960, 127 (128); KLAMROTH, BB 1974, 160 (161); VAN LOOK, NJW 1991, 152 f.; WIEDEMANN, JZ 1970, 291; WINKLER, DNotZ 1970, 476 (484); Erman/BROX, BGB, § 181, Rdnr. 12 f.; Münchener Kommentar-SCHRAMM (Vorauflage), BGB, § 181, Rdnr. 17.
[276] Staudinger-WEICK, BGB, § 32, Rdnr. 37; MELCHIOR, Rpfleger 1997, 505 f.
[277] Schlegelberger-MARTENS, HGB, § 119, Rdnr. 4.
[278] MEDICUS, BGB AT, Rdnr. 205.

Lehnte man den Rechtsgeschäftscharakter von Beschlüssen ab, hätte dies zur Konsequenz, daß die §§ 134, 138 BGB nicht auf Beschlüsse Anwendung finden könnten. Ein Bedürfnis, Beschlüsse dem Korrektiv der §§ 134, 138 BGB zu entziehen, besteht nicht. Die Rechtsordnung muß schon wegen der Bindung an das Grundgesetz gesetz- oder sittenwidrigen Beschlüssen entgegentreten und der Privatautonomie im Verband Grenzen setzen. Des weiteren erscheint es willkürlich, den Abschluß des Gesellschaftsvertrags als Rechtsgeschäft aufzufassen, einem kurz danach gefaßten Auflösungsbeschluß als actus contrarius diese Qualität dagegen abzuerkennen[279].

Entscheidend ist jedoch, daß sich mit der begriffstheoretischen Argumentation mit dem unklaren Begriff des „Sozialakts" die Frage der Anwendbarkeit des § 181 BGB bei Beschlußfassungen nicht klären läßt[280]. Sie bedürfen vielmehr einer differenzierten auf Wertungsaspekte abstellenden Behandlung.

Zu berücksichtigen ist jedoch, daß § 181 BGB ein Handeln in rechtsgeschäftlicher Vertretung gegenüber sich selbst voraussetzt. Ein solches liegt weder bei der Abgabe der eigenen Stimme vor, bei dem § 181 BGB als Stimmverbot in Betracht kommt, noch kann in der vertretungsweisen Abgabe der Stimme eines Mitgesellschafters der Abschluß eines Rechtsgeschäfts gegenüber sich selbst gesehen werden, so daß die Norm sich im Bereich der Beschlüsse nur analog anwenden läßt.

II. Das Verhältnis der verbandsrechtlichen Stimmverbote zu § 181 BGB

Bei Beschlüssen besteht die Gefahr, daß ein Gesellschafter im Fall von Interessenkonflikten sein persönliches Interesse dem des Verbandes vorzieht. Diesen Interessenkollisionen wirken im Kapitalgesellschaftsrecht die verbandsrechtlichen Stimmverbote entgegen. Im Gegensatz dazu hat der Gesetzgeber im Personengesellschaftsrecht weitgehend auf Stimmverbote verzichtet, da er von einem engen Vertrauensverhältnis der Gesellschafter ausging und speziellere Regelungen dem Gesellschaftsvertrag vorbehalten wollte. Umstritten ist nun die zuerst zu prüfende Frage der Analogie der verbandsrechtlichen Stimmverbote auf nicht ausdrücklich geregelte Interessenkollisionen und die Frage ihrer verbandsübergreifenden Analogie.

Die verbandsrechtlichen Stimmverbote betreffen im einzelnen Beschlüsse über:

---

[279] WIEDEMANN, JZ 1970, 291 ff.; WILHELM, JZ 1976, 674 (677).
[280] Schlegelberger-MARTENS, HGB, § 119, Rdnr. 4.

die Vornahme eines Rechtsgeschäfts mit einem Mitglied/Gesellschafter (§ 34 BGB, § 47 Abs. 4 GmbHG)[281]

die Geltendmachung eines Anspruchs und die Einleitung oder Erledigung eines Rechtsstreites mit einem Mitglied/Gesellschafter (§ 34 BGB; § 47 Abs. 4 GmbHG; § 136 Abs. 1 AktG, § 43 Abs. 6 GenG)

die Befreiung von einer Verbindlichkeit (§ 47 Abs. 4 GmbHG, § 136 Abs. 1 AktG, § 43 Abs. 6 GenG) und

die Entlastung (§ 47 Abs. 4 GmbHG, § 136 Abs. 1 AktG, § 43 Abs. 6 GenG)

Die Analyse zeigt, daß nur das Stimmverbot für das Einleiten oder Erledigen eines Rechtsstreits bei allen verbandsrechtlichen Stimmverboten geregelt ist. Bezüglich der anderen Verbotsinhalte hat der Gesetzgeber ohne ein durchgängiges System die jeweils passenden ausgewählt, ohne dabei einem analogiefähigen Gedanken gefolgt zu sein, weshalb *Zöllner* von dem „ekklektisch-kasuistischen" Wesen dieser Normen spricht[282]. Um die verbandsrechtlichen Stimmverbote analog auf andere Gesellschaftsformen anwenden zu können, muß geprüft werden, ob die verbandsrechtlichen Stimmverbote nicht doch spezielle oder allgemeine analogiefähige Inhalte haben.

Bei der Prüfung der Bedeutung des § 181 BGB als Stimmverbot müssen die verbandsrechtlichen Stimmverbote in direkter Anwendung nach einhelliger Meinung zurecht als einzelne Spezialregelungen verstanden werden[283]. Im übrigen wird die Frage der Anwendbarkeit des § 181 BGB als Stimmverbot und als Vertretungsverbot im Bereich der Beschlüsse kontrovers diskutiert.

1. Meinungsstand

a) Weite Vertragsänderungstheorie

Nach der neueren Rechtsprechung[284] und einem Teil der Literatur[285] greift § 181 BGB in analoger Anwendung nur bei der Stimmvertretung bei Beschlüssen ein,

---

[281] Diesem Rechtsgedanken kann auch die kompetenzrechtliche Regelung des § 112 AktG zugerechnet werden, der ein Stimmverbot bezüglich der Vornahme eines Rechtsgeschäfts mit einem Vorstandsmitglied der AG überflüssig macht.
[282] ZÖLLNER, Schranken, S. 163.
[283] Vgl. statt aller ZÖLLNER, Schranken S. 269 f.
[284] BGH, GmbHR 1988, 337 (338) = NJW 1989, 168 (169) = ZIP 1988, 1046 (1047).
[285] FLUME AT I/2, Die juristische Person, § 7 V 8; GUSTAVUS, GmbHR 1982, 10 (12 f.); U. HÜBNER, Interessenkonflikt, S. 278 ff.; Rowedder-KOPPENSTEINER, GmbHG, § 47, Rdnr.

die das Rechtsverhältnis der Gesellschafter untereinander betreffen, indem Rechte und Pflichten zwischen den Gesellschaftern begründet, geändert oder aufgehoben werden. Dazu sind Satzungsänderungen[286] und Auflösungsbeschlüsse[287] zu zählen. Andere Grundlagenbeschlüsse mit vertragsändernder Wirkung werden der Anwendung der § 181 BGB unterstellt, von denen insbesondere Verschmelzungsbeschlüsse, Umwandlungsbeschlüsse, Beschlüsse über Unternehmensverträge, Ausschließungsbeschlüsse und Fortsetzungsbeschlüsse genannt werden[288]. Beschlüsse über Geschäftsführungsmaßnahmen und über den Jahresabschluß sowie Interessenkollisionen, die sich im Einzelfall ergeben, sind nach dieser Ansicht hingegen nicht von § 181 BGB erfaßt[289].

b) *Auf Personengesellschaften beschränkte Vertragsänderungstheorie*

Nach *Fischer* und *Röll* ist § 181 BGB nur bei der Vertretung bei vertragsändernden Beschlüssen in Personenhandelsgesellschaften analog anwendbar, da dort eine Änderung des Gesellschaftsvertrags immer auch eine Änderung des Rechtsverhältnisses zwischen den Gesellschaftern zur Folge hat[290]. Bei Kapitalgesellschaften führe demgegenüber eine Satzungsänderung nur zu einer Änderung des Inhalts der Mitgliedschaft und nicht zu einer Veränderung der direkten Rechtsverhältnisse der Gesellschafter untereinander. Aus diesem Grunde sei § 181 BGB bei Beschlüssen im Kapitalgesellschaftsrecht nicht anwendbar[291].

---

[286] 67; Münchener Kommentar-SCHRAMM (Vorauflage), BGB, § 181, Rdnr. 19; WIEDEMANN, JZ 1970, 291 ff.; Baumbach/Hueck-ZÖLLNER, GmbHG, § 47, Rdnr. 41 (noch anders in der Vorauflage, § 47, Rdnr. 33); verwandt auch Staudinger-SCHILKEN, BGB, § 181, Rdnr. 25; Hachenburg-HÜFFER § 47, Rdnr. 112 ff., welche von der grundsätzlichen entsprechenden Anwendbarkeit des § 181 BGB ausgehen und zugleich eine teleologische Reduktion für solche Mitglieder- und Gesellschafterbeschlüsse annehmen, bei denen es lediglich um die Geschäfts- bzw. Vereinsführung geht. Begründet wird dies damit, daß bei diesen Beschlüssen die Verfolgung des gemeinsamen Gesellschafts- oder Vereinszwecks derart im Vordergrund steht, daß Interessenkollisionen auszuschließen sind. Dieser Gesichtspunkt steht jedoch bereits einer analogen Anwendung entgegen, so daß es keiner teleologischen Reduktion mehr bedarf.

[287] Vgl. BGHZ, 65, 93 (95 ff.); BGH, GmbHR 1988, 337 (338) = NJW 1989, 168 (169) = ZIP 1988, 1046 (1047); Scholz-K. SCHMIDT, GmbHG, § 47, Rdnr. 180; Scholz-WINTER, GmbHG, § 15, Rdnr. 202.

[288] Vgl. U. HÜBNER, Interessenkonflikt, S. 278; MEYER-LANDRUT/Miller/Niehus, GmbHG, § 47, Rdnr. 31; WIEDEMANN, JZ 1970, 291 ff.; Scholz-K. SCHMIDT, GmbHG, § 47, Rdnr. 180; Rowedder-KOPPENSTEINER § 47, Rdnr. 67; anders zu Unrecht BGHZ 52, 316, 318.

[289] Scholz-K. SCHMIDT, GmbHG, § 47, Rdnr. 180.

[290] Scholz-K. SCHMIDT, GmbHG, § 47, Rdnr. 180.

[291] FISCHER, FS Hauß, S. 61 (79;); RÖLL, NJW 1979, 627 (630); RENKL, S. 63.

FISCHER, FS Hauß, S. 61 (78 f.); RÖLL, NJW 1979, 627 (628 ff.).

c) Schutz vor verbandsfremden Sonderinteressen

Nach *Zöllner* hat der Gesetzgeber mit den Stimmrechtsausschlußvorschriften nur „einige spezielle Fallgestaltungen ausgewählt, bei denen die Gefahr des Interessenstreits besonders naheliegt"[292]. Sie seien eine kasuistische Auswahl, deren Grundgedanke sei, den Einfluß erheblicher, dem Verbandsinteresse eventuell gegensätzlicher Sonderinteressen bei der Abstimmung auszuschalten[293]. Dabei sei nicht jeder Interessenwiderstreit von Bedeutung, denn naturgemäß verfolgten Gesellschafter mit ihrer Stimmabgabe auch eigene Interessen[294]. Den Maßstab für die Erheblichkeit der verbandsfremden Interessen gewinnt *Zöllner* aus einer Abwägung des mitgliedschaftlichen Risikos der Benachteiligung mit den Vorteilen der Bevorzugung der verbandsfremden Sonderinteressen[295].

Unter Anwendung dieses Bewertungskriteriums hält *Zöllner* die sachlichen Fälle des Stimmrechtsausschlusses grundsätzlich für erschöpfend geregelt[296]. Eine Gesetzesanalogie zu den einzelnen Bestimmungen komme in Betracht, soweit lediglich die einer Stimmrechtsausschlußnorm unterworfenen Verbandsarten vermehrt werden oder wenn sich der nicht geregelte Fall dem gesetzlich geregelten als quantitativ und qualitativ vergleichbar darstellt[297].

Aufgrund des umfassenden Anwendungsbereichs der verbandsrechtlichen Stimmverbote sei § 181 BGB bei mitgliedschaftlichen Beschlußfassungen nur direkt anzuwenden, wenn in diesen zugleich eine rechtsgeschäftliche Vertretung

---

[292] ZÖLLNER, Schranken, S. 161.
[293] ZÖLLNER, Schranken, S. 161.
[294] IMMENGA/WERNER, GmbHR 1976, 53 (55).
[295] Baumbach/Hueck-ZÖLLNER, GmbHG § 47, Rdnr. 44.
[296] ZÖLLNER, Schranken S. 268.
[297] Beispiele für die erste Kategorie sollen etwa die analoge Anwendung des § 142 Abs. 1 S. 2 AktG im GmbH-Recht und das Stimmrechtsverbot gegenüber den Betroffenen bei der Abberufung von Organmitgliedern bzw. beim Ausschluß von Mitgliedern analog §§ 117, 127, 149 HGB sein. In die zweite Kategorie ist der Vorschlag einzuordnen, die Verhängung einer Vereinsstrafe oder die Genehmigung der Veräußerung vinkulierter Anteile mit dem Ausschluß des Stimmrechts des Betroffenen zu verbinden. Das gleiche gilt für Verfahrensfragen in Zusammenhang mit Beschlüssen, bei denen jemand vom Stimmverbot betroffen ist, für die Prüferbestellung, die Anspruchsgeltendmachung im GmbH-Recht und die Abberufung oder Ausschließung aus wichtigem Grund. Nicht unter ein Stimmverbot falle dagegen die Errichtung eines Bauwerks auf dem Verbandsgelände für ein Verbandsmitglied, dem das Nachbargrundstück gehört, obwohl die Interessenkollision durchaus naheliegt. Auch wenn ein Beschlußgegenstand den besten Freund oder nahen Verwandten betrifft, komme ein Stimmverbot trotz des unbestreitbaren Sonderinteresses nicht in Betracht (ZÖLLNER, S. 282 ff.).

liege, wie etwa beim Abschluß von Anstellungsverträgen mit Organen oder bei der Vertretung eines Gesellschafters durch einen Mitgesellschafter bei einer Beschlußfassung[298]. In solchen Fällen gehe gleichwohl die verbandsrechtliche Regelung der allgemeinen des § 181 BGB vor[299].

d) Schutzzweckspezifische Evidenztheorie

Nach der Ansicht von *Hübner* ist § 181 BGB keine allgemeine Norm zur Verhinderung von Interessenkonflikten, so daß sich aus ihr kein allgemeiner Stimmrechtsausschluß bei gesellschaftlichen Interessenkonflikten entwickeln lasse[300]. Insbesondere seien die Normen der § 34 BGB, § 47 Abs. 4 GmbHG, § 43 Abs. 6 GenG, § 136 Abs. 1 AktG als leges speciales anzusehen.

Trotz der Wertungszusammenhänge zwischen den verbandsrechtlichen Stimmverboten und § 181 BGB verfolgten diese Normen unterschiedliche Schutzzwecke. Insofern komme nur eine ergänzende analoge Anwendung des § 181 BGB in Betracht[301]. Ein Stimmverbot in Analogie zu § 181 BGB sei anzunehmen, wenn die Stimmabgabe im persönlichen Eigeninteresse des Vertreters liege, die Gefahr einer Verletzung des Verbandsinteresses vorliege und dieses nach dem Beschlußgegenstand evident sei[302]. Wirke lediglich ein Fremdinteresse auf den Beschlußfassenden ein, so ist nach *Hübner* aus § 181 BGB kein Stimmverbot abzuleiten.

e) Identitätsthese

Wilhelm[303] und *Flume*[304] lehnen die Einordnung der mitgliedschaftlichen Stimmverbote als kasuistische Regelungen ab. Diese sollen vielmehr Anwendungsfälle des Verbots des Insichgeschäfts gemäß § 181 BGB darstellen, die für Beschlußfassungen modifiziert seien. Die Inhaltsbestimmungen des bürgerlich-rechtlichen Stimmverbots in § 34 BGB und der gesellschaftsrechtlichen Stimmverbote übertrügen das Verbot des Insichgeschäfts und des Insichprozessierens auf das Handeln der Mitgliederversammlung für die juristische Person[305]. Das

---

[298] SCHILLING, FS Ballerstedt, 257 (272).
[299] ZÖLLNER, Schranken S. 269 f.
[300] U. HÜBNER, Interessenkonflikt, S. 265.
[301] U. HÜBNER, Interessenkonflikt, S. 284 f.
[302] U. HÜBNER, Interessenkonflikt, S. 280.
[303] WILHELM, Rechtsform und Haftung, S. 66 ff.; ders. JZ 1976, 674 (675).
[304] FLUME AT I/2, Die juristische Person, § 7 V.
[305] WILHELM, Rechtsform und Haftung, S. 84; MATTHIEßEN, Stimmrecht und Interessenkollision, (S. 60) erkennt zumindest beim organschaftlichen Stimmrecht eine Ähnlichkeit zu § 181 BGB, da die Wahrung der Belange des Vertretenen bzw. des Verbandsinteresses bezweckt wird.

Verbot des Selbstkontrahierens und der Mehrvertretung sei nur durch die verbandsrechtlichen Stimmverbote ausgeweitet auf die Fälle, in denen die rechtsgeschäftliche oder prozessuale Gegenpartei nicht an der Vertretung, sondern an der internen Willensbildung des Verbandes mitwirken wolle und im übrigen mit diesen identisch. Der Anwendungsbereich der verbandsrechtlichen Stimmverbote sei daher mit Hilfe des § 181 BGB zu bestimmen. Danach liege ein Stimmverbot vor, „wenn eine Person Rechtsverhältnisse einer anderen Person durch einen Rechtsakt gestalten will, bei dem sie zugleich auf der Gegenseite des Rechtsverhältnisses beteiligt ist."[306]

Wilhelm differenziert bei der Übertragung des § 181 BGB auf das Handeln der Mitglieder für die juristische Person, zwischen wirklicher Vertretung der juristischen Person bei der Beschlußfassung und der Abgrenzung der Rechte der Mitglieder untereinander[307]. Bei der wirklichen Vertretung der juristischen Person sei § 181 BGB zusammen mit den mit diesem identischen verbandsrechtlichen Stimmverboten stets auf die Beschlußfassung anwendbar. Im Gegensatz dazu fehle im Fall der Abgrenzung der Rechte der Mitglieder untereinander das Merkmal der Unbefangenheit der anderen Mitglieder, welches vorliegen müsse, um einen Stimmrechtsausschluß eines betroffenen Mitglieds rechtfertigen zu können. Infolgedessen müsse dem Mitglied, das durch seine Abstimmung nur seine Rechte gegenüber den anderen Mitgliedern wahre, die Abstimmung erlaubt sein, selbst wenn die Merkmale eines Insichgeschäfts bei ihm konkret vorlägen.

Die Beschränkung der gesellschaftsrechtlichen Stimmverbote deutet *Wilhelm* als einen legislatorischen Auslegungshinweis, daß abgesehen von diesen Fällen die Merkmale des verbotenen Insichgeschäfts für die juristische Person im Innenbereich grundsätzlich nicht auftreten. *Wilhelm* sieht folglich die von *Zöllner* vorausgesetzte qualitative Eigenart der Stimmverbote in dem Verbot des Selbstkontrahierens und der Führung von Rechtsstreitigkeiten, die sich durch die Evidenz des Interessenkonflikts auszeichnet[308]. Maßgebend sei diese vom Gesetz vorausgesetzte Evidenz[309]. Fälle in denen es auf die Umstände des Einzelfalles ankomme, seien dagegen mit Recht nicht von der qualitativen Eigenart der Stimmverbote umfaßt[310].

---

[306] WILHELM, NJW 1983, 912 ff.
[307] WILHELM, Rechtsform und Haftung, S. 83 f.
[308] WILHELM, Rechtsform und Haftung, S. 84 ff.
[309] WILHELM, Rechtsform und Haftung, S. 86.
[310] WILHELM, Rechtsform und Haftung, S. 85.

f) Das Verbot des Richtens in eigener Sache kumulativ mit § 181 BGB

Die Rechtsprechung und eine vornehmlich von *Karsten Schmidt* vertretene Meinung stützen die Stimmverbote neben dem Rechtsgedanken des § 181 BGB auf das „Verbot des Richtens in eigener Sache"[311]. Nach *Karsten Schmidt* erfaßt das Stimmverbot wegen des Richtens in eigener Sache in erster Linie die „innergesellschaftliche Rechtsverfolgung gegen einen Gesellschafter[312]. Dieses seien Fälle, in denen der Gesellschafter in einem Recht oder rechtlich geschützten Interesse durch das Vorhaben materiell berührt werde[313]. Demgegenüber sei in den Fällen des Insichgeschäfts und Insichprozesses der befangene Gesellschafter in dem Sinne Beteiligter, daß zwischen Gesellschafter und Gesellschaft ein zivilrechtliches Berechtigungs- und Verpflichtungsverhältnis begründet werde oder bereits bestehe. *Karsten Schmidt* hält dabei im GmbH-Recht nur das Verbot des Richtens in eigener Sache für unabdingbar[314].

2. Stellungnahme und eigener Ansatz

Als Ergebnis der bisherigen Diskussion in Rechtsprechung und Literatur ist weitgehende Einigkeit darüber festzustellen, daß es sich bei den verbandsrechtlichen Stimmverboten nicht um Beispiele für ein allgemeines Stimmverbot bei Interessenkollisionen handelt[315]. Dem ist zuzustimmen, denn ein allgemeines Stimmverbot bei Interessenkollisionen wäre wegen seiner Unbestimmtheit nicht hinreichend justiziabel. Dieses bedeutet jedoch nicht, daß in Fällen, bei denen das Ausmaß der Interessenkollision mit denen der Stimmverbote vergleichbar ist, jegliche Analogie schon ausgeschlossen wäre. Den kasuistischen Charakter der Stimmverbote als Rechtsfortbildungsverbot zu verstehen, würde der üblichen Rechtsdogmatik und auch Art. 3 Abs. 1 GG widersprechen. Es muß vielmehr eine differenzierte Erörterung des Anwendungsbereichs der verbandsrechtlichen Stimmverbote und des § 181 BGB erfolgen. Diese darf sich allerdings nicht mehr an dem generalisierenden Begriff des „Sozialakts" orientieren, da sich dieser Weg als Sackgasse erwiesen und den Blick für eine sachgerechte Auslegung des Gesetzes verstellt hat. Der Richtigkeitsgewähr von

---

[311] BGHZ 9, 178; Münchener Kommentar-REUTER, § 34, Rdnr. 2; Scholz-K. SCHMIDT, GmbHG, § 47, Rdnr. 102, 132 ff.;; wohl auch Lutter/HOMMELHOFF, GmbHG § 47, Rdnr. 24.
[312] Scholz-K. SCHMIDT, GmbHG § 47, Rdnr. 132.
[313] Scholz-K. SCHMIDT, GmbHG § 47, Rdnr. 156.
[314] Scholz-K. SCHMIDT, GmbHG § 47, Rdnr. 173.
[315] RGZ 81, 37 (40); 119, 386 (387); BGHZ 68, 107 (109) = NJW 1977, 850; BGHZ 80, 69, 71 = NJW 1986, 2051 (2052); BGH, WM 1986, 456 (457); ZÖLLNER, Schranken, S. 263 ff.; K. SCHMIDT, NJW 1986, 2018 (2019); Münchener Kommentar-REUTER, BGB, § 34, Rdnr. 2.

Gesellschafterbeschlüssen ist eine an Wertungskriterien orientierte Differenzierung dienlicher.

Betrachtet man ausgehend von dieser Basis die bisherigen Meinungen, so spricht gegen die These von *Flume* und *Wilhelm*, nach der § 181 BGB und die verbandsrechtlichen Stimmverbote identisch sind, daß einerseits seit der Streichung des Stimmverbots bei Beschlüssen betreffend die Vornahme von Rechtsgeschäften im AktG 1937 die Teilnahme an der verbandlichen Willensbildung sehr viel geringeren Schranken unterworfen wird als die an der Vertretung. Andererseits ist das Stimmverbot bei Beschlüssen über die Entlastung des Betroffenen (§§ 136 Abs. 1 S. 1 AktG, § 43 Abs. 6 GenG) strenger als § 181 BGB. Insbesondere im Aktienrecht führt wegen § 120 Abs. 2 S. 2 AktG die Entlastung nicht zum Erlöschen der Ersatzpflicht, so daß eine Einordnung der Entlastung als Fall des Insichgeschäfts nicht mehr möglich ist[316]. Eine Identität der verbandsrechtlichen Stimmverbote mit § 181 BGB liegt daher nicht vor.

Obschon die verbandsrechtlichen Stimmverbote und § 181 BGB auf demselben Grundgedanken, nämlich dem der Vermeidung von Interessenkonflikten, beruhen, sind sie in ihrer tatbestandlichen Ausformung sehr unterschiedlich. Daß beide denselben Rechtsgedanken verwirklichen wollen, begründet entgegen *Wilhelm* und *Flume* noch keine Identität, sondern ermöglicht höchstens eine Rechtsanalogie zu den beiden Normkomplexen.

Ebenso löst sich die von *Karsten Schmidt* begründete Auffassung zu sehr von den gesetzlichen Regelungen, wenn sie auf den zwar allgemein bekannten Rechtsspruch über das „Verbot des Richtens in eigener Sache" abstellt. Es ist nicht ersichtlich, wie eine die Gesetzeslage zugegebenermaßen gut umschreibende, jedoch induktiv ermittelte Rechtsparömie zur genaueren Eingrenzung oder Erweiterung derselben befähigen soll. Die Argumentation, daß das Verbot des Richtens in eigener Sache einer Forderung der „Natur der Sache" entspreche, taugt nicht zur genaueren Abgrenzung, zumal im wichtigsten Fall des BGB-Vereinsrechts, nämlich der Entscheidung über die Verhängung einer Vereinsstrafe, der Betroffene nach herrschender Meinung nicht von der Abstimmung ausgeschlossen sein soll[317].

---

[316] WILHELM, (Rechtsform und Haftung, S. 69, Fn. 172) kann dieses Argument nicht überzeugend ausräumen.
[317] OLG Köln, OLGZ 1968, 248 = NJW 1968, 992; LG ITZEHOE, NJW-RR 1989, 1531 (1532); STÖBER Vereinsrecht, S. 376, Rdnr. 707; SAUTER-SCHWEYER, Vereinsrecht, S. 154, Rdnr. 202; a.A. ZÖLLNER, Schranken, S. 24 f.; FLUME AT I/2, Die juristische Person, S. 223.

Die Frage, auf welche Art und Weise die verbandsrechtlichen Stimmverbote und § 181 BGB auf Beschlüsse angewendet werden können, kann nur durch eine systematische Untersuchung der Analogiefähigkeit der einzelnen Fälle der verbandsrechtlichen Stimmverbote sowie des § 181 BGB erfolgen. Unentbehrlich ist dabei, ausreichend zwischen Gesetzes- und Rechtsanalogien zu unterscheiden[318].

Wegen ihres größeren Konkretisierungsgrads und Problemnähe ist primär die Möglichkeit einer Gesetzesanalogie[319] zu den verbandsrechtlichen Stimmverboten zu erwägen. Durch sie werden die verbandsrechtlichen Stimmverbote auf andere Gesellschaftsformen übertragbar. Weiterhin ermöglicht sie eine Erweiterung des Anwendungsbereichs der verbandsrechtlichen Stimmverbote auf vergleichbare regelungsbedürftige Konstellationen.

Anschließend ist der gesetzesanaloge Anwendungsbereich von § 181 BGB bei Beschlüssen zu ermitteln. Bei der Prüfung, ob aus § 181 BGB in gesetzesanaloger Anwendung ein Stimmverbot abgeleitet werden kann, ist zu beachten, daß die verbandsrechtlichen Stimmverbote in ausdrücklicher Anwendung eine Spezialregelung darstellen, welche nicht durch eine analoge Anwendung des § 181 BGB ausgehebelt werden darf[320]. Insofern ist eine die Spezialität der verbandsrechtlichen Stimmverbote mißachtende umfassende Analogie des § 181 BGB als Stimmverbot bei jeglicher Art von Interessenkollision abzulehnen.

Bei der Frage, ob aus § 181 BGB ein Vertretungsverbot bei der Stimmvertretung im Wege der Gesetzesanalogie abgeleitet werden kann, sind die verbandsrechtlichen Stimmverbote keine leges speciales, so daß nur es nur auf die Vergleichbarkeit der Interessenlage ankommt.

Als letztes ist zu überlegen, ob nicht eine rechtsanaloge Anwendung der verbandsrechtlichen Stimmverbote und des § 181 BGB in Betracht kommt[321].

aa) Planwidrige Regelungslücke bei den Stimmverboten im Gesellschaftsrecht

Die analoge Anwendung einer Norm ist nur beim Bestehen einer unbefriedigenden planwidrigen Unvollständigkeit des Gesetzes möglich, die der Ergänzung

---

[318] RÖHL, Allgemeine Rechtslehre, § 77 I, S. 651 ff.
[319] Zum Begriff eingehend BYDLINSKI, Methodenlehre, S. 477.
[320] Vgl. Münchener Kommentar-REUTER, BGB, § 34, Rdnr. 4; WINKLER, DNotZ 1970, 476 (484).
[321] Zum Begriff der Rechtsanalogie eingehend BYDLINSKI, Methodenlehre, S. 478.

bedarf[322]. Insofern fordert der Gleichheitsgrundsatz, daß die Rechtsfolgeanordnung einer gesetzlichen Norm (oder auch mehrerer Vorschriften) auf den gesetzlich nicht ausdrücklich geregelten Fall erstreckt wird[323]. Diese Ergänzung darf ferner einer vom Gesetz gewollten Beschränkung auf die geregelten Sachverhalte nicht widersprechen[324].

Gegen das Vorliegen einer Regelungslücke im Bereich der Stimmverbote kann angeführt werden, daß in § 28 Abs. 1 BGB eine Verweisungsnorm besteht, welche zur Anwendbarkeit des mitgliedschaftlichen Stimmverbots des § 34 BGB auf den Vorstand führt. Im Verzicht auf Verweisungsnormen für andere Organe in den verbleibenden Gesellschaftsformen kann nach allgemeiner Ansicht jedoch keine legislative Grundentscheidung des Gesetzgebers gesehen werden[325].

Vielmehr besteht darüber Einigkeit, daß die Stimmverbote als einheitliches Prinzip des inneren Verbandsrechts angesehen werden müssen, welches auch bei der OHG, KG, BGB-Gesellschaft und Partnerschaftsgesellschaft angewendet werden muß. Dem ist zuzustimmen, denn die Stimmverbote haben nur einen bruchstückhaften und kasuistischen Charakter. Hätte der Gesetzgeber eine Grundentscheidung in Form eines Analogieverbots fällen wollen, so wäre dies aus den Gesetzesmaterialien ersichtlich. Diese geben dagegen nichts dafür her, daß der Gesetzgeber eine erschöpfende, jegliche Analogie ausschließende Regelung schaffen wollte. Besteht wie hier kein Grund für die Annahme, daß die Wertung des Gesetzes nur auf den ausdrücklich vom Gesetz erfaßten Bereich zutreffen sollte, so ist eine Analogie und kein Umkehrschluß geboten[326]. Ohne einen gesetzgeberischen Hinweis verstößt die Annahme einer bewußten gesetzgeberischen Lücke bei den verbandsrechtlichen Stimmverboten und damit die Vornahme eines Umkehrschlusses zu diesen gegen den Gleichheitssatz. Problematisch ist jedoch zunächst der richtige Analogiemaßstab (b)). Anschließend kommt es darauf an, ob bei der OHG, KG, BGB-Gesellschaft und Partnerschaftsgesellschaft die gleiche Interessenlage als Analogievoraussetzung vorliegt. Die Prüfung der Vergleichbarkeit der Interessenlage erfolgt bei der Analyse der Anwendung des § 181 BGB und der verbandsrechtlichen Stimmverbote in den einzelnen Gesellschaftsformen (§ 9).

---

[322] LARENZ, Methodenlehre, S. 357 ff.
[323] BYDLINSKI, Methodenlehre, S. 474.
[324] LARENZ, a.a.O., S. 357 f.; BYDLINSKI, Methodenlehre, S. 473.
[325] So ausdrücklich BEHR, AG 1984, 281 (284).
[326] BYDLINSKI, Methodenlehre, S. 477 m.w.N.

b) Analogiemaßstäbe zur Gewinnung von Stimm- und Vertretungsverboten im Gesellschaftsrecht

Als Analogiemaßstab für eine Gesetzesanalogie kommen primär die einzelnen „klassischen Fälle" der verbandsrechtlichen Stimmverbote in Frage. Diese Normen könnten bei anderen Gesellschaftsformen und für einzelne Fallkonstellationen, die diesen „klassischen Fällen" entsprechen, Anwendung finden (dazu unter aa)). Hierauf folgt eine Ermittlung des gesetzesanalogen Anwendungsbereichs des § 181 BGB (dazu unter bb)).

Anschließend wird untersucht, ob es weiterer Stimmverbote über die Fälle der Gesetzesanalogie hinaus im Wege weiterer ergänzender Rechtsfortbildung bedarf. Eine solche Rechtsfortbildung könnte erfolgen, indem aus den einzelnen Stimmverboten im Wege einer Rechtsanalogie induktiv auf ein gemeinsames Prinzip geschlossen wird, welches auf den „ähnlichen Fall" deduktiv angewendet werden könnte (dazu unter cc)).

aa) Die Inhalte der einzelnen verbandsrechtlichen Stimmverbote als Maßstab einer Gesetzesanalogie

Es ist zu prüfen, ob die verbandsrechtlichen Stimmverbote trotz ihres kasuistischen Charakters für bestimmte Stimmrechtsausschlüsse einen hinreichenden Maßstab für eine Gesetzesanalogie bilden. Ein solcher Analogiemaßstab würde wegen seines konkreteren Inhalts einer Gesetzesanalogie zu § 181 BGB und einer Rechtsanalogie der verbandsrechtlichen Stimmverbote und § 181 BGB vorgehen, welches jedoch nicht bedeutet, daß Gesetzesanalogien zu den verbandsrechtlichen Stimmverboten nicht durch Rechtsanalogien ergänzt werden könnten.

(1) Stimmverbot bei der Befreiung von einer Verbindlichkeit

(a) Analogiefähigkeit

Die verbandsrechtlichen Stimmverbote könnten den analogiefähigen Rechtsgedanken eines Stimmverbots bei Beschlüssen über die Befreiung eines Gesellschafters von einer Verbindlichkeit enthalten. Ein solches Stimmverbot ist nur in § 47 Abs. 4 GmbHG, § 136 Abs. 1 AktG und § 43 Abs. 6 GenG, jedoch nicht in § 34 BGB geregelt. Ein analogiefähiger Rechtsgedanke kann diesen Normen nur entnommen werden, wenn der Nichtregelung des Stimmverbots bei der Befreiung von einer Verbindlichkeit in § 34 BGB eine vereinsspezifische Sonderkonstellation zugrundeliegt, die eine abweichende Regelung vom analogiefähigen Rechtsgedanken erforderlich macht, oder wenn dasselbe Verbot in § 34 BGB versteckt mitgeregelt ist.

Ein besonderer Umstand, warum einem Verein durch die Befreiung eines Gesellschafters von einer Verbindlichkeit geringere Gefahren drohen sollten als bei einer GmbH, AG oder Genossenschaft ist nicht ersichtlich. Ein Stimmrechtsausschluß über die Befreiung von einer Verbindlichkeit ist aber bereits in dem Stimmverbot bei Beschlüssen über die Vornahme eines Rechtsgeschäfts in § 34 1. Fall BGB enthalten[327]. Die Befreiung von einer Verbindlichkeit kann in Form eines Vergleichs, Verzichts, Erlaßvertrags oder eines pactum de non petendo erfolgen[328]. Dabei steht der Gesellschafter der Gesellschaft als Schuldner gegenüber, der durch Rechtsgeschäft von einer Verbindlichkeit befreit wird. Ein Stimmrechtsausschluß für die Befreiung von einer Verbindlichkeit ist insofern in allen verbandsrechtlichen Stimmverboten geregelt und infolgedessen als analogiefähiger Rechtsgedanke anzuerkennen, welcher auf andere Gesellschaftsformen angewendet werden kann, wenn bei diesen die gleiche Interessenlage besteht.

(b) *Sachlicher Anwendungsbereich*

Das Stimmverbot bei der Befreiung von einer Verbindlichkeit umfaßt in sachlicher Hinsicht jede Verbindlichkeit unabhängig davon, ob es sich um Ansprüche aus dem Gesellschaftsverhältnis in Form von Schadensersatzansprüchen gegenüber Geschäftsführern, Gründern oder Vorstandsmitgliedern oder um sonstige schuldrechtliche Ansprüche handelt. Das Stimmverbot ist in analoger Anwendung auch auf das pactum de non petendo zu erstrecken[329]. Ferner umfaßt es die Kapitalherabsetzung, solange nicht der Grundsatz der gleichmäßigen Befangenheit eingreift, da es sich um eine statutarische Befreiung von einer Verbindlichkeit handelt[330]. Das Stimmverbot gilt außerdem für ein Mitglied, welches Bürge oder Garant des zu befreienden Mitglieds ist[331] und für die Befreiung von einer gesellschaftsvertraglichen Unterlassungspflicht, wie der satzungsmäßigen Befreiung von einem Wettbewerbsverbot[332].

(2) *Stimmverbot bei der Entlastung*

(a) *Analogiefähigkeit*

Der Entlastungsbeschluß bewirkt bei der Aktiengesellschaft gemäß § 120 AktG als innenpolitischer Akt der Gesellschaft die Billigung der Geschäftsführung

---

[327] Staudinger-COING (Vorauflage), BGB, § 34, Rdnr. 8.
[328] HERZFELDER, S. 116.
[329] Staudinger-COING (Vorauflage), BGB, § 34, Rdnr. 10.
[330] ZÖLLNER, Schranken, S. 210; IMMENGA/WERNER, GmbHR 1976, 53 (56); a.A. Scholz-K. SCHMIDT, GmbHG, § 47, Rdnr. 123.
[331] MEYER-LANDRUT/Miller/Niehus, GmbHG, § 47, Rdnr. 43; ZÖLLNER, Schranken, S. 211.
[332] BGH, NJW 1981, 1512 (1513).

und gleichzeitig einen Vertrauensbeweis für die Zukunft[333]. Er führt hingegen im Aktienrecht zu keinem Verzicht auf Ersatzansprüche gegen die Verwaltung und schützt den Vorstand nur vor einem Widerruf gemäß § 84 Abs. 3 AktG für Vorgänge, die vom Entlastungsbeschluß umfaßt werden[334]. Bei der GmbH geht die Wirkung über einen Vertrauensbeweis hinaus, denn sie bedeutet zugleich den Verzicht auf die Geltendmachung von Ersatzansprüchen gegen den Geschäftsführer, soweit sich diese auf Umstände beziehen, die bei sorgfältiger Prüfung aller Vorlagen und Berichte erkennbar sind oder von denen die Gesellschafter privat Kenntnis haben[335]. Eine Verzichtswirkung für alle erkennbaren Ersatzansprüche kommt der Entlastung auch bei der Genossenschaft zu[336].

Ein Stimmverbot für Entlastungsbeschlüsse ist wiederum nur in den §§ 47 Abs. 4 GmbHG, 136 Abs. 1 AktG und 43 Abs. 6 GenG geregelt. Ein Regelung im Vereinsrecht fehlt. Es muß daher kritisch betrachtet werden, ob diese Abweichung auf besonderen vereinsrechtlichen Verhältnissen beruht oder ob das Stimmverbot für Entlastungsbeschlüsse bereits auf andere Art im Vereinsrecht integriert ist.

Ein Entlastungsbeschluß zeichnet sich dadurch aus, daß er dem Geschäftsführer zugehen muß und sich personell auf bestimmte oder alle Geschäftsführer bezieht und in sachlicher Hinsicht die Billigung eines Geschäftsjahres, einzelner Maßnahmen oder der gesamten Geschäftsführung umfaßt[337]. Da durch einen Entlastungsbeschluß zumindest bei der GmbH und der Genossenschaft Schadensersatzansprüche gegen das geschäftsführende Organ wegfallen[338], besteht ein enger Zusammenhang mit dem Stimmverbot über die Befreiung von einer Verbindlichkeit.

Bei der Entlastung eines Vorstandsmitgliedes eines Vereins bestehen die gleichen Interessenkonflikte, wie bei der GmbH, AG oder Genossenschaft. Maßgeblich ist daher wiederum, ob bereits in § 34 BGB ein Stimmverbot für diesen Fall geregelt ist[339]. Dafür spricht, daß der historische Gesetzgeber den

---

[333] HansOLG Hamburg, BB 1960, 996.
[334] Vgl. SCHNEIDER ZHR 150 (1986), 609 (612).
[335] BGHZ 94, 324 (326).
[336] Lang/Weidmüller/METZ/Schaffland, GenG, § 48, Rdnr. 19.
[337] Eingehend Scholz-K. SCHMIDT, GmbHG, § 46, Rdnr. 90.
[338] Beispiele bei: Schlegelberger-K. SCHMIDT, HGB, § 133, Rdnr. 25 ff.
[339] Dafür WILHELM, Rechtsform und Haftung, S. 73 f.; ders. JZ 1976, 676; zum gleichen Ergebnis kommt. K. SCHMIDT, Gesellschaftsrecht, § 21 II 2 a) aa), S. 610, der die Entlastung jedoch als einen Fall des Verbots des „Richtens in eigener Sache" einordnet.

Entlastungsbeschluß entgegen der heutigen Auffassung[340] als Rechtsgeschäft aufgefaßt und daher nicht mehr speziell geregelt hat[341]. Weil der Gesetzgeber das Stimmverbot bei Beschlüssen über die eigene Entlastung in alle späteren Regelungen aufgenommen hat, ist von einem analogiefähigen Rechtsgedanken auszugehen, der analog auf andere Gesellschaftsformen anzuwenden ist, wenn bei diesen eine vergleichbare Interessenlage vorliegt.

(b)   Sachlicher Anwendungsbereich

Der Anwendungsbereich des Stimmverbots bei der Entlastung erstreckt nicht nur auf Vorstandsmitglieder, Aufsichtsratsmitglieder und Geschäftsführer, sondern auch auf Mitglieder bestimmter Gremien, wie dem Beirat einer GmbH[342]. In objektiver Hinsicht kommt eine gesetzesanaloge Erweiterung des Stimmverbots bei der Entlastung für Fälle in Betracht, die wie die Entlastung die Billigung oder Mißbilligung der Geschäftsführung betreffen, wie etwa die Einleitung von Sonderprüfungen der Geschäftsleitung[343].

(3)   Stimmverbot bei der Geltendmachung von Ansprüchen oder bei der Einleitung oder Erledigung eines Rechtsstreits

(a)   Analogiefähigkeit

Die Versagung des Stimmrechts bei Beschlüssen über die Geltendmachung von Ansprüchen (§§ 136 Abs. 1 S. 1 AktG, 43 Abs. 6 GenG) oder über die Einleitung oder Erledigung eines Rechtsstreits (§§ 47 Abs. 4 S. 2 GmbHG, 34 BGB), ist allein durchgehend in den verbandsrechtlichen Stimmverboten geregelt[344].

---

[340] Vgl. Scholz-K. SCHMIDT, GmbHG, § 46, Rdnr. 90, der darauf hinweist, daß die Gesellschafter gerade keinen Anspruchsverzicht erklären wollen, sondern ihren Entlastungsbeschluß mit der Überzeugung fassen, daß Ersatzansprüche nicht bestehen.

[341] Vgl. WILHELM JZ 1976, 674 (676), welcher darauf verweist, daß die Motive (Mugdan I S. 411) auf die die Entlastung betreffende Entscheidung des Reichsgerichts (RGZ 4, 302) Bezug nehmen. Die § 34 BGB sei nicht lückenhaft, sondern die gesellschaftsrechtliche Fassung der Stimmverbote sei unnötig weitschweifig geraten. Vgl. auch FLUME AT I/2, Die juristische Person, § 7 V, S. 222.

[342] Zu Frage, ob sich das Stimmverbot organübergreifend anwenden läßt, siehe die Ausführungen zu den einzelnen Gesellschaftsformen.

[343] BGH, WM 1986, 456 (457); vgl. auch Scholz-K. SCHMIDT, GmbHG, § 47, Rdnr. 142, der diesen Fall unter das „*Verbot des Richtens in eigener Sache*" subsumiert.

[344] Mit der Einschränkung, daß mit der herrschenden Meinung in der unterschiedlichen Formulierung in § 136 Abs. 1 AktG kein sachlicher Unterschied gesehen wird (dazu ausführlich ZÖLLNER, Schranken, S. 212 ff.; Münchener Kommentar-REUTER, BGB § 34, Rdnr. 11; unklar BGH, NJW 1991, 172 (173 f.). Die Änderung des vorher mit den §§ 34 BGB, 47 Abs. 4 S. 2 GmbHG übereinstimmenden Wortlautes durch das AktG 1937 sollte nur die aus dem Zusammenhang zwischen den Stimmverboten bei Beschlüssen über die Vornahme von Rechtsgeschäften und über die Einleitung eines Rechtsstreits gewonne-

Ihnen liegt ohne Zweifel ein analogiefähiger Gedanke zugrunde, welcher bei Gleichheit der Interessenlage auf andere Gesellschaftsformen angewendet werden muß.

(b) Sachlicher Anwendungsbereich

Unter der Einleitung eines Rechtsstreits werden entgegen dem Wortlaut außerdem tatsächliche Vorbereitungsmaßnahmen, wie etwa die Beauftragung eines Rechtsanwaltes, als auch prozeßvorbereitende Maßnahmen, wie beispielsweise der Beschluß über die Anrufung eines Schiedsgerichts, verstanden[345]. Die gerichtliche Geltendmachung umfaßt sowohl Leistungs- als auch Feststellungs- und Gestaltungsklagen[346], so daß der persönlich betroffene Gesellschafter bei Rechnungslegungsansprüchen und Klagen auf Feststellung der Unwirksamkeit eines Beschlusses nicht mitstimmen darf[347]. Ferner sind der vorläufige Rechtsschutz, die Zwangsvollstreckung und Schiedsgerichtsverfahren vom Stimmverbot umfaßt[348].

Zu der Erledigung eines Rechtsstreites sind die Beendigung eines Aktivprozesses durch Prozeßhandlungen wie der Klagerücknahme, dem Verzicht, dem Anerkenntnis, dem Rechtsmittelverzicht, dem Vergleich oder der Erledigungserklärung zu zählen[349]. Wird über Rechtsstreitigkeiten mit mehreren Mitgliedern wegen eines einheitlichen Rechtsgrundes beschlossen, so können die Mitglieder nach der wohl herrschenden Meinung mitstimmen, da es sich nur um eine mittelbare Beeinträchtigung handelt[350].

---

[345] nen Erkenntnis bestätigen, daß auch der Beschluß über die außergerichtliche Geltendmachung von Ansprüchen von dem Stimmverbot erfaßt ist (ZÖLLNER, Schranken, S. 215 f).

ZÖLLNER, Schranken, S. 214 f., Münchener Kommentar-REUTER, BGB, § 34, Rdnr. 11. Fälligkeitsbegründende Maßnahmen fallen jedoch entgegen ZÖLLNER (in Baumbach/Hueck, GmbHG, § 47, Rdnr. 61) nicht darunter (vgl. BGH, NJW 1991, 172 (173 f.)).

[346] ZÖLLNER, Schranken, S. 213 f.
[347] Scholz-K. SCHMIDT, GmbHG, § 47, Rdnr. 127 ff.
[348] ZÖLLNER, Schranken, S. 213.
[349] ZÖLLNER, Schranken, S. 215.
[350] Münchener Kommentar-REUTER, BGB, § 34, Rdnr. 12, der bei Rechtsstreitigkeiten, die auf einer gemeinschaftlichen Pflichtverletzung beruhen, das Stimmverbot des „Verbots des Richtens in eigener Sache" anwenden will; vgl. auch BGHZ 97, 28 = NJW 1986, 2051 (2052).

(4) Stimmverbot bei Beschlüssen über die Vornahme eines Rechtsgeschäfts mit dem Gesellschafter

(a) Analogiefähigkeit

Schließt eine Gesellschaft mit ihrem Gesellschafter ein Rechtsgeschäft ab, so besteht die Gefahr, daß der Gesellschafter seine Vermögensinteressen durchsetzt und der Gesellschaft Schaden zufügt. Trotz dieser offensichtlichen Interessendivergenz ist ein Stimmverbot für Beschlüsse über die Vornahme eines Rechtsgeschäfts mit dem Gesellschafter nur in § 34 BGB und § 47 Abs. 4 GmbHG enthalten. § 136 Abs. 1 AktG und der diesem nachempfundene § 43 Abs. 6 GenG enthalten keine derartige Regelung.

Gegen das Vorliegen eines verdeckt enthaltenen Stimmverbotes bei den beiden letztgenannten Vorschriften spricht, daß die früher geltenden Fassungen der Stimmverbote, § 252 Abs. 3 HGB a.F. für die AG und § 43 Abs. 3 GenG für die Genossenschaft, noch ein ausdrückliches Verbot für Beschlüsse über die Vornahme eines Rechtsgeschäfts mit dem Gesellschafter enthielten. So konnte etwa das Reichsgericht vor der Aktienrechtsreform von 1937 noch eine Gesetzesanalogie zu den §§ 34 BGB, 252 Abs. 3 HGB a.F., 47 Abs. 4 GmbHG und § 43 Abs. 3 GenG für die BGB-Gesellschaft vornehmen[351]. Dieses entsprach der damaligen herrschenden Meinung[352], welche heute nur noch vereinzelt vertreten wird[353].

Im Jahre 1937 wurde das Stimmverbot in § 114 Abs. 5 AktG 1937 nicht mehr übernommen, um, wie man damals glaubte, unüberwindbare Probleme bei der Anwendung der Norm zu beseitigen und Rechtsgeschäfte innerhalb eines Konzerns zu erleichtern.

Nach dem Einschnitt von 1937 wird man von einer analogiefähigen gesetzlichen Regelung nur noch dann sprechen können, wenn die Herausnahme des Stimmverbotstatbestandes für Rechtsgeschäfte auf besonderen aktienrechtlichen oder genossenschaftlichen Bedingungen beruhte, welche nicht verallgemeinert werden können.

Für die Nichtübernahme des in § 252 Abs. 3 HGB normierten Stimmrechtsausschlusses wurde damals angeführt, daß dieser sich in der Praxis der

---
[351] RGZ 136, 236 (245). Später hat es dieses offengelassen, vgl. RGZ 162, 370 (373).
[352] Vgl. z.B. Düringer-Hachenburg-FLECHTHEIM, HGB, § 119, Anm. 3.
[353] Münchener Kommentar-ULMER, BGB, § 709, Rdnr. 64; WEINHARDT, DB 1989, 2417 (2419.)

Aktiengesellschaften nicht bewährt habe[354]. Die zurückgegangene Bedeutung des § 252 Abs. 3 HGB a.F. beruhte darauf, daß zu Beginn des Jahrhunderts der Begriff des Rechtsgeschäfts noch umfassender ausgelegt wurde, so daß etwa der zu wählende Gesellschafter von der Abstimmung ausgeschlossen war[355]. Die Rechtsprechung und Literatur haben den Begriff des Rechtsgeschäfts später durch die Ausarbeitung des Begriffs des „Sozialakts" eingeschränkt und damit interne Gesellschaftsangelegenheiten nicht mehr als Rechtsgeschäfte aufgefaßt, auf die die Stimmverbote dann keine Anwendung mehr fanden[356]. Die auf die Eingrenzung des Begriffs des Rechtsgeschäfts zurückgegangene Bedeutung des § 252 Abs. 3 HGB a.F. wurzelte daher in einer alle Gesellschaftsformen betreffenden Entwicklung, so daß keine spezielle aktienrechtliche Besonderheit die Nichtübernahme des § 252 Abs. 3 HGB a.F. erklärt.

Allerdings ist dem Umstand Rechnung zu tragen, daß bei der Aktiengesellschaft mannigfaltige Möglichkeiten anerkannt wurden, das Stimmverbot des § 252 Abs. 3 HGB, etwa durch Strohmänner, Legitimationsübertragung und treuhänderische Übertragung der Aktien zu umgehen. Diese könnten als aktienrechtliche Besonderheit gewertet werden, welche die Nichtübernahme des Verbotes besonders rechtfertigt, denn obwohl es Umgehungsprobleme in fast allen Rechtsbereichen gibt, mögen diese dort nicht im gleichen Maße ausgeprägt sein[357]. Die Anwendungsprobleme des Stimmverbots betreffend die Vornahme von Rechtsgeschäften waren jedoch nicht unüberwindbar. Die Streichung des Stimmverbotes des § 252 Abs. 3 HGB a. F. für Beschlüsse über die Vornahme von Rechtsgeschäften ist darum dem Gesetzgeber nicht durch spezifische aktienrechtliche Anwendungsprobleme diktiert worden, sie ist vielmehr als bewußter, freiwilliger gesetzgeberischer Akt zu interpretieren[358], mit welchem der Gesetzgeber vor dem Hintergrund der Konzernidee die Kapitalgesellschafter privilegieren wollte[359]. Er ist zugleich Ausdruck der Tatsache, daß bei der Aktiengesellschaft im Gegensatz zu anderen Gesellschaftsformen die Hauptversammlung nicht mehr als das oberste Organ angesehen werden kann. Diese

---

[354] HUECK, Recht der OHG, § 11 III 2, S. 171.
[355] ZÖLLNER, Schranken, S. 149 ff.; so hat etwa das Kammergericht in: KJG 25, A 253 (256 f.) im Jahr 1902 die Wahl eines GmbH-Geschäftsführers noch als Vertrag zwischen der Gesellschaft und dem Geschäftsführer angesehen.
[356] RGZ 60, 172; 74, 276; 81, 37.
[357] So ist etwa eine Legitimationsübertragung als eine verdeckte treuhänderische Übertragung der Gesellschafterstellung im Personengesellschaftsrecht (§ 719 Abs. 1 BGB) nicht möglich.
[358] Vgl. dazu FLUME AT I/2, Die juristische Person, § 7 V, S. 226 ff.
[359] Münchener Kommentar-REUTER, BGB, § 34, Rdnr. 14; kritisch zu diesem Privileg K. SCHMIDT, Gesellschaftsrecht, § 28 IV 4. b) dd), S. 859.

Funktion wurde durch ein System des „checks and balance of power" ersetzt, bei welchem keinem Organ der Vorrang zukommt[360].

Der gesetzgeberische Akt der Streichung des Stimmverbots betreffend die Vornahme von Rechtsgeschäften in § 252 Abs. 3 HGB a.F. wird jedoch durch die Ablehnung des § 82 Abs. 3 RegE GmbHG im Zuge der GmbH-Reform von 1980 kontrapunktiert, welcher eine Abschaffung des Stimmverbots für Rechtsgeschäfte vorsah[361]. Insofern kann gegen eine Anwendung des Stimmverbots bei anderen Gesellschaftsformen nicht mehr angeführt werden, daß ein Rechtssatz, der sich im Aktienrecht als überholt erwiesen habe, nicht mehr entsprechend angewendet werden solle[362]. Zu beachten ist, daß durch die Einführung der §§ 291 ff. AktG sich die konzernrechtlichen Gründe für die Streichung des Stimmverbots im Aktienrecht erledigt haben[363]. Mithin kann aus der zutreffenden Erwägung, daß ein Mehrheitsaktionär beim Abschluß eines organisationsrechtlichen Unternehmensvertrags mitstimmen soll, nicht mehr gefolgert werden, daß ein Aktionär befugt sein muß, über einen Vertrag mit sich selbst abzustimmen. Insofern wird die Streichung des Stimmverbotes, wenn über die Vornahme eines Rechtsgeschäfts mit dem Aktionär zu beschließen ist, heute als gesetzgeberischer Mißgriff angesehen[364].

Es bleibt festzustellen, daß das Stimmverbot bei Beschlüssen über die Vornahme von Rechtsgeschäften mit dem Gesellschafter grundsätzlich einen Analogiemaßstab bilden kann. Andererseits ist die in § 136 Abs. 1 AktG und § 43 Abs. 6 GenG getroffene gesetzgeberische Entscheidung hinzunehmen.

Nach dieser unstimmigen Gesetzeslage läßt sich eine an Wertungskriterien orientierte, gesetzesanaloge Erweiterung des subjektiven Anwendungsbereichs der verbandsrechtlichen Stimmverbote für ein Stimmverbot bei Beschlüssen über die Vornahme von Rechtsgeschäften nur vornehmen, wenn die betreffende Gesellschaft in ihrer Struktur einer GmbH oder einem Verein ähnelt.

---

[360] RAISER, Kapitalgesellschaften, S. 80.
[361] Ausführliche Kritik dazu von WILHELM, JZ 1976, 674 ff.
[362] So jedoch die ältere Literatur SCHLEGELBERGER-GEßLER (Vorauflage), HGB, § 119, Rdnr. 3; Hachenburg-SCHILLING, GmbHG, § 47, Rdnr. 64 weist darauf hin, daß bei der personalistisch geführten GmbH die Gefahr der Vermischung privater und gesellschaftlicher Interessen viel größer sei als bei der AG.
[363] FLUME AT I/2, Die juristische Person, § 7 V 4.
[364] Siehe RAISER, Kapitalgesellschaften, § 16 VI 4 mit dem Hinweis auf den Entwurf einer 5. gesellschaftsrechtlichen Richtlinie der EG.

Besteht eine Gesellschaftsform, bei der, wie bei der GmbH und dem Verein, die Geschäftsleitung weisungsabhängig ist und die Gesellschafterversammlung über breite Kompetenzen verfügt, so ist ein Stimmverbot für Beschlüsse über die Vornahme von Rechtsgeschäften eine Gesetzesanalogie zu § 34 BGB und § 47 Abs. 4 GmbHG anzunehmen.

Ist hingegen, wie bei der Aktiengesellschaft und Genossenschaft, eine hohe Eigenverantwortung der Geschäftsleitung sowie ein nur geringer Einfluß der Gesellschafter gegeben, so ist nicht von einem Stimmverbot für Beschlüsse über die Vornahme von Rechtsgeschäften auszugehen.

Das Stimmverbot bei Beschlüssen über die Vornahme von Rechtsgeschäften ist insofern nur zum Teil als analogiefähiger Rechtsgedanke anzuerkennen, welcher bei Gleichheit der Interessenlage auf andere Gesellschaftsformen zu übertragen ist.

(b)   Sachlicher Anwendungsbereich

Ist das Stimmverbot für Beschlüsse über die Vornahme von Rechtsgeschäften mit dem Mitglied grundsätzlich anwendbar, so bleibt noch zu prüfen, wie weit der sachliche Anwendungsbereich dieses Stimmverbots reicht. Einige Fälle werden uneinheitlich diskutiert.

(aa)   Ermächtigungsbeschluß über die Vornahme eines Rechtsgeschäfts

Es ist umstritten, ob das Stimmverbot für Beschlüsse über die Vornahme von Rechtsgeschäften eingreift, wenn der Gegenstand der Beschlußfassung nicht das Rechtsgeschäft selbst, sondern nur die Ermächtigung zur Vornahme desselben betrifft. Die Rechtsprechung des *Reichsgerichts*[365] lehnte ein Stimmverbot bei der Ermächtigung ab, solange die Gesellschafter das ausführende Organ nicht zur Vornahme des Rechtsgeschäfts angewiesen haben, während der *Bundesgerichtshof* jedenfalls von einem Stimmverbot ausgeht, wenn die Ermächtigung nach der Satzung erforderlich ist und sowohl der genaue Inhalt des Rechtsgeschäfts als auch die Beteiligten feststehen[366].

Die reichsgerichtliche Rechtsprechung ist abzulehnen, da sie eine Umgehungsmöglichkeit bot, indem nach dem Beschluß dem Ausführungsorgan eine gewisse Entscheidungsfreiheit belassen wurde. Ferner grenzt sie nach einem Kriterium ab, für welches in § 47 Abs. 4 S. 2 GmbHG sowie in § 34 BGB kein

---

[365] RGZ 68, 236 (241); RGZ 108, 322 (326).
[366] BGHZ 68, 107.

Ansatzpunkt ersichtlich ist. Diese Normen stellen allein darauf ab, daß das Rechtsgeschäft gegenüber dem Gesellschafter vorgenommen werden soll, so daß es auf die Entschließungsfreiheit bezüglich des Rechtsgeschäfts nicht ankommt[367].

Die Ansicht des *Bundesgerichtshofs* hingegen grenzt das Stimmverbot unzulässigerweise ein, indem sie einen statutarischen Vorbehalt verlangt und als Beschlußinhalt den genauen Inhalt sowie die beteiligten Parteien des Rechtsgeschäfts für erforderlich hält. Eine solche Betrachtungsweise erleichtert die Umgehung des Stimmverbots. Nach meiner Einschätzung ist es sachgerechter, an die formale Struktur des § 47 Abs. 4 GmbHG sowie des § 34 BGB anzuknüpfen und ein Stimmverbot anzunehmen, wenn ein bestimmter Gesellschafter oder ein bestimmtes Mitglied als andere Partei des Rechtsgeschäfts feststeht oder nach den Umständen in Betracht kommt.

(bb) Die Beschlußfassung über die Gestattung der Insichgeschäfte

Ferner umfaßt das Stimmverbot bezüglich der Vornahme von Rechtsgeschäften Beschlüsse, welche die generelle und die konkrete Gestattung der Insichgeschäfte i.S.d. § 181 BGB betreffen, denn die Gestattung stellt ein Rechtsgeschäft gegenüber dem Gesellschafter dar[368]. Insofern nimmt der vom Verbot des § 181 BGB zu befreiende Gesellschafter an der Beschlußfassung über die Gestattung nicht teil, so daß die Gestattung entgegen einer vom *Bundesgerichtshof* vertretenen Ansicht[369] gar kein Insichgeschäft darstellt. Dem *Bundesgerichtshof* ist daher nur im Ergebnis zuzustimmen[370].

(cc) Die nachträgliche Billigung eines konkreten Rechtsgeschäfts

Bei der nachträglichen Billigung eines konkreten Rechtsgeschäfts ist unsicher, ob diese durch das Stimmverbot bezüglich der Vornahme von Rechtsgeschäften oder durch das Stimmverbot bezüglich der Entlastung erfaßt wird. Diese Differenzierung erlangt Bedeutung, wenn bei einer Gesellschaftsform kein Stimmverbot gilt, welches die Beschlußfassung über der Vornahme eines Rechtsgeschäfts gegenüber einem Mitglied betrifft[371]. Ferner würde das für die

---

[367] Rowedder-KOPPENSTEINER, GmbHG, § 47, Rdnr. 57.
[368] Vgl. HÜBNER, Interessenkonflikt, S. 247, vgl. auch ZÖLLNER, Schranken, S. 190 ff.
[369] BGHZ 58, 115 (119f.).
[370] Vgl. HÜBNER, Interessenkonflikt, S. 247, etwas anderes gilt hinsichtlich der Befreiung im Einzelfall, wenn diese durch einen organschaftlichen Vertreter vorgenommen wird. Bei dieser scheiter die Gestattung des organschaftlichen Vertreters im Wege des Selbstkontrahierens an § 181 BGB.
[371] Mithin zumindest bei der Aktiengesellschaft und Genossenschaft.

Entlastung einschlägige Stimmverbot nur für das Ausführungsorgan gelten und nicht für den Gesellschafter, der diesem nicht angehört. Letzterer wäre nur von dem Stimmverbot für die Vornahme von Rechtsgeschäften mit dem Gesellschafter erfaßt.

Ausgangspunkt der Abgrenzung muß sein, ob das Rechtsgeschäft durch die nachträgliche Billigung erst seine Wirksamkeit erlangt oder ob das Verbandsinteresse vornehmlich durch die Entlastungswirkung berührt wird.

Einigkeit besteht insofern, als das Stimmverbot bezüglich der Vornahme von Rechtsgeschäften mit einem Gesellschafter eingreifen soll, wenn die nachträgliche Billigung eine Genehmigung des vorgenommenen Rechtsgeschäfts darstellt oder zur Bedingung seiner Wirksamkeit erhoben wurde und diesem so seiner Wirksamkeit verhilft[372].

Bei einem bereits wirksamen Rechtsgeschäft wendet das Reichsgericht nur noch das Stimmverbot betreffend der Entlastung an, mit der Folge, daß dieses nur die Ausführungsorgane und nicht den Geschäftspartner, der auch Gesellschafter ist, betrifft[373]. Der *Bundesgerichtshof* hält das Stimmverbot betreffend der Vornahme von Rechtsgeschäften zumindest bei Rechtsgeschäften für einschlägig, bei denen Ungewißheit bezüglich der Wirksamkeit durch einen Beschluß behoben werden soll[374]. Teile der Literatur wollen hingegen das Stimmverbot betreffend der Vornahme eines Rechtsgeschäfts auf die nachträgliche Billigung eines zweifelsfrei wirksamen Rechtsgeschäfts anwenden[375].

Der Anwendung des Stimmverbots, welches die Vornahme von Rechtsgeschäften gegenüber einem Gesellschafter erfaßt, auf die nachträglichen Billigung von Rechtsgeschäften ist zuzustimmen. Andernfalls könnte ein Mehrheitsgesellschafter mit dem Ausführungsorgan kollusiv zusammenwirken, indem er dieses das Rechtsgeschäft vornehmen läßt und dieses durch einen späteren Billigungsbeschluß von Schadensersatzansprüchen der Gesellschaft freihält. Diese Gefahr wird durch das Stimmverbot bei der Entlastung nicht gebannt, da dieses nur für das zu entlastende Organ gilt. Diese einheitliche Anwendung des Stimmverbots, welches die Vornahme von Rechtsgeschäften mit

---

[372] Rowedder-KOPPENSTEINER, GmbHG, § 47, Rdnr. 57; Scholz-K. SCHMIDT, GmbHG, § 47, Rdnr. 121.
[373] RGZ 115, 246 (249 ff.)
[374] BGH, NJW 1973, 1039 (1041 f.); die Rechtsfrage, ob die nachträgliche Billigung von Rechtsgeschäften unter das Verbot bezüglich der Vornahme von Rechtsgeschäften fällt, hat er jedoch ausdrücklich noch nicht entschieden.
[375] Hachenburg-HÜFFER, GmbHG, § 47, Rdnr. 143; WANK, ZGR 1979, 222 (235).

einem Gesellschafter betrifft, macht zudem die zuweilen schwierige Unterscheidung nach der Wirksamkeit des zu billigenden Rechtsgeschäfts überflüssig und fördert damit die Rechtssicherheit.

Im Ergebnis ist zu konstatieren, daß bei der nachträglichen Billigung eines konkreten Rechtsgeschäfts für die GmbH und den Verein das Stimmverbot betreffend die Vornahme von Rechtsgeschäften gegenüber dem Gesellschafter eingreift, während die Gesellschafter einer Aktiengesellschaft oder Genossenschaft in diesem Fall nur vom Stimmrecht ausgeschlossen sind, wenn sie zugleich über ihre eigene Entlastung als ausführendes Organ abstimmen.

(5) Zwischenergebnis

Die Prüfung der Analogiefähigkeit der einzelnen Fälle der verbandsrechtlichen Stimmverbote hat ergeben, daß eine Gesetzesanalogie sich nur für die Fälle der Entlastung, der Befreiung von einer Verbindlichkeit sowie der Einleitung und Erledigung eines Rechtsstreits oder der Geltendmachung eines Anspruchs vornehmen läßt. Eine Gesetzesanalogie für Beschlüsse über die Vornahme eines Rechtsgeschäfts ist nur bei Gesellschaften mit einer weisungsabhängigen Geschäftsführung in Gesetzesanalogie zu §§ 34 BGB, 47 Abs. 4 GmbHG möglich.

bb) *Gesetzesanalogie zu § 181 BGB*

Man könnte ferner erwägen, § 181 BGB im Wege einer Gesetzesanalogie anzuwenden.

(1) *Umfassende Gesetzesanalogie zu § 181 BGB*

Für eine Gesetzesanalogie zu § 181 BGB spricht, daß der Beschluß ein Rechtsgeschäft und die Stimmabgabe eine Willenserklärung ist. Aus diesem Grunde befürworten *Wilhelm*[376] und *Flume*[377] eine gesetzesanaloge Anwendung des § 181 BGB, indem sie in den verbandsrechtlichen Stimmverboten das für den Verband abgewandelte Verbot des Insichgeschäfts selbst sehen. Wegen der Ähnlichkeit zwischen der Beschlußfassung und der Vornahme von Rechtsgeschäften gehen sie von der Identität des § 181 BGB und den verbandsrechtlichen Stimmverboten aus[378]. Durch diese Betrachtungsweise wird aber das ausgefeilte System der spezielleren verbandsrechtlichen Stimmverbote mit seinen zum Teil abweichenden Bestimmungen[379] außer Kraft gesetzt, ohne zu

---

[376] WILHELM, JZ 1976, 674 (675 ff.)
[377] FLUME AT I/1, Die Personengesellschaft, § 14 IX, S. 248 f.
[378] FLUME AT I/1, Die Personengesellschaft, § 14 IX, S. 248 f.
[379] Siehe oben § 6 II 2.

beachten, daß die Gemeinsamkeit von § 181 BGB und den verbandsrechtlichen Stimmverboten sich im Ausdruck desselben Rechtsgedankens in Form des Schutzes des Verbandsvermögens bei Interessenkollisionen erschöpft[380].

Im übrigen richtet sich § 181 gegen die Art und Weise des Abschlusses eines normalen Rechtsgeschäfts, während die verbandsrechtlichen Stimmverbote die inhaltliche Richtigkeit des Beschlusses bei der Verfolgung des Gesellschaftszwecks und damit der Interessen aller Gesellschafter sichern wollen. Die Normen haben somit unterschiedliche Anknüpfungspunkte, eine generelle Gleichstellung wegen des engen Zusammenhangs von Beschluß und Rechtsgeschäft kann mangels vergleichbarer Interessenlage nicht überzeugen. § 181 BGB betrifft daher als Vertretungsregelung grundsätzlich nur den Vollzug von Beschlüssen durch den Abschluß von Verträgen[381]. Die gesetzesanaloge Anwendung des § 181 BGB als umfassendes Stimmverbot bei Interessenkonflikten im Rahmen der Beschlußfassung scheidet daher wegen der spezielleren verbandsrechtlichen Stimmverbote aus.

(2) Begrenzte Gesetzesanalogie für die Stimmvertretung bei satzungsändernden Beschlüssen sowie Grundlagenbeschlüssen

In Betracht kommt aber eine mit der Struktur des § 181 BGB korrespondierende, begrenzte gesetzesanaloge Anwendung der Norm in allen Gesellschaftsformen, wenn Gesellschafter bei der Stimmabgabe vertreten werden und der Beschluß nach seinem Inhalt dem Ausgleich gegenläufiger rechtsgeschäftlicher Interessen zu dienen bestimmt ist[382].

Für eine solche gesetzesanaloge Anwendung des § 181 BGB auf die Stimmvertretung bei vertragsändernden Beschlüssen in allen Gesellschaftsformen trägt dem rechtsgeschäftlichen Charakter der Stimmabgabe entgegen der hier abgelehnten Sozialaktsthese Rechnung und vermeidet den Wertungswiderspruch, der entstünde, wenn ein Vertreter den Gesellschaftsvertrag ändern oder die Gesell-

---

[380] Siehe oben § 5 A II 2.
[381] Vgl. dazu BGHZ 112, 341.
[382] Grundlegend BGHZ 65, 93 (97 ff.); BGH, NJW 1976, 1538 (1539); BGH, GmbHR 1988, 337 (338), welcher jedoch von einer direkten Anwendung des § 181 BGB in Verbindung mit einer generellen teleologischen Reduktion für Beschlüsse ausgeht, die auf der Basis gleichgerichteter Gesellschaftsinteressen ergehen. In der Literatur befürworten eine Anwendung des § 181 BGB: Rowedder-KOPPENSTEINER, GmbHG, § 47, Rdnr. 65; U. HÜBNER, Interessenkonflikt, S. 278 ff.; Scholz-K. SCHMIDT, GmbHG, § 47, Rdnr. 180; WIEDEMANN, Gesellschaftsrecht I, § 3 III 2 a bb; a.A. Baumbach/Hueck-ZÖLLNER, GmbHG, § 47, Rdnr. 33.

schaft auflösen dürfte, obgleich er beim Vertragsschluß wegen § 181 BGB an der Vertretung gehindert wäre.

Die Erstreckung dieser Gesetzesanalogie auf alle Gesellschaftsformen korrigiert die Unstimmigkeit, daß bei Vertragsänderungen in Personengesellschaften von einer Geltung des § 181 BGB ausgegangen wird[383] und dieselbe bei Kapitalgesellschaften abgelehnt wird[384], ohne daß eine andere Konfliktlage besteht[385].

§ 181 BGB ist daher gesetzesanalog anwendbar auf die Vertretung bei satzungsändernden Beschlüssen oder wenn in vergleichbarer Weise auf die Grundlagen der Gesellschaft eingewirkt wird; denn in einem solchen Fall liegt ein dem § 181 BGB vergleichbarer Sachverhalt vor.

Hierbei folgt aus § 181 BGB jedoch nur ein Vertretungsverbot und kein Stimmverbot[386].

Diese begrenzte Analogie berücksichtigt, daß eine Analogie des § 181 BGB auf Beschlüsse wegen deren Natur als Rechtsgeschäfte grundsätzlich möglich ist. Zugleich trägt sie der besonderen Interessenlage des Gesellschaftsverhältnisses mit dem Vorrang der gemeinsamen Zweckverfolgung Rechnung, indem sie Geschäftsführungsmaßnahmen vom Vertretungsverbot ausnimmt.

§ 181 BGB dient dann dem Schutz der Gesellschafter gegen weitreichende Entscheidungen, wie Satzungsänderungen und Grundlagenbeschlüssen, wenn sie durch einen Mitgesellschafter vertretenen werden. Über die Frage, was unter Grundlagenbeschlüssen zu verstehen ist, besteht jedoch Streit. Vorwiegend wird an Beschlüsse über die Auflösung[387], die Feststellung des Jahresabschlusses[388],

---

[383] Vgl. BGHZ 65, 93; 112, 339 = NJW 1991, 691; BB 1976, 901; Schlegelberger-MARTENS, HGB, § 119, Rdnr. 41.

[384] So FISCHER, FS Hauß, S. 61 ff. wegen der körperschaftlichen Struktur der Kapitalgesellschaften.

[385] Kritisch äußert sich jetzt auch der Bundesgerichtshof in: GmbHR 1989, 337 (338) = NJW 1989, 168 (169) = ZIP 1988, 1046 (1047); vgl. weiter U. HÜBNER, Interessenkonflikt, S. 273; Scholz-K. SCHMIDT, GmbHG, § 47, Rdnr. 180.

[386] So auch Scholz-K. SCHMIDT, GmbHG, § 47, Rdnr. 185.

[387] Ablehnend BGHZ 52, 316 (318) = LM § 181 BGB Nr. 13 mit zustimmender Anmerkung von FLECK; eine Anwendung befürwortend U. HÜBNER, Interessenkonflikt, S. 278; Scholz-K. SCHMIDT, GmbHG, § 47, Rdnr. 180; Palandt-HEINRICHS, BGB, § 181, RDNR. 11.

[388] Ablehnend Hachenburg-HÜFFER, GmbHG, § 47, Rdnr. 115, da ansonsten der Wert der teleologischen Reduktion des § 181 BGB wegen der jährlich notwendigen Beschlußfassung fast vollständig ausgehebelt werde.

die Zustimmung zur Abtretung eines Geschäftsanteils und die Ausschlußklage gedacht[389].

Wegen der rechtlichen Unsicherheit, die aus der Auslegung des Begriffs des Grundlagenbeschlusses resultiert, hat *Zöllner* eine gesetzesanaloge Anwendung des § 181 BGB bei der Vertretung durch einen Mitgesellschafter kritisiert[390]. Diese Kritik ist jedoch unberechtigt, weil die gesetzlichen Bestimmungen über Beschlußmehrheiten einen sicheren Orientierungsmaßstab bilden. Aus dem Erfordernis einer qualifizierten Mehrheit läßt sich nämlich entnehmen, daß der Beschlußgegenstand nach der gesetzlichen Wertung die Grundlagen der Gesellschaft betrifft[391]. Dementsprechend umfaßt § 181 BGB beispielsweise bei der GmbH die Vertretung durch einen Gesellschafter und die Mehrfachvertretung bei Beschlüssen über Satzungsänderungen einschließlich einer Erhöhung oder Herabsetzung des Stammkapitals, die Auflösung oder Fortsetzung der Gesellschaft, die Umwandlung, Verschmelzung, Ausschlußklage oder den Abschluß von Unternehmensverträgen seitens der beherrschten oder herrschenden GmbH[392].

Ferner greift § 181 BGB in gesetzesanaloger Anwendung ein, wenn der Vertreter von der Beschlußfassung persönlich betroffen ist. Eine persönliche Betroffenheit ist anzunehmen, wenn es um die Bestellung des Vertreters als Organ geht[393]. Die Stimmabgabe durch den bevollmächtigten Gesellschafter bei seiner eigenen Bestellung als Mitglied eines Gesellschaftsorgan verstößt daher gegen § 181 BGB in gesetzesanaloger Anwendung.

Zu beachten ist aber, daß regelmäßig in der Bevollmächtigung eine Gestattung des Insichgeschäfts durch konkludentes Verhalten zu sehen ist, wenn für die Gesellschafterversammlung vertragsändernde Beschlüsse angekündigt worden

---

[389] Bejahend Scholz-K. SCHMIDT, GmbHG, § 47, Rdnr. 180.
[390] Baumbach/Hueck-ZÖLLNER, GmbHG, § 47, Rdnr. 33.
[391] Hachenburg-HÜFFER, GmbHG, § 47, Rdnr. 115.
[392] Hachenburg-HÜFFER, GmbHG, § 47, Rdnr. 115.
[393] BGHZ 51, 209 = NJW 1969, 841 bei der Wahl eines Testamentsvollstreckers zum Geschäftsführer einer GmbH; bestätigt durch BGHZ 108, 21 (25) = GmbHR 1989, 329 (330) = NJW 1989, 2694 (2695); vgl. auch BGHZ 112, 339 = NJW 1991, 691 (für die Vertretung bei der Wahl eines Geschäftsführers einer BGB-Gesellschaft); Scholz-K. SCHMIDT, GmbHG, § 47, Rdnr. 181; Staudinger-SCHILKEN, BGB, § 181, Rdnr. 25; Rowedder-KOPPENSTEINER, GmbHG, §47, Rdnr. 65; im Ergebnis übereinstimmend: Hachenburg-HÜFFER, GmbHG, § 47, Rdnr. 111, der jedoch eine Analogie zu § 47 Abs. 4 GmbHG der zu § 181 BGB vorzieht.

sind[394]. Eine Gestattung der Mehrvertretung liegt hingegen nicht bereits vor, wenn der Vollmachtgeber wußte, daß der Bevollmächtigte für mehrere Vollmachtgeber tätig werden wird, da eine solche Auslegung der Vollmacht eine reine Fiktion ist[395].

(3)   Rechtsfolge des Verstoßes gegen § 181 BGB bei Beschlüssen

Verstößt die Stimmabgabe mangels einer Gestattung nach den oben aufgestellten Grundsätzen gegen § 181 BGB, so ist fraglich, zu welcher Rechtsfolge dieser Verstoß führt.

Auf den ersten Blick müßte unter Anwendung der allgemeinen Rechtsfolge des § 181 BGB nicht nur die abgegebene Stimme, sondern auch der gesamte Beschluß analog § 177 BGB schwebend unwirksam sein.

Nach einer Literaturansicht ist von der Unwirksamkeit der verbotswidrig abgegebenen Stimmen sowohl des Bevollmächtigten, als auch des Vollmachtgebers jedenfalls dann auszugehen, wenn das persönliche Interesse des Vertreters und dessen unmittelbares Betroffensein evident sind[396]. Die Unwirksamkeit des gesamten Beschlusses richte sich im weiteren nach den jeweils erforderlichen Mehrheiten.

Kirstgen will hingegen die Folge der schwebenden Unwirksamkeit auf die für den Vollmachtgeber abgegebene Stimme begrenzen, da kein Bedürfnis dafür bestehe auch der eigenen Stimme des Vertreters die Wirksamkeit zu versagen[397]. Für die Wirksamkeit des Beschlusses sei in der Folge maßgebend, ob es zur wirksamen Beschlußfassung auf die Stimme des Vertretenen ankam. Sei dieses nicht der Fall, so bleibe die Wirksamkeit des Beschlusses von der Unwirksamkeit der Stimme des Vollmachtgebers unberührt. Hänge die Wirksamkeit des Beschlusses hingegen von der Stimme des Vertretenen ab, so sei der fehlerhafte Beschluß bis zur Genehmigung schwebend unwirksam[398].

---

[394] Vgl. BHG, NJW 1976, 958 (959); NJW 1976, 1538 (1539); Scholz-K. SCHMIDT, GmbHG, § 47, Rdnr. 182; KIRSTGEN, GmbHR 1989, 406 (407); MELCHIOR, Rpfleger 1997, 505 f.
[395] So aber KIRSTGEN, GmbHR 1989, 406 (407); wie hier: BERNSTEIN/SCHULTZE-V. LASAULX, ZGR 1976, 33 (39 ff.).
[396] HÜBNER, Interessenkonflikt und Vertretungsmacht, S. 289 f.; RÖLL, NJW 1979, 627 (629); MELCHIOR, Rpfleger 1997, 505 (507).
[397] KIRSTGEN, GmbHR 1989, 406 (408).
[398] KIRSTGEN, GmbHR 1989, 406 (408).

Für die Ansicht von *Kirstgen* spricht, daß die gesellschaftsrechtliche Zulässigkeit von Mehrheitsentscheiden eine Durchsetzung von Interessen auch gegen den Willen einzelner Gesellschafter ermöglicht. Eine Begrenzung der schwebenden Unwirksamkeit auf die Stimme des Vertretenen entspricht dem Sinn und Zweck des § 181 BGB, da dieser nur die Vertretungsmacht zum Schutz des Vertretenen beschränkt und nicht das Verhalten des Vertreters mißbilligen soll. Insofern wird es der Interessenlage gerecht, wenn auf die jeweiligen Mehrheitserfordernisse in der Gesellschaft abgestellt wird. Dieses Ergebnis wird durch die Überlegung bestätigt, daß der Beschluß, wenn es wegen der Mehrheitsverhältnisse auf die Stimme des Vertretenen gar nicht ankommt, jederzeit ohne die schwebend unwirksame Stimme neu gefaßt werden kann. Hielte man den Beschluß für schwebend unwirksam, so wäre dies ein nicht gerechtfertigter Eingriff in das System der innerverbandlichen Willensbildung.

Von diesem Ausgangspunkt aus ist noch zu prüfen, welche Rechtsfolge für den Beschluß eintritt, wenn die Stimme des Vertretenen ausschlaggebend ist.

Die Rechtsprechung[399] befürwortet in einem solchen Fall die Nichtigkeit des Beschlusses, während die Literatur[400] zum Teil die Nichtigkeit des Beschlusses als Rechtsfolge ablehnt, da Fehler bei Beschlüssen regelmäßig nur zur Anfechtbarkeit führen und eine weitergehende Rechtsfolge bei einem Verstoß gegen § 181 BGB nicht angezeigt ist. Außerdem könnte an eine schwebende Unwirksamkeit des Beschlusses gedacht werden. Damit ist zwischen der Nichtigkeit, der Anfechtbarkeit und der schwebenden Unwirksamkeit als Rechtsfolge zu entscheiden.

Gegen die schwebende Unwirksamkeit als Rechtsfolge spricht, daß sie dem Rechtsverkehr eine lang anhaltende Ungewißheit über die Wirksamkeit des Beschlusses aufbürdet. Über die aus diesem Schwebezustand resultierenden Gefahren für den Rechtsverkehr hilft auch nicht die Möglichkeit hinweg, daß die Gesellschafter den vom Insichgeschäft betroffenen Gesellschafter analog § 177 Abs. 2 BGB zur Erklärung über die Genehmigung auffordern können, um eine lang anhaltende Ungewißheit über die Wirksamkeit des Beschlusses zu verhindern[401].

---

[399] BGHZ 51, 209; 112, 339 zustimmend MELCHIOR, Rpfleger 1997, 505 (508).
[400] KIRSTGEN, GmbHR 1989, 406 (408).
[401] Vgl. BGHZ 21, 229 (234); 65, 123 (126); OLG FRANKFURT, OLGZ 1974, 347 (350).

Auf der anderen Seite geht die Rechtsfolge der Nichtigkeit über die des § 181 BGB hinaus, indem sie dem Vertretenen die Möglichkeit nimmt, auf die Wirksamkeit der Stimmabgabe nachträglich Einfluß zu nehmen. Darüber hinaus bannt die Nichtigkeit als Rechtsfolge nicht die Gefahr, daß Beschlüsse unerkannt unwirksam sind. Wenn versucht wird, der Rechtssicherheit nachzuhelfen, indem eine Heilung fehlerhafter Beschlüsse konstruiert oder die verspätete Geltendmachung der Nichtigkeit als treuwidrig zurückgewiesen wird[402], so ist dieses kein ausreichendes Korrektiv.

Sachgemäß ist die Begrenzung der Rechtsfolge eines Verstoßes gegen § 181 BGB auf die beschlußtypische Anfechtbarkeit[403]. Zu ihren Gunsten ist einerseits anzuführen, daß die Gesellschafter weitgehend von einer konkludenten Befreiung des Vertreters ausgehen werden, so daß es angemessen ist, vom Vertretenen eine Initiative in Form der Beschlußanfechtung zu verlangen. Andererseits kann der Gesellschafter sich für und gegen eine Anfechtung entscheiden und damit ähnlich, wie es bei der Genehmigung im Rahmen des § 181 BGB ist, nachträglich über die Wirksamkeit seiner Stimme bestimmen.

Hierdurch ist der vertretene Gesellschafter hinreichend geschützt und zugleich können die übrigen Gesellschafter mangels Widerspruchs von der Wirksamkeit des Beschlusses ausgehen. Hierdurch ist parallel dem Schutz des Rechtsverkehrs gedient, der nur schwer das Vorliegen einer konkludenten Gestattung nachprüfen kann. Insofern ist *Melchior*[404] zu widersprechen, der in der Nichtigkeit die beste Lösung für den Rechtsverkehr sieht und zu sehr auf die Genehmigungsmöglichkeit des betroffenen Gesellschafters analog § 242 Abs. 2 S. 4 AktG abstellt.

Daneben sollte der Verstoß gegen § 181 BGB analog § 242 Abs. 2 AktG als geheilt angesehen werden, wenn ein Beschluß drei Jahre lang als Satzungsänderung im Handelsregister eingetragen ist[405].

(4)   Zwischenergebnis

Die Prüfung hat ergeben, daß § 181 BGB bei der Vertretung bei satzungsändernden und Grundlagenbeschlüssen, also in sehr begrenztem Rahmen, analog auf Beschlüsse anwendbar ist. Das Bestehen eines Grundlagenbe-

---

[402] Vgl. nur HUECK, Recht der OHG, § 11 V 2, S. 184.
[403] Dafür KIRSTGEN, GmbHR 1989, 406 (408).
[404] MELCHIOR, Rpfleger 1997, 505 (508).
[405] KIRSTGEN, GmbHR 1989, 406 (409).

schlusses ist hierbei anzunehmen, wenn die gesetzlichen Bestimmungen über Beschlußmehrheiten eine qualifizierte Mehrheit erfordern.

Des weiteren greift das Verbot des § 181 BGB bei Beschlüssen ein, wenn der Vertreter mit der Stimmabgabe seine eigene Bestellung als Mitglied eines Gesellschaftsorgans verfolgt und damit von der Beschlußfassung persönlich betroffen ist.

Verstößt ein Beschluß gegen § 181 BGB, so kann der vertretene Gesellschafter den Beschluß anfechten.

cc) *Rechtsanalogie zu den verbandsrechtlichen Stimmverboten und dem Verbot des § 181 BGB*

Neben einer Gesetzesanalogie könnte aus den verbandsrechtlichen Stimmverboten und anderen verwandten Vorschriften im Wege einer Rechtsanalogie induktiv auf ein gemeinsames Prinzip geschlossen werden, aus welchem deduktiv für ähnliche Fälle ein Stimmverbot abgeleitet werden könnte[406]. Man wird jeweils beachten müssen, daß die Gesetzesanalogien zu den verbandsrechtlichen Stimmverboten sowie zu § 181 BGB einen höheren Konkretisierungsgrad erreichen und daher einem allgemeineren Prinzip gegenüber speziell sind.

Mittels einer Rechtsanalogie könnte jedoch Interessenkonflikten Rechnung getragen werden, die wegen ihrer Struktur nicht mit einer Gesetzesanalogie zu den verbandsrechtlichen Stimmverboten oder zu § 181 BGB zu erfassen sind.

(1) *Das grundlegende Prinzip der verbandsrechtlichen Stimmverbotsnormen*

Das allgemeine Prinzip, das allen verbandsrechtlichen Stimmverbotsnormen zugrundeliegt, ist die Wahrung des Verbandsinteresses im Beschlußverfahren, wenn dieses durch kollidierende Interessen des Abstimmenden gefährdet ist. Ein Induktionsschluß ist jedoch bereits ausgeschlossen, wenn der abzuleitende Allsatz durch eine Ausnahme falsifiziert wird[407]. Eine Falsifikation des Allsatzes besteht hingegen noch nicht, wenn der Gesetzgeber für eine Sonderkonstellation den Schutz des Verbandsinteresses auf andere Art und Weise verwirklicht sehen will. Denn damit sagt der Gesetzgeber noch nicht, daß er den Schutz des Verbandsinteresses nicht verwirklicht wissen will. Die Nicht-

---

[406] BYDLINSKI, Methodenlehre, S. 478.
[407] Zu den Begriffen der Induktion und Falsifikation vgl. RÖHL, Allgemeine Rechtslehre, § 15 III unter Verweis auf Popper.

übernahme des Verbots für Beschlüsse über die Vornahme von Rechtsgeschäften im Aktien und Genossenschaftsrecht kann daher nicht als Widerlegung des Prinzips des Schutzes der Verbandsinteressen gesehen werden, da der Gesetzgeber diesem in der kompetenzrechtlichen Norm des § 112 AktG und in dem Genehmigungserfordernis für Kreditgewährung an Vorstandsmitglieder in § 39 Abs. 2 GenG Rechnung getragen hat.

Die verbandsrechtlichen Stimmverbote beruhen somit auf dem allgemeinen Prinzip des Schutzes des Verbandes bei schwerwiegenden Interessenkollisionen. Dieses Prinzip erfährt zugleich eine Einschränkung, denn die Stimmverbotsnormen schützen nicht vor jeder Form von Interessenkonflikten. Ihnen wohnt eine Beschränkung auf schwerwiegende Interessenkollisionen inne, so daß immer zu prüfen ist, ob ein qualitativ vergleichbarer Interessenkonflikt in Form eines evidenten Eigeninteresses des Abstimmenden vorliegt.

(2)   § 181 BGB als zusätzlicher empirischer Befund zur Gewinnung eines allgemeinen Prinzips der Stimmverbote

Der Schutz des Verbandes bei seiner Vertretung liegt gleichermaßen § 181 BGB zugrunde[408]. Da § 181 BGB eine Norm des Vertretungsrechts ist, könnte es unzulässig sein, diesen als Analogiemaßstab für eine Rechtsanalogie heranzuziehen, da es bei Stimmverboten um die verbandsinterne Willensbildung und nicht um die Vertretungsmacht im Außenverhältnis geht. Dieses widerspricht aber nicht einem Induktionsschluß, denn die verbandsrechtlichen Stimmverbote und § 181 BGB versuchen nur das gleiche Prinzip auf jeweils besondere Art und Weise zu verwirklichen. Es ist allerdings zu beachten, daß ebenfalls § 181 BGB keine Norm zur Verhütung jeder Art von Interessenkonflikten ist; das in ihm verkörperte Prinzip des Vertretenen- bzw. Verbandsschutzes ist nur auf qualitativ vergleichbare Interessenkonflikte anwendbar.

(3)   Zwischenergebnis

Wenn nun die verbandsrechtlichen Stimmverbote und § 181 BGB das Verbandsinteresse in der besonderen Gefährdungssituation der Interessenkollision schützen wollen, so ist daraus abzuleiten, daß die Rechtsordnung diesen Schutz als ein allgemeines Prinzip versteht. Gleichzeitig zeigen diese Normen, daß der Gesetzgeber Stimmverbote nur bei evidenten Interessenkollisionen für notwendig hält, bei denen feststeht, daß der Betroffene den privaten Interessen stets gegenüber denen der Gesellschaft den Vorzug geben wird. Eine Rechtsanalogie im Bereich der Stimmverbote ist daher nur in den Fällen vorzunehmen, bei denen

---

[408] Siehe oben § 2 B I.

davon auszugehen ist, daß der Gesetzgeber bei Kenntnis der Problematik ein zusätzliches verbandsrechtliches Stimmverbot erlassen hätte. Der Grundsatz muß bleiben, daß im Zweifel ein rechtlich vertretbarer Eigennutz vorliegt, denn unser Gesellschaftssystem sieht in der Verfolgung des eigenen Interesses den Schwerpunkt und garantiert diese in Art. 9 Abs. 1 GG auch mit Hilfe wirtschaftlicher Vereinigungen.

Die Rechtsanalogie zu den verbandsrechtlichen Stimmverboten und zu § 181 BGB ist daher keine Generalklausel für jede Art von Interessenkonflikten, da sonst die Arbeit der Organe durch nur vermeintliche Stimmverbote beeinträchtigt oder die Wirksamkeit der Beschlüsse durch erst nachträglich erkannte Stimmverbote gefährdet würde. Die Rechtsanalogie bietet dagegen die begrenzte Möglichkeit bei Fallgruppen schwerer Interessenkollisionen dem Rechtsgedanken des Schutzes des Verbandsinteresses Geltung zu verschaffen, wenn eine gesetzesanaloge Anwendung der verbandsrechtlichen Stimmverbote und des § 181 BGB nicht weiterhilft. Hierin besteht die präzise Einordnung dessen, was einige Autoren als teilweise Identität oder Überlagerung dieser Normen bezeichnen[409].

Im einzelnen ist an den Beschluß über die Abberufung eines Gesellschafters aus seiner Organstellung aus wichtigem Grund zu denken[410]. Das gleiche gilt, wenn ein Gesellschafter aus wichtigem Grund aus der Gesellschaft ausgeschlossen werden soll[411]. Ebenso darf der Gesellschafter bei einem Beschluß über einen Gesellschafterwechsel nicht zustimmen[412].

Fraglich ist, ob sich aus dieser Rechtsanalogie ebenfalls ein Stimmverbot für Beschlüsse über die Organbestellung ableiten läßt. Hierbei sind unter Organen die gesetzlichen oder statutarischen Einrichtungen der Gesellschaft zu verste-

---

[409] Vgl. WILHELM, JZ 1976, 674 (675 f.), der von einer Identität des § 34 BGB mit § 181 BGB ausgeht, sich aber nicht über eine teilweise Identität mit den übrigen verbandsrechtlichen Stimmverbotsnormen äußert; diesem zustimmend FLUME AT I/1, Die Personengesellschaft, § 14 IX, S. 248; U. HÜBNER, Interessenkonflikt, S. 282 ff.; der von einer Überlagerung der Stimmverbote mit § 181 BGB spricht.
[410] Bei dem nach der herrschenden Meinung bereits ein Stimmverbot besteht: Staudinger-COING (Vorauflage), BGB, § 34, Rdnr. 15; ZÖLLNER, Schranken, S. 235 ff.
[411] BGH, NJW 1969, 1483 f.; BGHZ 86, 177 (179) = NJW 1983, 938; BGH, BB 1987, 503; OLG HAMM, DB 1989, 168, OLG DÜSSELDORF, ZIP 1989, 1554 (1555); OLG STUTTGART, GmbHR 1995, 228 (229); Rowedder-KOPPENSTEINER, GmbHG, §47, Rdnr. 64; Scholz-K. SCHMIDT, GmbHG, § 47, Rdnr. 139; a.A. Staudinger-COING (Vorauflage), BGB, § 34, Rdnr. 16, der ein Stimmverbot ablehnt, da ein Gesellschafter seine Rechte verteidigen dürfen müsse.
[412] Rowedder-KOPPENSTEINER, GmbHG, §47, Rdnr. 67.

hen, welche zur Willensbildung in der Gesellschaft vorgesehen sind, d.h. Aufsichtsrat, Vorstand, Geschäftsführung oder Beirat. Für ein Stimmverbot spricht das evidente Eigeninteresse des zu Bestellenden. Die bisher herrschende Meinung lehnt ein Stimmverbot bei der Organbestellung ab, da elementare Mitgliedschaftsrechte berührt werden[413]. Dem ist zuzustimmen, denn einem Gesellschafter kann nicht verwehrt werden, seine mitgliedschaftlichen Sonderinteressen in der Gesellschaft wahrzunehmen[414].

3. Ergebnis

Die verbandsrechtlichen Stimmverbote der §§ 34 BGB, 47 Abs. 4 GmbHG, § 136 Abs. 1 AktG und 43 Abs. 6 GenG sind in ihren klassischen Fällen, in denen sie Beschlüsse über das Einleiten und Erledigen eines Rechtsstreits, die Befreiung von einer Verbindlichkeit und die Entlastung betreffen, im Wege einer Gesetzesanalogie auf andere Gesellschaftsformen übertragbar, wenn in diesen eine vergleichbare Interessenlage besteht. Bei Beschlüssen über die Vornahme eines Rechtsgeschäfts ist bei der Gesetzesanalogie zwischen Gesellschaften zu unterscheiden, die in ihrer Struktur der AG und Genossenschaft oder der GmbH und dem Verein ähneln.

Daneben ist § 181 BGB gesetzesanalog anzuwenden, wenn ein Gesellschafter durch einen anderen vertreten wird und es sich um satzungsändernde oder Grundlagenbeschlüsse sowie wenn es um die Bestellung des Vertreters zum Mitglied eines Organs geht.

Subsidiär sind die verbandsrechtlichen Stimmverbote in Kombination mit § 181 BGB im Wege der Rechtsanalogie anwendbar, wenn das Verbandsinteresse durch eine schwerwiegende Interessenkollision gefährdet ist. Der Vorrang der spezielleren Gesetzesanalogie ist dabei zu beachten.

---

[413] RGZ 74, 276; Großkommentar-MEYER-LANDRUT, AktG, § 108, Anm. 5; Rowedder-KOPPENSTEINER, GmbHG, §47, Rdnr. 67; anders noch das Reichsgericht im Jahre 1902, welches die Wahl zum Geschäftsführer als Vertrag zwischen der GmbH und der Gesellschaft auffaßte (KGJ 25, A 253 (256 f.).
[414] ZÖLLNER, Schranken, S. 225 ff.

B. Der persönliche Anwendungsbereich der verbandsrechtlichen Stimmverbote und des § 181 BGB bei Beschlüssen

I. Gleichmäßige Befangenheit aller Gesellschafter

Würden die verbandsrechtlichen Stimmverbote auch bei der gleichmäßigen Befangenheit aller Gesellschafter eingreifen, so könnte kein Gesellschafterwille mehr gebildet werden. Deshalb ist nach der allgemeinen Ansicht eine teleologische Reduktion der Stimmverbote vorzunehmen[415]. Dem ist zuzustimmen, da sich die einfließenden Sonderinteressen der Gesellschafter gegenseitig aufheben und da die Gesellschafterversammlung das Verbandsinteresse auch im Fall der Interessenkollision repräsentiert.

II. Fälle der Übertragung der Befangenheit

Durch die Möglichkeit der Vertretung in der Gesellschafterversammlung kann die Tatbestandsvoraussetzung eines Stimmverbots alternativ bei dem Vertreter oder Vertretenen vorliegen. Ferner kann die Befangenheit aufgrund eines persönlichen Näheverhältnisses, eines Stimmbindungsvertrags oder wegen der Befangenheit eines Mitberechtigten an dem Gesellschaftsanteil durchschlagen. Insofern läge eine Erweiterung des persönlichen Anwendungsbereichs der Stimmverbote vor.

1. Der befangene Vertretene

Nur in § 136 Abs. 1 S. 2 AktG ist der Fall geregelt, daß der Vertretene befangen ist. Im Falle uneigennütziger Vertretung wird für die anderen verbandsrechtlichen Stimmverbote ein Stimmrechtsausschluß angenommen, wenn der Vertretene befangen ist[416]. Dem ist zweifellos bei weisungsgebundener Vertretung i.S.d. § 166 Abs. 2 BGB zuzustimmen, da sich über die Weisungsgebundenheit die Befangenheit des Vertretenen direkt auf den Vertreter überträgt[417]. Gleiches gilt für die nicht weisungsgebundene Vertretung, weil sich der Vertreter im Innenverhältnis nach den Interessen des Vertretenen richten muß.

Eine weitere Differenzierung wird von Teilen der Literatur zwischen der eigennützigen und fremdnützigen Vertretung vorgenommen. Bei der eigennützigen

---

[415] BGH, DNotZ 1989, 102 (106); BÜLOW, DB 1982, 527; ZÖLLNER, Schranken, S. 185; SCHICK, DB 1984, 1024.
[416] OLG MÜNCHEN, GmbHR 1995, 231; Rowedder-KOPPENSTEINER, GmbHG, § 47, Rdnr. 50.
[417] Scholz-K. SCHMIDT, § 47, Rdnr. 157.

Vertretung, etwa durch einen Nießbraucher oder Pfandgläubiger eines GmbH-Anteils, soll das Stimmverbot ebenfalls für den Vertreter gelten, da dieser sich nur von seinen eigenen Interessen und nicht von denen des Vertretenen leiten lasse[418].

Die Gegenansicht behandelt die eigennützige und fremdnützige Vertretung gleich, weil selbst der eigennützige Vertreter die Interessen des Vertretenen zu wahren habe[419]. Dem ist beizupflichten, weil die von der Literaturansicht vertretene Differenzierung unnötigen Abgrenzungsproblemen führt, welche dem Charakter der Stimmverbote als Regelungen typisierter Interessenkonflikte widersprechen.

2. Der befangene Vertreter

Ist jemand selbst befangen, so ist er nach der gesetzlichen Regelung der §§ 47 Abs. 4 GmbHG, 136 Abs. 1 AktG, 43 Abs. 6 GenG vom Stimmrecht ausgeschlossen, auch wenn er die Stimme nicht für sich, sondern für einen anderen ausübt. Der Vertreter unterliegt mithin bei der unmittelbaren wie mittelbaren Stellvertretung dem Stimmverbot. Gleiches gilt für die fiduziarische Vollrechtstreuhand, bei der der Gesellschafter Inhaber eines Anteils mit der Maßgabe ist, daß er die Rechte aus der Beteiligung nur unter Beachtung des mit dem Treugeber geschlossenen Treuhandvertrags ausüben darf.

Das Stimmverbot gilt nach § 136 Abs. 1 S. 1 AktG gleichfalls, wenn der Vertreter oder Treuhänder keine Gesellschafterstellung innehat. Der andere Wortlaut der §§ 47 Abs. 4 GmbHG, 43 Abs. 6 GenG, 34 BGB wird nach allgemeiner Ansicht als Redaktionsversehen betrachtet, so daß das Stimmverbot in gleicher Weise gilt, wenn der Vertreter nicht zugleich Gesellschafter ist[420].

3. Die befangene nahestehende Person

Nach der Ansicht des *Bundesgerichtshofs*[421] und der herrschenden Literatur[422] sind Personen, die dem vom Stimmrecht ausgeschlossenen Gesellschafter per-

---

[418] Rowedder-KOPPENSTEINER, GmbHG, § 47, Rdnr. 50.
[419] Baumbach/Hueck-ZÖLLNER, GmbHG, § 47, Rdnr. 63.
[420] ZÖLLNER, Schranken, S. 273; Scholz-K. SCHMIDT, GmbHG, § 47, Rdnr.155.
[421] BGHZ 56, 47 (54); 80, 69 (71) = NJW 1981, 1512 (1513); ebenso OLG HAMM, DB 1992, 2130.
[422] MEYER-LANDRUT/Miller/Niehus, GmbHG, § 47, Rdnr. 40; ZÖLLNER, Schranken, S 209.; Rowedder-KOPPENSTEINER, GmbHG, § 47, Rdnr. 51; a.A. Staudinger-COING (Vorauflage), BGB, § 34, Rdnr. 12; SCHNEIDER, ZHR 150 (1986), 609 (616), der das Risiko der

sönlich oder rechtlich nahestehen, aus Gründen der Rechtssicherheit nicht in das Stimmverbot einbezogen, weil es sich um eine rein faktische Beeinflussungsmöglichkeit handelt. Zwar könnten Verwandte demselben Interessenkonflikt wie der Betroffene selbst unterliegen. Es lasse sich aber nicht generell feststellen, daß sie stets den privaten Interessen gegenüber denen der Gesellschaft den Vorzug geben[423].

Dem ist zuzustimmen, denn es ist nicht stets anzunehmen, daß der verwandte Gesellschafter den privaten Interessen des Verwandten denen der Gesellschafter gegenüber den Vorzug geben wird. Die Familienverbundenheit allein läßt einen dahingehenden Schluß nicht zu. Ein solcher würde vielmehr der wohl abschließenden Wertung des Gesetzgebers widersprechen, die dieser in den §§ 1795 i.V.m. 1629 Abs. 2 S. 1 BGB; § 3 Nr. 2 AnfG und den §§ 130, 138 InsO getroffen hat.

Sollte in extremen Fällen die Befangenheit des Gesellschafters unbestreitbar sein, bedarf es des Stimmrechtsverbots nicht, weil die Anfechtung wegen Stimmrechtsmißbrauchs ausreichend Schutz gewährt[424].

4. Der an einer befangenen Drittgesellschaft beteiligte Gesellschafter

Eine Erweiterung des Anwendungsbereichs der Stimmverbote, insbesondere des Stimmverbots für Beschlüsse über Rechtsgeschäfte mit dem Gesellschafter, ist nach der herrschenden Meinung vorzunehmen, wenn ein Gesellschafter mit einem als Geschäftsgegner der Gesellschaft in Aussicht genommenen fremden Unternehmen zwar nicht rechtlich identisch, wohl aber wirtschaftlich so stark verbunden ist, daß man sein persönliches Interesse dem dieses Unternehmens völlig gleichsetzen kann. In einem solchen Fall muß sich der Gesellschafter die Befangenheit des Drittunternehmens zurechnen lassen.

So kommt das Stimmverbot in Frage, wenn ein Mitglied einer GmbH Alleingesellschafter einer anderen Gesellschaft ist, mit der die GmbH ein Geschäft ab-

---

[423] Bevorzugung der Privatinteressen bei Beschlüssen über Rechtsgeschäft mit nahen Verwandten für besonders hoch hält.
Etwas anderes kann hingegen gelten, wenn ein Gesellschafter in zeitlichem Zusammenhang mit seiner von den Mitgesellschaftern betriebenen Abberufung als Geschäftsführer seine Anteile auf seine Ehefrau überträgt, vgl. OLG HAMM, NJW-RR 1988, 1439.

[424] Vgl. Scholz-K. SCHMIDT, GmbHG, § 47, Rdnr. 154.

schließen soll[425], oder wenn er einer als Geschäftsgegnerin vorgesehenen Personengesellschaft als persönlich haftender Gesellschafter angehört[426]. In einem solchen Fall ist der Gesellschafter mit dem Wohl und Wehe der Gesellschaft so eng verknüpft, daß er ebenso befangen ist, wie die unmittelbar befangene Gesellschaft selbst.

Maßgebend ist damit das in der anderweitigen Beteiligung des Gesellschafters verkörperte wirtschaftliche und unternehmerische Interesse, welches, etwa bei Entscheidungen über Rechtsgeschäfte mit dem fremden Unternehmen, eine unbefangene Stimmabgabe in der Regel ausschließt und deshalb für die GmbH eine erhebliche Gefahr bedeutet[427].

Geklärt ist, daß für einen Stimmrechtsausschluß nicht ausreicht, daß der Gesellschafter an einer juristischen Person, mit der die GmbH kontrahieren soll, nur irgendwie – z.B. als Minderheitsaktionär - beteiligt ist[428]. Ein solcher Gesellschafter ist mit dem Wohl und Wehe des anderen Unternehmens allein aufgrund seiner Beteiligung nicht immer so eng verbunden sein, daß man ihn und das Unternehmen als Einheit betrachten und deshalb generell davon ausgehen könnte, er werde sein hierdurch geleitetes Interesse bei einer Abstimmung über das der GmbH stellen.

Ungesichert ist die Situation noch bei einer Mehrheitsbeteiligung. Hier wird entweder auf den Grad der Einflußnahme in Form einer Beherrschung i.S.v. § 17 AktG oder gar einheitlichen Leitung des Gesellschafters abgestellt[429]. Hierbei wird aus der Beherrschung der Drittgesellschaft auf eine Interessenverknüpfung geschlossen. Eine noch weitergehende Ansicht will auf die abstrakte Gefährdungslage abstellen, die schon gegeben sein kann, wenn der Gesellschafter aufgrund seiner Beteiligung unmittelbar oder mittelbar beherrschenden

---

[425] BGHZ 56, 53; 68, 110; BGH, NJW 1973, 1039 (1040); OLG MÜNCHEN, MittRhNotK 1995, 235; Rowedder-KOPPENSTEINER, GmbHG, § 47, Rdnr. 51; a.A. RGZ 115, 246 (252 f.).
[426] Vgl. das obiter dictum des BGH in: NJW 1973, 1039 (1040) ; BGHZ 68, 107 ff. ; Rowedder-KOPPENSTEINER, GmbHG, § 47, Rdnr. 51; SCHNEIDER, ZHR 150 (1986), 609, 617); ZÖLLNER, Schranken, S. 276.
[427] BGH, LM, § 47 GmbHG Nr. 20.
[428] BGHZ 56, 47, 53 ; SCHNEIDER, ZHR 150 (1986), 609 (617) m.w.N; a.A. WIEDEMANN, Gesellschaftsrecht, Bd. 1, S. 235, der schon bei einer nicht unwesentlichen Kapitalbeteiligung ein Stimmverbot annimmt.
[429] So der BGH in BGHZ 56, 47 (54) für das Stimmrecht eines Miterben an einer von ihm bestimmten Gesellschaft; für die AG: Kölner Kommentar-ZÖLLNER, AktG, § 136, Rdnr. 43; ders. Schranken, S. 43.

Einfluß auf Entscheidungen der befangenen Drittgesellschaft nehmen kann[430]. Dem sei gleichzusetzen, daß der Gesellschafter als Organmitglied der Drittgesellschaft deren Geschäftsführung bestimme[431].

Die Gegenansicht stellt auf das wirtschaftliche Interesse an der Gesellschaft ab, welche am prozentualen Grad der Beteiligung ermittelt werden soll[432]. Insofern soll bereits eine reine Kapitalmehrheit ohne eine entsprechende Stimmenmehrheit zur Annahme eines Stimmverbotes genügen.

Meines Erachtens ist von nur untergeordneter Bedeutung, wie groß der Grad der Einflußnahme des Gesellschafters an der befangenen Drittgesellschaft ist, denn es kommt maßgeblich auf die Überschneidung der wirtschaftlichen Interessen an den beiden Gesellschaften an.

Hat ein Gesellschafter aufgrund eines größeren Kapitalanteils ein höheres wirtschaftliches Eigeninteresse an der Drittgesellschaft als an der beschlußfassenden Gesellschaft, so wird dieses Interesse für seine Entscheidung bei der Stimmabgabe selbst in dem Fall ausschlaggebend sein, daß er auf die beschlußfassende Gesellschaft einen größeren Einfluß als auf die Drittgesellschaft nehmen kann

Die an der prozentualen Beteiligung orientierte Auffassung befaßt sich mit nur einem Teil des Problems, wenn sie das wirtschaftliche Interesse nur anhand der prozentualen Beteiligungen ermittelt. Dadurch vernachlässigt sie das wirtschaftliche Interesse, von einer persönlichen Haftung verschont zu bleiben. Bei einer rein wirtschaftlichen Betrachtungsweise müßte darauf abgestellt werden, ob aufgrund der Beteiligung und des Haftungsrisikos des Gesellschafters an der Drittgesellschaft, die Interessen der Drittgesellschaft mit denen des Gesellschafters gleichgesetzt werden können[433]. Um einem Ausufern des Anwendungsbereichs der Stimmverbote vorzubeugen, sollte maßgebend sein, ob die prozentuale Beteiligung an der Drittgesellschaft im Vergleich zur beschlußfassenden Ge-

---

[430] MEYER-LANDRUT/Miller/Niehus, GmbHG, § 47, Rdnr. 37; Baumbach/Hueck-ZÖLLNER, GmbHG, § 47, Rdnr. 66; Hachenburg-SCHILLING, GmbHG, § 47, Rdnr.53; a.A. WILHELM, Rechtsform und Haftung, S. 159 ff. der die Bestellung eines Notorgans für die richtige Lösung hält.
[431] SCHNEIDER, ZHR 150 (1986), 609 (618 f.).
[432] Rowedder-KOPPENSTEINER, GmbHG, § 47, Rdnr. 51.
[433] Einen ähnlichen Weg ist der Gesetzgeber in § 138 InsO gegangen, indem er einen persönlich haftenden Gesellschafter einer Person ohne Rechtspersönlichkeit und einen zu einem Viertel beteiligten Gesellschafter einer juristischen Person als nahestehende Person des Insolvenzschuldners i.S.d. § 130 InsO ansieht.

sellschaft den sicheren Schluß zuläßt, daß der Gesellschafter, unter Berücksichtigung des persönlich zu tragenden Haftungsrisikos in Bezug auf beide Gesellschaften, dem Interesse an der Drittgesellschaft den Vorzug geben wird.

Diese ein hohes Maß an Einzelfallgerechtigkeit gewährende Lösung hat leider den Nachteil, daß sie auf eine komplizierte kumulative Einzelfallbetrachtung zweier Befangenheitstatbestände hinausläuft, welche dem abstrakten Charakter der Stimmverbote und damit der Rechtssicherheit zuwiderläuft. Aus diesem Grunde bleibt nur eine separate Berücksichtigung der beiden Befangenheitstatbstände möglich:

Ist der einzige Befangenheitstatbestand die Beteiligung an der Drittgesellschaft, so wird man aus Gründen der Rechtssicherheit nur eine Mehrheitsbeteiligung an der Drittgesellschaft für ausreichend erachten können, wenn diese zugleich höher ist, als die in der beschlußfassenden Gesellschaft.

Ist das Haftungsrisiko der Befangenheitstatbestand, so liegt eine stimmverbotsauslösende Interessenverknüpfung beim persönlich haftenden Gesellschafter einer OHG oder KG vor[434].

5. Der befangene Gesellschafter einer Drittgesellschaft, die ihrerseits Gesellschafterin der beschlußfassenden Gesellschaft ist

Eine verwandte, nicht unter wirtschaftlichen Gesichtspunkten zu lösende Frage, ist die der Zurechnung der Befangenheit eines Gesellschafter zu einer Drittgesellschaft, die ihrerseits Gesellschafterin der beschlußfassenden Gesellschaft ist. In diesem Fall ist nach der herrschenden Meinung die an der beschlußfassenden Gesellschaft beteiligte Drittgesellschaft vom Stimmrecht ausgeschlossen, wenn ihr befangener Gesellschafter einen beherrschenden Einfluß auf diese ausübt, so daß beide als Willenseinheit aufgefaßt werden können[435].

Die Rechtsprechung des *Reichsgerichts* nahm eine Beherrschung in diesem Sinne erst an, wenn die beteiligte Drittgesellschaft von ihrem Gesellschafter

---

[434] BGH, NJW 1973, 1039 (1040).
[435] BGHZ 36, 296 (300); 56, 47 (53); SCHNEIDER ZHR 150 (1986), 609 (621); WANK ZGR 1979, 223 (230); Hachenburg-HÜFFER, GmbHG, § 47, Rdnr. 132; ZÖLLNER, Schranken, S. 237; Scholz-K. SCHMIDT, GmbHG, § 47, Rdnr. 160.

vollständig beherrscht wird, so daß ihre gesamten Rechtshandlungen alleine und ausschließlich von ihm bestimmt werden[436].

Die nunmehr herrschende Meinung wendet das Stimmverbot auf die beteiligte Drittgesellschaft an, wenn ihr Gesellschafter in Anlehnung an den aktienrechtlichen Abhängigkeitsbegriff des § 17 Abs. 2 AktG eine mehrheitliche Beteiligung des befangenen Gesellschafters an ihr genügen[437]. Darüber hinaus wird man ein Stimmverbot bei einer leitenden Organstellung in der beteiligten Drittgesellschaft annehmen müssen, durch die der Gesellschafter die Ausübung des Stimmrechts in der beteiligten Gesellschaft bestimmt. Hierfür wird nur eine Stimmenmehrheit in dem Verwaltungsorgan genügen und nicht die bloße Mitgliedschaft in demselben[438]. Ob der befangene Gesellschafter von seinem Einflußmöglichkeiten Gebrauch macht, ist wegen des abstrakten Charakters der Stimmverbote unerheblich[439].

---

[436] RGZ 146, 385 (390).
[437] Baumbach/Hueck-ZÖLLNER, GmbHG, § 47, Rdnr.66; SCHNEIDER ZHR 150 (1986), 609 (620).
[438] BGHZ 36, 296 (300); Hachenburg-SCHILLING, GmbHG, § 47, Rdnr. 54.
[439] Scholz-K. SCHMIDT, GmbHG, § 47, Rdnr. 160.

§ 6 Die Rechtsfolge beim Verstoß gegen § 181 BGB

Weitgehend geklärt ist die Rechtsfolge bei einem Verstoß gegen § 181 BGB. Der Wortlaut der Norm, nach dem der Vertreter ein Insichgeschäft nicht vornehmen kann, führte dazu, daß das Reichsgericht Rechtsgeschäfte für nichtig hielt, die unter Verstoß gegen § 181 BGB geschlossen wurden[440]. Heute werden nach allgemeiner Meinung unzulässige Insichgeschäfte unter entsprechender Anwendung der §§ 177 - 180 BGB für schwebend unwirksam gehalten[441]. Die von *Hübner* vertretene Relativierung der Unwirksamkeit[442] hat sich zu Recht nicht durchsetzen können, da sie nicht hinreichend auf die durch § 181 BGB geschützte Rechtssicherheit Rücksicht nimmt[443].

Ob etwas anderes im Bereich der Verweisungsnorm des § 35 Abs. 4 S. 1 GmbHG gilt, wird bei der Einmann-GmbH erörtert[444].

---

[440] RGZ 51, 422 (426).
[441] BGH, BB 1994, 165; BALLOF/FICHTELMANN/GEISSEN/POSDZIECH/WINTER, GmbH-Handbuch, 5310, Rdnr.24; Baumbach/Hueck-ZÖLLNER, GmbHG, § 35, Rdnr. 74 a; Scholz-SCHNEIDER, GmbHG, § 35, Rdnr. 109. Zur Rechtsfolge bei beim Verstoß gegen §§ 35 Abs. 4 GmbHG, 181 BGB siehe die Ausführungen zu Einmann-GmbH.
[442] U. HÜBNER, Interessenkonflikt, S. 104; dagegen mit Recht KREUTZ, FS Mühl, 409 (422 f).
[443] Das Gesetz nennt die Fälle relativer Unwirksamkeit wegen der aus dieser erwachsenden Gefahren für die Rechtssicherheit ausdrücklich, vgl. §§ 135 Abs. 1, 883 Abs. 2, 888 Abs. 1, 1124 Abs. 2, 1126 S. 3 BGB.
[444] Siehe unten § 9 B VII.

§ 7 Die Genehmigung des verbotswidrig abgeschlossenen Rechtsgeschäfts

Die Gestattung der Insichgeschäfte ist eine Erweiterung der Vollmacht, auf die die Vorschriften über die Vollmachtserteilung anzuwenden sind. Aus der Möglichkeit der Gestattung ist zu folgern, daß ein verbotswidrig abgeschlossenes Rechtsgeschäft genehmigt werden kann[445]. Insofern finden normale rechtsgeschäftliche Regeln Anwendung, so daß die Genehmigung auch durch schlüssiges Verhalten und durch einen Vertreter erfolgen kann[446]. Für die Genehmigung sind entweder die Vertretungsorgane oder die Gesellschafter im Wege eines satzungsdurchbrechenden Mehrheitsbeschlusses zuständig[447]. Da sie eine externe Erklärung gegenüber dem Geschäftspartner ist (§ 182 BGB), muß sie nach entsprechender Beschlußfassung der Gesellschafter durch das geschäftsführende Organ erklärt werden[448].

Bei der Mehrvertretung hat die Genehmigung durch alle am Rechtsgeschäft beteiligten Vertretenen zu erfolgen, da sonst der ihnen gegenüber bezweckte Schutz nicht verwirklicht würde[449].

Eine Pflicht zur Genehmigung ist grundsätzlich abzulehnen, solange die Verweigerung nicht ausnahmsweise gegen Treu und Glauben verstößt oder sich eine Verpflichtung aus dem Innenverhältnis zwischen Vertretenen und Vertreter ergibt.

---

[445] LARENZ (Vorauflage), AT, § 30 II, S. 596 m.w.N.
[446] BGH, WM 1960, 611 (612); BGB, NJW-RR 1994, 291 (293); Staudinger-SCHILKEN, BGB, § 181, Rdnr. 46.
[447] BGHZ 75, 362; siehe auch BGH, WM 1993, 1337 (1338 f.) Lutter/HOMMELHOFF, GmbHG, § 35, Rdnr. 18; a.A. HESSELMANN/TILLMANN, Rdnr. 426, die nur die Vertretungsorgane für zuständig halten.
[448] Hachenburg-MERTENS, GmbHG, § 35, Rdnr. 66.
[449] Staudinger-SCHILKEN, BGB, § 181, Rdnr. 46.

§ 8 Die Befreiung vom Verbot des § 181 BGB

Das Verbot des Selbstkontrahierens kann durch eine Gestattung aufgehoben werden. Die Gestattung bei rechtsgeschäftlicher Vertretung hat durch eine einseitige empfangsbedürftige Willenserklärung des Vertretenen zu erfolgen, wodurch dieser auf den Schutz des § 181 BGB verzichtet. Diese Erklärung unterliegt selbst dem Verbot des § 181 BGB, so daß der vom Verbot des Insichgeschäfts Betroffene sich nicht selbst die Vornahme des Insichgeschäfts gestatten kann.

Bei der organschaftlichen Vertretung erfolgt die Gestattung in der Regel aufgrund eines Gesellschafterbeschlusses in der Satzung und ist als Beschluß über die Vornahme eines Rechtsgeschäftes gegenüber dem Gesellschafter einzuordnen, der als organschaftlicher Vertreter vom Verbot des § 181 BGB befreit werden soll. Ist die Gestattung im Einzelfall durch einseitige empfangsbedürftige Willenserklärung eines organschaftlichen Vertreters zulässig, so unterliegt der zu befreiende organschaftliche Vertreter selbst dem Verbot des Selbstkontrahierens[450]. Die Problematik wird näher bei den jeweiligen Gesellschaftsformen erläutert (vgl. § 9).

---

[450] Vgl. BGHZ 33, 189 (191); 58, 115 (118).

§ 9 Die Anwendung des § 181 BGB und der verbandsrechtlichen Stimmverbote in den einzelnen Gesellschaftsformen

A. Die Anwendbarkeit des § 181 BGB und der verbandsrechtlichen Stimmverbote bei der Mehrpersonen-GmbH

I. Anwendbarkeit des § 181 BGB auf Rechtsgeschäfte des Geschäftsführers

Bei der Mehrpersonen-GmbH besteht keine Überlagerung zwischen Gesellschafts- und Gesellschafterinteressen wie bei der Einmann-GmbH. Ein Umkehrschluß zu § 35 Abs. 4 S. 1 GmbHG dahingehend, daß bei der Mehrpersonen-GmbH § 181 BGB nicht mehr anwendbar sein sollte, würde dem Normzweck des Vertretenenschutzes widersprechen, zumal die Gesetzesmaterialien nichts dafür hergeben, daß die bisher unzweifelhafte Anwendung des § 181 BGB durch die Einführung des § 35 Abs. 4 S. 1 GmbHG geändert werden sollte. Die Norm des § 35 Abs. 4 S. 1 GmbHG ist als redaktionell verunglückt anzusehen; sie muß als Norm betrachtet werden, welche die Rechtsprechung des *Bundesgerichtshofs* zur teleologischen Reduktion des § 181 BGB bei Rechtsgeschäften des Alleingesellschafter-Geschäftsführers korrigieren sollte[451].

1. Selbstkontrahieren

§ 181 BGB gilt beim Selbstkontrahieren des Geschäftsführers einer Mehrpersonen-GmbH. Soweit allerdings kraft Gesetzes oder kraft Satzung ein Aufsichtsrat vorgesehen ist, erfolgt die Vertretung der GmbH gegenüber dem Geschäftsführer nach § 52 GmbHG i.V.m. § 112 AktG stets durch den Aufsichtsrat[452]. Ein Selbstkontrahieren und eine Gestattung kommen insoweit nicht in Betracht. Vielmehr ist das Insichgeschäft wegen Verstoßes gegen die Kompetenzvorschrift des § 112 AktG gemäß § 134 BGB nichtig[453]. § 181 BGB ist demgemäß in der GmbH mit Aufsichtsrat nur bei der Mehrvertretung anzuwenden.

---

[451] Siehe oben § 2 B III 2.
[452] Baumbach/Hueck-ZÖLLNER, GmbHG, § 35, Rdnr. 73; JÜNGST, S. 31.
[453] JÜNGST, S. 31.

2. Mehrvertretung

§ 181 BGB findet daneben auf die Mehrvertretung des Geschäftsführers Anwendung. Zusätzlich wendet die herrschende Meinung die §§ 35 Abs. 4 S. 1 GmbHG, 181 BGB analog an, wenn der Geschäftsführer die GmbH bei einem Rechtsgeschäft mit einer anderen Gesellschaft, deren Alleingesellschafter er ist, im Wege der Mehrvertretung vertritt[454].

Diese zusätzliche analoge Anwendung des § 35 Abs. 4 S. 1 GmbHG ist nach der hier vertretenen Auffassung entbehrlich und mangels Regelungslücke unzulässig, weil § 35 Abs. 4 S. 1 GmbHG nur eine deklaratorische Korrekturnorm ist. Es gilt darum einzig § 181 BGB bei der Mehrvertretung in der Mehrpersonen-GmbH.

3. Abschluß und Änderung des Anstellungsvertrags als Insichgeschäft

Nach der *Trennungstheorie* ist zwischen der Bestellung zum Geschäftsführer, welche seine Organstellung begründet, und dem Anstellungsvertrag als gesondertem Schuldverhältnis zu unterscheiden[455]. Dieser wird dabei als Geschäftsbesorgungsvertrag i.S.d. §§ 675, 611 BGB eingeordnet, auf den die Regelungen des Dienstvertrags anzuwenden sind[456]. Die *Einheitstheorie* betrachtet die Bestellung und den Abschluß des Anstellungsvertrags hingegen als einheitliches Rechtsgeschäft, für das die Gesellschafterversammlung zuständig ist, so daß eine Anwendung des § 181 BGB durch den teleologisch zu reduzierenden § 47 Abs. 4 S. 2 GmbHG verdrängt wird[457]. Die Zuständigkeit für die Anstellung sowie Bestellung sei eine Annexkompetenz zur Bestimmungskompetenz des § 46 Nr. 5 GmbHG.

Meines Erachtens ist § 181 BGB auf den Abschluß des Anstellungsvertrags schon wegen seines Wortlauts anwendbar. Die Interessenkollision wird durch den engen Zusammenhang mit dem Bestellungsbeschluß nicht beseitigt. Eine

---

[454] Rowedder-KOPPENSTEINER, GmbHG, § 35, Rdnr. 25 m.w.N.
[455] BGHZ 79, 38; BGH, WM 1991, 72 (73); BGH, NJW 1995, 1158 = ZIP 1995, 377; Hachenburg-MERTENS, GmbHG, § 35, Rdnr. 58; BALLOF/FICHTELMANN/GEISSEN/POSDZIECH /WINTER, GmbH-Handbuch, 5310, Rdnr. 90.
[456] BGHZ 79, 38; BALLOF/FICHTELMANN/GEISSEN/POSDZIECH/WINTER, GmbH-Handbuch, 5310, Rdnr.91; a.A. Scholz-SCHNEIDER, GmbHG, § 35, Rdnr. 161 ff., der von einem Arbeitsvertrag ausgeht.
[457] BGH, ZIP 1995, 377 f.; SCHILLING, FS Ballerstedt, 257 (270); WILHELM, JZ 1976, 674 (676); KIRSTGEN, GmbHR 1989, 406 (410); EDER/KALLMEYER, GmbH-Handbuch, I. Teil, Rdnr. 581.2; HEINEMANN, GmbHR 1985, 176 (178).

teleologische Reduktion wegen identischer Schutzzwecke[458] zwischen § 47 Abs. 4 S. 2 GmbHG und § 181 BGB scheidet aus, da die Schutzzwecke nicht identisch sind, sondern nur den gemeinsamen Grundgedanken der Vermeidung eines Interessenkonfliktes haben. Der Geschäftsführer darf daher nur dann mit sich einen Anstellungsvertrag abschließen, wenn er vom Verbot des § 181 BGB generell befreit ist oder wenn ein Beschluß über die Anstellungsbedingungen durch die übrigen Gesellschafter gefaßt wurde. Ein solcher ist als konkludente Befreiung vom Verbot des § 181 BGB auszulegen.

4. Abschluß des Übernahmevertrags im Rahmen einer Kapitalerhöhung in einer Mehrpersonen-GmbH

§ 181 BGB findet bei der Mehrpersonen-GmbH Anwendung, wenn Gesellschafter, die an einer Kapitalerhöhung teilnehmen, an der Annahme ihrer Übernahmeerklärung auf Seiten der Gesellschafterversammlung mitwirken wollen[459]. Zwar kann in dem Zulassungsbeschluß eine konkludente Befreiung vom Verbot des § 181 BGB gesehen werden. Der vom Verbot des § 181 BGB Betroffene kann sich diese Befreiung dessenungeachtet nicht selbst erteilen, selbst wenn sich der Beschluß auf die Selbstermächtigung zum Vertragsschluß als Geschäftsführer bezieht[460].

5. Niederschriftserfordernis bei einer Mehrpersonen-GmbH ?

Nach der Rechtsprechung sind Insichgeschäfte nur wirksam, wenn sie für den Rechtsverkehr nach außen erkennbar geworden sind[461]. Zum Schutz gegen Manipulationen über die Vornahme, den Inhalt und den Zeitpunkt von Insichgeschäften werden auch bei der Mehrpersonen-GmbH strenge Anforderungen an den Nachweis gestellt[462].

§ 35 Abs. 4 S. 2 GmbHG, welcher durch das Gesetz vom 18.12.1991 eingeführt wurde[463], sieht ein unverzügliches Niederschriftserfordernis nur für den Gesellschafter-Geschäftsführer einer Einmann-GmbH vor. Es bestehen jedoch bürgerlich-rechtliche Verlautbarungserfordernisse: Bei Grundstücksgeschäften ist die

---

[458] Dafür besonders KIRSTGEN, GmbHR 1989, 406 (410).
[459] BGHZ 33, 189 (194); 49, 117 (119); Scholz-PRIESTER, GmbHG, § 55, Rdnr. 74; Hachenburg-ULMER, GmbHG, § 55, Rdnr. 73; zur teleologischen Reduktion bei der Kapitalerhöhung in der Einmann-GmbH siehe unten § 9 B III 2.
[460] RGZ 109, 77 (79); Hachenburg-ULMER, GmbHG, § 55, Rdnr. 73.
[461] BGH, NJW 1992, 1730.
[462] OLG DÜSSELDORF, GmbHR 1993, 583.
[463] BGBL I, S. 2206 (1991).

Publizität durch das Grundbuch gewährleistet. Im Mobiliarsachenrecht sind auch erkennbare Vollzugsakte erforderlich[464]. Für Verpflichtungsgeschäfte sind weitere Formerfordernisse entgegen der Ansicht von *Thiele*[465] abzulehnen[466].

II. Die Anwendung von § 47 Abs. 4 GmbHG und § 181 BGB bei Beschlüssen in der Mehrpersonen-GmbH

Die Frage des Verhältnisses der verbandsrechtlichen Stimmverbote und § 181 BGB und die damit verbundene Frage der Rechtsfortbildung im Bereich der Beschlüsse spitzt sich im GmbH-Recht auf das Verhältnis von § 47 Abs. 4 GmbHG und § 181 BGB zu.

Mit der oben entwickelten Ansicht ist zunächst der unmittelbare Anwendungsbereich des § 47 Abs. 4 GmbHG maßgebend. Nach § 47 Abs. 4 GmbHG darf ein Gesellschafter nicht mitstimmen, welcher durch die Beschlußfassung entlastet oder von einer Verbindlichkeit zu befreien ist. Dasselbe gilt für Beschlüsse, welche die Vornahme eines Rechtsgeschäfts oder die Einleitung oder Erledigung eines Rechtsstreits gegenüber einem Gesellschafter betreffen.

Nachrangig ist zu prüfen, ob es Fälle gibt, die durch einen ähnlich eindeutigen Interessenkonflikt ausgezeichnet sind, so daß eine gesetzesanaloge Anwendung des § 47 Abs. 4 GmbHG vorzunehmen ist.

Hierauf folgt eine gesetzesanaloge Anwendung des § 181 BGB. Abschließend ist die Frage einer Rechtsanalogie zu den §§ 34 BGB, 47 Abs. 4 GmbHG, 136 Abs. 1 AktG, 43 Abs. 6 GenG, 181 BGB zu erörtern. Im einzelnen sind folgende Fälle von Bedeutung:

1. § 47 Abs. 4 GmbHG in direkter und gesetzesanaloger Anwendung

a) *Beschlüsse über die Entlastung*

Wenn in einer Mehrpersonen-GmbH die Geschäftsführung durch einen Beschluß entlastet werden soll, so darf das betreffende Mitglied gemäß § 47 Abs. 4 S. 1 GmbHG nicht mitstimmen. Soll nun die Geschäftsführung insgesamt entlastet werden, so sind alle Geschäftsführer vom Stimmverbot betroffen,

---

[464] BGH, GmbHR 1980, 166.
[465] A.A. Münchener Kommentar-THIELE, BGB, § 181, Rdnr. 52, der für die Wirksamkeit von Insichgeschäften verlangt, daß ein mit den Verhältnissen Vertrauter den Willen zur Vornahme des Rechtsgeschäfts, auch aufgrund späterer Handlungen, feststellen kann.
[466] Vgl. KREUTZ, FS Mühl, 422 (429).

da sie bei der Entscheidung darüber, ob gegen sie Schadensersatzansprüche geltend gemacht werden können, die Interessen der Gesellschaft nicht objektiv wahrnehmen können[467].

b) Beschlüsse über den Abschluß eines Anstellungsvertrags

Bei Beschlüssen über den Abschluß eines Anstellungsvertrags sieht die wohl noch herrschende Meinung wegen des engen Zusammenhanges zwischen der Bestellung und Anstellung kein Bedürfnis für einen Stimmrechtsausschluß des Betroffenen gemäß § 47 Abs. 4 S. 2 GmbHG. Aus diesem Grunde befürwortet sie eine teleologische Reduktion des § 47 Abs. 4 S. 2 GmbHG, da ansonsten die übrigen Gesellschafter durch inakzeptable Anstellungsbedingungen dem Mehrheitsgesellschafter den Amtsantritt verleiden könnten[468]. Wenn das zum Organ bestellte Mitglied unangemessene Bedingungen durchsetze, so genüge die Anfechtung des Beschlusses analog § 243 Abs. 2 AktG[469].

Demgegenüber sollte, wie bereits dargelegt,[470] zwischen dem Beschluß über die Bestellung, dem Beschluß über den Inhalt des Anstellungsvertrags und dem Abschluß des Anstellungsvertrags differenziert werden[471].

Beim Beschluß über die Bestellung sollte § 47 Abs. 4 S. 2 GmbHG keine Anwendung finden, da es um die Durchsetzung eines mitgliedschaftlichen Mitverwaltungsrechts geht[472]. Dieses ist angemessen, weil sonst der Mehrheitsgesellschafter nicht entscheiden könnte, wer die Gesellschaft zu leiten hat[473]. Jedoch findet § 181 BGB in gesetzesanaloger Anwendung nach der hier vertretenen Ansicht Anwendung, wenn ein bevollmächtigter Gesellschafter bei seiner eige-

---

[467] Vgl. BGHZ 108, 21 ff. = ZIP 1989, 913 = NJW 1989, 2694; OLG München, NJW-RR 1993, 39.
[468] Dafür Lutter/HOMMELHOFF, GmbHG, § 47, GmbHG, Rdnr. 24; KIRSTGEN, GmbHR 1989, 406 (410).
[469] BGHZ 18, 205 (210); BGH, WM 1976, 1226; WM 1974, 392; BAUMS, Der Geschäftsführervertrag, § 6 I, S. 143 ff; MEYER-LANDRUT/Miller/Niehus, GmbHG, § 47, Rdnr. 49; Münchener Kommentar-REUTER, BGB, § 34, Rdnr. 10.
[470] Siehe oben § 9 A I 3.
[471] IMMENGA/WERNER, GmbHR 1976, 58; Soergel-HADDING, BGB, § 34, Rdnr. 4 f.; Staudinger-COING (Vorauflage), BGB, § 34, Rdnr. 14; Erman-H.P. WESTERMANN, BGB, § 34, Rdnr. 3.
[472] BGHZ 18, 205 (210); BGH, BB 1984, 2238; Lutter/HOMMELHOFF, GmbHG, § 47, Rdnr. 20; MEYER-LANDRUT/Miller/Niehus, GmbHG, § 47, Rdnr. 51; a.A. IMMENGA/WERNER, GmbHR 1976, 53 (58)
[473] KIRSTGEN, GmbHR 1989, 406 (410).

nen Bestellung mit fremden Stimmen abstimmt[474]. Die in Vertretung abgegebenen Stimmen sind dann vom Vertretenen anfechtbar.

Etwas anderes muß gelten, wenn die Gesellschafterversammlung über die Konditionen des Anstellungsvertrags Beschluß faßt. Der Abschluß des Anstellungsvertrags ist zweifellos die Vornahme eines Rechtsgeschäfts der juristischen Person mit dem Mitglied i.S.d. § 47 Abs. 4 S. 2 GmbHG. Es geht nicht um die freie Bewerbung um ein Amt. Vielmehr sind das finanzielle Interesse der Gesellschaft und des bestellten Geschäftsführers involviert. § 181 BGB wird aus dem gleichen Grunde nach der hier vertretenen Ansicht auf den Abschluß des Anstellungsvertrags im Wege des Selbstkontrahierens angewendet[475].

Könnte der anzustellende Gesellschafter beim Beschluß über die Anstellungsbedingungen mitstimmen, so liefe die Anwendung des Verbots des Selbstkontrahierens auf den Abschluß des Anstellungsvertrags leer, da ein solcher Beschluß zugleich als konkludente Befreiung vom Verbot des § 181 BGB den Abschluß eines Anstellungsvertrag des beschlossenen Inhalts zu verstehen ist.

Die von der Gegenansicht befürchteten Extremfälle in Form unannehmbarer Anstellungsbedingungen sind nicht zu erwarten, da die übrigen Gesellschafter ein Interesse daran haben, den kompetentesten Geschäftsführer zu verpflichten. Sie werden bereit sein, ein angemessenes Geschäftsführergehalt zu zahlen, zumal sie dieses sonst an einen externen Geschäftsführer entrichten müßten. Im übrigen bietet die Möglichkeit der Beschlußanfechtung wegen eines Stimmrechtsmißbrauchs ein hinreichendes Korrektiv.

c) *Einforderungsbeschluß gemäß § 46 Nr. 2 GmbHG*

Das Stimmverbot betreffend die Einleitung eines Rechtsstreites gemäß § 47 Abs. 4 S. 2 GmbHG ist nach der überwiegenden Ansicht so auszulegen, daß der Gesellschafter von der Stimmabgabe ausgeschlossen ist, wenn es wie bei dem Einforderungsbeschluß des § 46 Nr. 2 GmbHG darum geht, erst die materiellrechtlichen Voraussetzungen für die außergerichtliche Geltendmachung des Anspruchs zu vervollständigen[476].

Dem ist nicht zu folgen. Der Beschluß, die restliche Stammeinlage einzufordern, betrifft eine innere Angelegenheit der Gesellschaft, da die ausstehende Forderung ihren Rechtsgrund in dem Gesellschaftsverhältnis und nicht in einer

---
[474] Siehe oben § 6 A II 2 b bb (2).
[475] Siehe oben § 9 A I 3; vgl. auch BAUER/GRAGERT, ZIP 1997, 2177 f.
[476] BGH, ZIP 1990, 1194; dazu VAN LOOK, NJW 1991, 152.

sonstigen Beziehung hat, bei welcher der Gesellschafter der Gesellschaft wie ein außenstehender Dritter gegenübersteht[477]. Der Umstand, daß durch die Einforderung zugleich der persönliche Rechtskreis des Gesellschafters, nämlich sein Interesse an der weiteren Schonung seines privaten, nicht in die Gesellschaft eingebrachten Vermögens, betroffen wird, rechtfertigt es nicht, ihm das Stimmrecht und damit das ihm aufgrund seiner Gesellschaftereigenschaft zustehende Mitbestimmungsrecht in den inneren Verbandsangelegenheiten zu versagen.

d) *Zustimmung zur Übertragung vinkulierter Geschäftsanteile*

Problematisch ist, ob der Veräußerer und Erwerber bei der Zustimmung zur Übertragung von vinkulierten Geschäftsanteilen gemäß § 15 Abs. 5 GmbHG mitstimmen darf. Will ein Gesellschafter seine Geschäftsanteile übertragen, so kann die Übertragung von der Genehmigung der Gesellschaft abhängig gemacht werden. Diese Genehmigung hat grundsätzlich durch den Geschäftsführer zu erfolgen, der an einen Beschluß der Gesellschafterversammlung gebunden ist[478]. Zu prüfen ist daher, ob bei der Zustimmung der Erwerber oder Veräußerer entweder in seiner Funktion als Geschäftsführer oder als Gesellschafter vom Stimmrecht ausgeschlossen ist.

Nach einer Minderansicht unterliegen Erwerber und Veräußerer bei der Beschlußfassung über die Zustimmung einem Stimmverbot[479]. Begründet wird dieses mit dem Schutz der Gesellschaft vor der Unterwanderung durch unliebsame Dritte und vor der nachteiligen Veränderung der Beteiligungsverhältnisse. Die herrschende Meinung lehnt demgegenüber ein Stimmverbot ab[480].

Den Ausführungen der Minderansicht ist nicht zu folgen, denn bei der Vinkulierung von Anteilen werden primär mitgliedschaftliche Interessen berührt, da über den weiteren Bestand der Gesellschaft sowie der Mitgliedschaft selbst entschieden wird[481]. Es liegt deshalb kein Beschluß über ein Rechtsgeschäft zwischen

---

[477] BGH, ZIP 1990, 1194 f.
[478] Häufig wird die Zustimmungskompetenz statutarisch der Gesellschafterversammlung übertragen.
[479] ZÖLLNER, Schranken, S. 232; Baumbach/Hueck-ZÖLLNER, GmbHG, § 47, Rdnr. 58; HERZFELDER, S. 147; SIEGMUND, BB 1981, 1674 (1678).
[480] BGHZ 48, 167; BGH, DB 1974, 621 (622); Scholz-K. SCHMIDT, GmbHG, § 47, Rdnr. 117,
[481] Etwas anderes gilt jedoch für die Zustimmung zur Abtretung eines Geschäftsanteils an die Gesellschaft, da es sich hierbei um ein Rechtsgeschäft zwischen der Gesellschaft und ihrem Gesellschafter handelt, so daß § 47 Abs. 4 GmbHG direkt Anwendung findet, vgl. Hachenburg/SCHILLING (Vorauflage), GmbHG, § 47, Rdnr. 64.

dem Gesellschafter und der Gesellschaft vor, so daß ein Stimmverbot abzulehnen ist[482].

2. § 181 BGB in gesetzesanaloger Anwendung

Unter die gesetzesanaloge Anwendung des § 181 BGB fallen nach der hier vertretenen Ansicht die Vertretung durch einen Mitgesellschafter und die Mehrvertretung bei Satzungsänderungen und Grundlagenentscheidungen, insbesondere Auflösungs- sowie Fortsetzungsbeschlüsse[483], die Feststellung des Jahresabschlusses[484], die Zustimmung zur Abtretung eines Geschäftsanteils, Beschlüsse über Unternehmensverträge[485] und die Ausschlußklage[486]. Als Orientierungsmaßstab dienen dabei die gesetzlichen Bestimmungen über Beschlußmehrheiten, da sich aus dem Erfordernis einer qualifizierten Mehrheit auf den Charakter einer Grundlagenentscheidung schließen läßt[487].

Die gesetzesanaloge Anwendung des § 181 BGB erfaßt wegen der persönlichen Betroffenheit ferner die Bestellung des Bevollmächtigten zum Geschäftsführers oder in ein anderes Organ. Der Vertretene kann seine Stimmabgabe anfechten.

3. Die verbandsrechtlichen Stimmverbote und § 181 BGB in rechtsanaloger Anwendung

Das im Wege der Rechtsanalogie zu §§ 34 BGB, 47 Abs. 4 GmbHG, 136 Abs. 1 AktG, 43 Abs. 6 GenG, 181 BGB abgeleitete Stimmverbot kommt nur bei evidenten Interessenkollisionen zur Anwendung, bei denen feststeht, daß der Betroffene den privaten Interessen stets gegenüber denen der Gesellschaft den Vorzug geben wird. Dies sind Fälle, bei denen davon auszugehen ist, daß der Gesetzgeber bei Kenntnis der Problematik ein zusätzliches verbandsrechtliches Stimmverbot erlassen hätte.

---

[482] Ausführlich: Scholz-K. SCHMIDT, GmbHG, § 47, Rdnr. 116.
[483] Ablehnend BGHZ 52, 316 (318) = LM § 181 BGB Nr. 13 mit zustimmender Anm. von FLECK; eine Anwendung befürwortend U. HÜBNER, Interessenkonflikt, S. 278; Scholz-K. SCHMIDT, GmbHG, § 47, Rdnr. 180.
[484] Ablehnend Hachenburg-HÜFFER, GmbHG, § 47, Rdnr. 115, da ansonsten der Wert der teleologischen Reduktion des § 181 BGB bei Geschäftsführungsbeschlüssen wegen der jährlich notwendigen Beschlußfassung fast vollständig ausgehebelt werde.
[485] Scholz-K. SCHMIDT, GmbHG, § 47, Rdnr. 180.
[486] Scholz-K. SCHMIDT, GmbHG, § 47, Rdnr. 180.
[487] Hachenburg-HÜFFER, GmbHG, § 47, Rdnr. 115.

Hierunter fällt die Abberufung des Geschäftsführers aus wichtigem Grund. Für diesen Fall will die überwiegende Ansicht dem Gesellschafter-Geschäftsführer das Stimmrecht wegen des Gesichtspunkts des „Verbots des Richtens in eigener Sache" versagt[488], der nach hier vertretener Ansicht jedoch nicht tragfähig ist[489]. Des weiteren ist der Gesellschafter vom Stimmrecht ausgeschlossen, wenn ihm die Auskunft nach § 51 a Abs. 2 GmbHG verweigert oder wenn dieser ausgeschlossen werden soll[490].

III. Die Befreiung des GmbH-Geschäftsführers einer mehrgliedrigen GmbH vom Verbot des § 181 BGB

Ist der Alleingeschäftsführer der Mehrpersonen-GmbH durch das Verbot des § 181 BGB an der Vertretung der Gesellschaft gehindert, so geht die Vertretungsmacht nicht automatisch auf ein anderes Gesellschaftsorgan über, so daß nur die mißliche Möglichkeit der Bestellung eines Notgeschäftsführers analog § 29 BGB bleibt. Aus diesem Grunde sehen viele Satzungen eine generelle Befreiung ihrer Geschäftsführer vom Verbot des § 181 BGB vor. Die Gestattung ist dabei als rechtsgeschäftliche Erklärung einzuordnen.

Wenn die Gestattung in dem Statut zu erfolgen hat, so ist für die Gestattung die Gesellschafterversammlung zuständig. Unter Umständen reicht jedoch auch ein formloser Beschluß der Gesellschafterversammlung oder eine einfache Willenserklärung eines anderen alleinvertretungsberechtigten Geschäftsführers oder Prokuristen.

1. Die Befreiung des Geschäftsführers einer mehrgliedrigen GmbH vom Verbot des § 181 BGB für den Einzelfall

Nach der herrschenden Ansicht kann die Befreiung für den Einzelfall durch einen anderen einzelvertretungsberechtigten Geschäftsführer erfolgen[491]. Gibt es kein anderes alleinvertretungsberechtigtes Organ, so kann die Befreiung vom Verbot des Selbstkontrahierens und der Mehrvertretung für den Einzelfall nur durch einen einfachen Gesellschafterbeschluß oder sogar durch schlüssiges Verhalten der Gesellschafter außerhalb der Gesellschafterversammlung erfolgen[492].

---

[488] BGHZ 34, 367 (371); 86, 177(178); BGH, BB 1987, 503; Baumbach/Hueck-ZÖLLNER, GmbHG, § 47, Rdnr. 53.
[489] Siehe oben § 5 A 2.
[490] Vgl. wiederum unter dem hier abgelehnten Gesichtspunkt des „Verbots des Richtens in eigener Sache": BGHZ 9, 157 (178); 16, 317 (322).
[491] Vgl. nur Roth-ALTMEPPEN, GmbHG, § 35, Rdnr. 62.
[492] BGHZ 58, 115 (120).

Die Befreiung für ein bestimmtes Rechtsgeschäft ist danach bei einer mehrgliedrigen GmbH gültig, auch wenn diese nicht in der Satzung enthalten ist[493].

Die von *Ekkenga* vertretene Gegenansicht stellt aus Gründen der Rechtssicherheit die mehrgliedrige GmbH der Einpersonen-GmbH gleich und hält eine Befreiung durch einfachen nicht zu publizierenden Beschluß für unzulässig[494], wie das für die Einpersonen-GmbH ganz herrschende Meinung ist[495].

An der Argumentation von *Ekkenga* ist zutreffend, daß es wegen des Aspekts der Rechtssicherheit einer besonderen Begründung bedarf, wenn für die eingliedrige und mehrgliedrige GmbH unterschiedliche Regelungen gelten. Die Befreiung für den Einzelfall enthält aber keine generelle Erweiterung der organschaftlichen Vertretungsmacht, so daß von ihr keine ständige Gefahr wie bei der generellen Gestattung ausgeht. Ebenfalls ist die Gefahr für die Gesellschaftsgläubiger aufgrund der Kontrolle durch die Mitgesellschafter geringer als bei der Einmann-GmbH. Ferner geht wohl auch der Gesetzgeber von der von der herrschenden Meinung vertretenen Auffassung aus, wenn er inzwischen in § 40 Abs. 1 GmbHG die unverzügliche Einreichung einer Gesellschafterliste bei Veränderungen in den Personen der Gesellschafter anordnet, wenn sich alle Geschäftsanteile in einer Hand vereint haben[496].

Die Befreiung für den Einzelfall kann daher in der Mehrpersonen-GmbH durch einen anderen einzelvertretungsberechtigten Geschäftsführer, durch einfachen Gesellschafterbeschluß oder durch schlüssiges Verhalten der Gesellschafter erteilt werden.

2. Generelle Befreiung des Geschäftsführers einer mehrgliedrigen GmbH

Ungeklärt ist, ob die generelle Befreiung des Geschäftsführers einer mehrgliedrigen GmbH in der Satzung aufgenommen werden muß und ob dementsprechend eine Satzungsänderung bei nachträglicher genereller Gestattung erforderlich ist oder ob diese auch durch einfachen Gesellschafterbeschluß erfolgen kann.

---

[493] OLG Hamm, GmbHR 1992, 669, 505 (507 f.).
[494] EKKENGA, AG 1985, 40 (46 ff.)
[495] Siehe unten § 9 B VI 1.
[496] Vgl. hierzu ausführlich SCHAEFER, Handelsrechtsreformgesetz, S. 233 f.

a) Erfordernis einer Satzungsregelung

Nach der Rechtsprechung[497] und Teilen der Literatur[498] ist zwischen der Einzelfallgestattung und der generellen Befreiung zu differenzieren. Für die generelle Befreiung wird angenommen, daß diese in der Satzung geregelt sein müsse[499]. *Hübner* hält hingegen eine Satzungsregelung bei der generellen Befreiung lediglich für „vorteilhaft"[500].

Sachgerechterweise ist nach dem Kriterium der materiellen Satzungszugehörigkeit abzugrenzen[501]. Nur wenn die Befreiung vom Verbot des § 181 BGB ein materieller Satzungsgegenstand ist, kann das Erfordernis einer Satzungsregelung begründet werden. Echte Satzungsregelungen zeichnen sich dadurch aus, daß sie eine erheblich vom dispositiven Gesetzesrecht abweichende Regelung enthalten und nicht nur die Gesetzeslage wiedergeben.

Durch die generelle Befreiung des Geschäftsführers einer mehrgliedrigen GmbH erfolgt eine Erweiterung seiner Vertretungsbefugnis. Enthält der Gesellschaftsvertrag keine Befreiung vom Verbot des § 181 BGB, so ist die Geltung der gesetzlichen Vorschrift des § 181 BGB gewollt. Demzufolge ist eine generelle Gestattung eine erhebliche Abweichung zum Gesetzesrecht, so daß eine Satzungsregelung notwendig ist, wenn ein Geschäftsführer generell vom Verbot des § 181 BGB befreit werden soll.

b) Eintragungspflichtiger Gestattungsinhalt bei der mehrgliedrigen GmbH

Umstritten ist, ob die generelle Befreiung des Geschäftsführers einer Mehrpersonen-GmbH vom Verbot des § 181 BGB eintragungspflichtig ist:

---

[497] BAYOBLG, ZIP 1980, 899 (901); vgl. auch BGHZ 114, 167 = NJW 1991, 1731 = GmbHR 1991, 261; wohl auch das OLG KÖLN, ZIP 1980, 377, welches jedoch nur die Frage der Eintragungsfähigkeit zu entscheiden hatte; a. A. OLG KARLSRUHE GmbHR 1964, 78, das die generelle Befreiung vom Verbot des § 181 BGB nicht für eintragungsfähig hält.

[498] TIEDTKE, GmbHR 1993, 385 (386 und 388); Scholz-SCHNEIDER, GmbHG, § 35, Rdnr. 98 ff.

[499] BGHZ 87, 59; 114, 167; OLG KÖLN, OLGZ 1993, 167 = GmbHR 1993, 37= NJW 1993, 1018; OLG STUTTGART, OLGZ 1985, 37 ff. = GmbHR 1985, 221; OLG FRANKFURT, DNotZ, 1983, 641; EKKENGA, AG 1985, 40 (46); TIEDTKE, GmbHR 1993, 385 (388).

[500] U. HÜBNER, Interessenkonflikt, S. 233 f.

[501] Vgl. auch BAYOBLG, ZIP 1980, 899 (890).

Die Grundsatzentscheidung des *Bundesgerichtshofs* vom 28.02.1983 zur Problematik der Eintragungspflicht[502] betrifft eine Einmann-GmbH. Der *Bundesgerichtshof* argumentiert in seiner Urteilsbegründung mit der gemeinschaftskonformen Auslegung des § 10 Abs. 1 S. 2 GmbHG. Der EuGH messe der Richtlinie den Zweck bei, Rechtssicherheit im grenzüberschreitenden Verkehr zu schaffen, wozu auch gehöre, daß sich jeder durch Einblick in das Handelsregister ohne Schwierigkeiten Kenntnisse über die Vertretung der Gesellschaft und damit über die Gestattung des Selbstkontrahierens verschaffen könne[503].

Da ein Interesse des Rechtsverkehrs, sich über den Umfang der Vertretungsmacht zu informieren, gleichermaßen bei der Mehrpersonen-GmbH besteht, kann davon ausgegangen werden, daß der *Bundesgerichtshof* im Wege einer richtlinienkonformen Auslegung des § 10 Abs. 1 S. 2 GmbHG eine Eintragungspflicht in gleicher Weise bei der Mehrpersonen-GmbH befürwortet. Dieses entspricht denn auch der herrschenden Meinung in der Literatur[504] und der neueren obergerichtlichen Judikatur[505].

Ein Teil der aktuellen Literatur lehnt eine Eintragungspflicht für die Gestattung des Selbstkontrahierens ab, da § 10 Abs. 1 S. 2 GmbHG nicht dem Schutz der Gläubiger diene[506]. Der Zweck des § 10 Abs. 1 S. 2 GmbHG sei darauf beschränkt, dem Rechtsverkehr zu zeigen, ob Einzel- oder Gesamtvertretungsbefugnis vorliege[507]. Art. 2 Abs. 1 lit. D der Ersten Richtlinie des Rates der Europäischen Gemeinschaft zur Koordinierung des Gesellschaftsrechts[508] betreffe nicht die Frage der Gestattung des Selbstkontrahierens[509]. Die Gestattung sei vielmehr ohne Eintragung gültig.

---

[502] Vgl. BGHZ 87, 59 (61).
[503] Zitiert bei BGHZ 87, 59 = ZIP 1983, 568; vgl. ferner OLG DÜSSELDORF, WiB 1995, 24.
[504] GEẞLER, BB 1980, 1385 (1389); Scholz-WINTER, GmbHG, § 8, Rdnr. 27; EKKENGA, AG 1985, 40 (46); Scholz-SCHNEIDER, GmbHG, § 35, Rdnr. 125; Baumbach/Hueck-ZÖLLNER, GmbHG, § 35, Rdnr. 75; Hachenburg-ULMER, GmbHG, § 10, Rdnr. 11.
[505] OLG HAMM, NJW-RR 1998, 1193; BAYOBLG, ZIP 1980, 899 (901); BAYOBLG, ZIP 1982, 312; OLG FRANKFURT, OLGZ 1983, 182 = NJW 1983, 944; OLG STUTTGART, OLGZ 1985, 37 (39f.); LG KÖLN, MittRhNotK 1991, 157; OLG KÖLN, OLGZ 1993, 167 (168f.); a.A. früher: BGHZ 33, 189 (191 f.).
[506] Roth-ALTMEPPEN, GmbHG, § 35, Rdnr. 60, ders. NJW 1995, 1182 (1184 f.); KANZLEITER, DNotZ 1996, 819 ff; BACHMANN, ZIP 1999, 85 (88).
[507] ALTMEPPEN, NJW 1995, 1182 (1184).
[508] BGBl I, 1146 (1969).
[509] ALTMEPPEN, NJW 1995, 1182 (1184).

Diesen Ausführungen kann nicht gefolgt werden. Gegen eine Eintragungspflicht der Gestattung könnte zwar sprechen, daß § 35 Abs. 4 S. 1 GmbHG eine auf die Einmann-GmbH abstellende Norm ist, so daß ein Gläubigerschutz durch die Publizität der Gestattung bei der Mehrpersonen-GmbH durch einen Umkehrschluß zu § 35 Abs. 4 S. 1 GmbHG ausgeschlossen sein könnte. Ein Umkehrschluß zu § 35 Abs. 4 S. 1 GmbHG ist indes wegen des Charakters dieser Norm als deklaratorischer Korrekturnorm nicht vorzunehmen[510]. Die vom Gesetzgeber bei der Einmann-GmbH angeordnete Publizität durch die Eintragung der Gestattung bedeutet nicht, daß die Gestattung bei der Mehrpersonen-GmbH nicht eingetragen werden müßte. Ist durch die Einführung des § 35 Abs. 4 S. 1 GmbHG wegen dessen deklaratorischen Charakters keine Erweiterung der Schutzzwecke des § 181 BGB erfolgt, so bezweckt § 181 BGB einen Gläubigerschutz durch handelsregisterliche Publizität, welcher bei der Mehrpersonen-GmbH ebenso wie bei der Einmann-GmbH ausgestaltet sein muß. Dagegen spricht auch nicht die „personelle Überwachungskomponente" bei der Mehrpersonen-GmbH[511], da die anderen Gesellschafter beim konkreten Insichgeschäft nicht beteiligt sind, wie dieses etwa bei der Einschaltung eines Zweitgeschäftsführers der Fall ist. Die Zahl der Gesellschafter bewirkt daher keinen besonderen Schutz der Gläubiger, sondern wegen der Interessendivergenz zwischen den Gesellschaftern nur ein erhöhtes Schutzbedürfnis[512] für die GmbH als Vertretene. Die durch die Registerpublizität der Befreiung verbesserte Information der potentiellen Gesellschaftsgläubiger würde ohne eine Eintragungspflicht der Befreiung bei der Mehrpersonen-GmbH ad absurdum geführt, wenn diese bei einem Schweigen des Handelsregisters jeweils noch überprüfen müßten, ob nicht doch eine Mehrpersonen-GmbH besteht[513]. Insofern können die Gesellschaftsgläubiger nicht einfach auf die Schadensersatzpflicht der Gesellschafter gemäß § 40 Abs. 2 GmbHG n. F. verwiesen werden.

Die Befreiung vom Verbot des § 181 BGB muß daher gleichfalls bei der Mehrpersonen-GmbH im Handelsregister eingetragen werden. Unterbleibt die Eintragung, so werden die Gläubiger über § 15 Abs. 1 und 3 HGB geschützt[514].

---

[510] Siehe oben § 9 A I.
[511] Dieses wird von BUCHMANN, S. 81 vertreten.
[512] Diese Interessendivergenz verhinderte schon unter Anwendung der Grundsätze des Bundesgerichtshofs in BGHZ 56, 97 ff. eine teleologische Reduktion des § 181 BGB bei der Mehrpersonen-GmbH.
[513] EKKENGA, AG 1985, 40 (47).
[514] OLG FRANKFURT, GmbHR 1997, 52 = DB 1997, 348.

3. Die statutarische Befreiungsermächtigung in der mehrgliedrigen GmbH

Einigkeit besteht dahingehend, daß eine statutarische Befreiungsermächtigung, nach der ein oder mehrere Geschäftsführer durch Beschluß von den Beschränkungen des § 181 BGB befreit werden können, nicht eingetragen werden muß[515].

Nach der herrschenden Meinung ist die statutarische Befreiungsermächtigung nicht eintragungsfähig[516]. Hierfür spricht, daß nur solche Sachen eintragungsfähig sind, deren Eintragung das Gesetz ausdrücklich zuläßt oder deren Eintragung nach dem Sinn und Zweck des Handelsregisters erforderlich ist[517]. Nach § 10 Abs. 1 S. 2 GmbHG ist nur die aktuelle und nicht die potentielle Vertretungsregelung eintragungsfähig[518]. Der Verlautbarung der statutarischen Befreiungsermächtigung kommt eine über die Bedeutung der Aufnahme derselben in den Gesellschaftsvertrag hinausgehende Bedeutung nicht zu. Die statutarische Befreiungsermächtigung ist daher nicht eintragungsfähig.

B. Die Anwendbarkeit des § 181 BGB und der verbandsrechtlichen Stimmverbote bei der Einmann-GmbH

Nach dem GmbH-rechtlichen Haftungsprivileg des § 13 Abs. 2 GmbHG haftet für Verbindlichkeiten der Gesellschaft den Gläubigern nur das Gesellschaftsvermögen. Eine Haftung der Gesellschafter besteht nur ausnahmsweise infolge eines besonderen Rechtsgrundes, wie etwa einer Bürgschaft, einer Geschäftsführerhaftung aus Delikt oder culpa in contrahendo oder einer Rechtsscheinhaftung.

---

[515] OLG HAMM, GmbHR 1993, 500 = NJW-RR 1994, 361, OLG FRANKFURT, OLGZ 1994, 288 = WM 1994, 1207 = GmbHR 1994, 118; Rowedder-KOPPENSTEINER, GmbHG, § 35, Rdnr. 28; Münchener Handbuch des Gesellschaftsrechts III - MARSCH-BARNER/DIECKMANN, § 44, Rdnr. 30.

[516] OLG HAMM, GmbHR 1993, 500 = NJW-RR 1994, 361; OLG HAMM, BB 1996, 2270 = GmbHR 1997, 32 = NJW-RR 1997, 415; OLG FRANKFURT, OLGZ 1994, 288 (289f.) = WM 1994, 1207 = GmbHR 1994, 118, OLG KÖLN, OLGZ 1993, 167; BAYOBLGZ 1989, 375 (378); a.A. LG KÖLN, GmbHR 1993, 501 f.; Münchener Handbuch des Gesellschaftsrechts III - MARSCH-BARNER/DIECKMANN, § 44, Rdnr. 30.

[517] Münchener Handbuch des Gesellschaftsrechts III - MARSCH-BARNER/DIECKMANN, § 44, Rdnr. 30; KEIDEL/SCHMATZ/STÖBER, Registerrecht, Rdnr. 17; von der Eintragungsfähigkeit geht jedoch das LG KÖLN (GmbHR 1993, 501) aus.

[518] Hachenburg-ULMER, GmbHG, § 10, Rdnr. 10.

Aus der Beschränkung der Haftung auf das Gesellschaftsvermögen resultiert gerade in der Einmann-GmbH eine besondere Gefährdung der Gläubiger, weil diese nicht der Kontrolle von Mitgesellschaftern unterliegt. Dieser Gefährdung muß durch die Sicherung der Haftungssubstanz Rechnung getragen werden.

I. Anwendbarkeit des § 181 BGB auf Rechtsgeschäfte des Alleingesellschafter-Geschäftsführers einer Einmann-GmbH

1. Selbstkontrahieren

Nachdem früher die Anwendbarkeit des § 181 BGB auf Rechtsgeschäfte des Alleingesellschafter-Geschäftsführers bejaht wurde, hatte sich im Anschluß an BGHZ 56, 97 (101) diese Konstellation als anerkannte Fallgruppe teleologischer Reduktion des § 181 BGB herausgebildet. Der *Bundesgerichtshof* hatte die teleologische Reduktion damit begründet, daß kein Interessenkonflikt zwischen Vertreter und Vertretenem bestehe, kein Defizit an Rechtssicherheit drohe (klarer Ausnahmetatbestand) und kein Defizit an Gläubigerschutz zu erwarten sei, da § 181 BGB ohnehin durch Rechtskundige umgangen werden könne.

Seit 1981 bestimmt § 35 Abs. 4 S. 1 GmbHG ausdrücklich, daß § 181 BGB auf Rechtsgeschäfte des alleingeschäftsführenden Gesellschafters mit der Gesellschaft anzuwenden ist, wenn sich sämtliche Anteile in dessen Hand oder daneben in der Hand der Gesellschaft befinden. Unerheblich ist dabei, ob die Gesellschaft schon als Einmanngesellschaft gegründet wurde oder erst später zu einer solchen geworden ist[519].

2. Mehrvertretung

Vertritt der Alleingesellschafter-Geschäftsführer einer GmbH zugleich eine andere Gesellschaft, wenn zwischen den Gesellschaften ein Rechtsgeschäft abgeschlossen wird, so ist fraglich, ob auf das Verbot der Mehrvertretung auch bei der Einpersonen-GmbH gilt. Nach dem Wortlaut des § 35 Abs. 4 S. 1 GmbHG erfaßt § 181 BGB nur den Fall des Selbstkontrahierens und nicht den der Mehrvertretung.

a) Meinungsstand

Nach verbreiteter Ansicht ist § 35 Abs. 4 S. 1 GmbHG jedoch wegen der vergleichbaren Interessenlage analog für die dort nicht ausdrücklich angeführte

---

[519] Vgl. Regierungsbegründung BT-Drucks. 8/1347, 43.

Mehrvertretung[520]. Insoweit sei von einem Redaktionsversehen des Gesetzgebers auszugehen.

Bachmann[521] hingegen geht davon aus, daß der Gesetzgeber zwischen dem Selbstkontrahieren und der Mehrvertretung bewußt unterschieden habe, da die bei der Mehrvertretung bestehende Gefahr der Parteilichkeit gegenüber der Gefahr der Selbstbegünstigung beim Selbstkontrahieren geringer einzuschätzen sei. Eine Analogie zu § 35 Abs. 4 S. 1 GmbHG sei nur möglich, wenn die Interessenlage dem Selbstkontrahieren des Alleingesellschafter-Geschäftsführer gleiche. Dies sei nur der Fall, wenn die vertragschließenden GmbHs durch denselben Alleingesellschafter-Geschäftsführer vertreten würden. Nach *Bachmann* wird daher die Mehrvertretung zwischen einer Tochtergesellschaft und einer Muttergesellschaft, die sämtliche Anteile an der Tochtergesellschaft hält, nur dann von § 35 Abs. 4 S. 1 GmbHG in analoger Anwendung erfaßt, wenn der Doppelmandatar zugleich Alleingesellschafter der Muttergesellschaft ist[522].

Im übrigen finde jedoch § 181 BGB Anwendung, soweit dieser nicht, wie im Fall der Mehrvertretung zwischen der Muttergesellschaft und ihrer hundertprozentigen Tochter[523], teleologisch zu reduzieren sei.

b) *Stellungnahme*

Nach der hier entwickelten Meinung ist § 35 Abs. 4 S. 1 GmbHG nur eine deklaratorische Korrekturnorm, deren Ziel es war, die rechtsfortbildende teleologische Reduktion des § 181 BGB beim Selbstkontrahieren des Alleingesellschafter-Geschäftsführers rückgängig zu machen.

Insofern ist gilt § 181 BGB ohnehin, wenn im Wege der Mehrvertretung Rechtsgeschäfte zwischen zwei Einpersonen-GmbHs abgeschlossen werden. Aus diesem Grunde besteht jedoch auch keine Gesetzeslücke als Analogievoraussetzung, so daß die von der überwiegenden Ansicht vorgenommene Analogie zu § 35 Abs. 4 S. 1 GmbHG nicht nur entbehrlich sondern auch unzulässig ist.

---

[520] Staudinger-SCHILKEN, BGB, § 181, Rdnr. 20; Soergel-LEPTIEN, BGB, § 181, Rdnr. 26; Münchener Kommentar-SCHRAMM (Vorauflage), BGB, § 181 BGB, Rdnr. 16.
[521] BACHMANN, ZIP 1999, 85 (90 f.); für eine Analogie des § 35 Abs. 4 S. 1 bei dieser Form des mittelbaren Selbstkontrahierens ebenfalls: Scholz-SCHNEIDER, GmbHG, § 35 Rdnr. 106.
[522] BACHMANN, ZIP 1999, 85 (91).
[523] Siehe oben § 4 V 3 a und 4 a.

Die Frage einer teleologischen Reduktion des § 181 BGB ist hingegen nur im GmbH-Vertragskonzern positiv zu beantworten[524].

3. Bestehen eines weiteren Geschäftsführers neben dem Alleingesellschafter

Wegen des Wortlauts des § 35 Abs. 4 S. 1 GmbHG, nach dessen Tatbestand der Alleingesellschafter zugleich alleiniger Geschäftsführer sein muß, ist zweifelhaft, ob und in welchem Maße § 35 Abs. 4 S. 1 GmbH oder § 181 BGB anwendbar sind:

a) Weite Analogie zu § 35 Abs. 4 S. 1 GmbHG

Nach *Ekkenga* ist § 35 Abs. 4 S. 1 GmbHG analog anzuwenden, wenn ein weiterer Geschäftsführer Rechtsgeschäfte mit dem geschäftsführenden Alleingesellschafter schließt[525]. Dafür spreche, daß der Gesetzgeber durch § 35 Abs. 4 S. 1 GmbHG den Gläubigerschutz stärker betonen und eine Freistellung von § 181 BGB grundsätzlich verhindern wollte.

b) Wortlautgetreuer Umkehrschluß zu § 35 Abs. 4 S. 1

Die diametrale Gegenansicht lehnt eine Anwendung des § 181 BGB über § 35 Abs. 4 S. 1 GmbHG bereits dann ab, wenn neben dem Alleingesellschafter-Geschäftsführer ein weiterer Geschäftsführer vorhanden ist, da nach dem Wortlaut des § 35 Abs. 4 S. 1 GmbHG § 181 BGB nur Anwendung finden soll, wenn der Alleingesellschafter „zugleich deren alleiniger Geschäftsführer" ist[526]. Mit anderen Worten bedarf nach dieser Ansicht der Alleingesellschafter-Geschäftsführer bei der bloßen Existenz eines weiteren Geschäftsführers keiner Gestattung für das Selbstkontrahieren, ohne daß es der Mitwirkung des zweiten Geschäftsführers an dem Rechtsgeschäft bedürfte.

Neben dem Wortlautargument wird in teleologischer Hinsicht angeführt, daß durch das Vorhandensein eines Zweitgeschäftsführers bereits eine ausreichende

---

[524] Siehe oben § 4 C 3 b.
[525] EKKENGA, AG 1985, 40 (44 f.).
[526] BUCHMANN, S. 39 f.; U. HÜBNER, Jura 1982, 85 (87); Rowedder-KOPPENSTEINER, GmbHG, § 35, Rdnr. 25; Hachenburg-MERTENS, GmbHG, § 35, Rdnr. 61; HEINEMANN, GmbHR 1985, 176 (197) hält dies zwar für nicht folgerichtig, fühlt sich jedoch an den eindeutigen Gesetzeswortlaut gebunden.

Überwachung des Alleingesellschafter-Geschäftsführers bestehe, so daß eine Registerpublizität nicht mehr erforderlich sei[527].

c) Vermittelnde Ansicht

Nach einer vermittelnden Ansicht kann nur ein weiterer alleinvertretungsberechtigter Geschäftsführer die Gesellschaft ohne einen Verstoß gegen § 181 BGB bei Rechtsgeschäften mit dem Einpersonen-Gesellschafter vertreten. Im übrigen gelte § 181 BGB wegen § 35 Abs. 4 S. 1 GmbHG uneingeschränkt für den Einmann-Gesellschafter-Geschäftsführer[528].

d) Stellungnahme und Umsetzung des eigenen Ansatzes

Gegen die enge, wortlautgetreue Auslegungsvariante spricht, daß nach ihr § 181 BGB bei der Einmann-GmbH anders ausgelegt würde als bei der Mehrpersonen-GmbH[529]. Der von ihr vorgenommene Umkehrschluß, der sich zugegebenermaßen durch den Wortlaut des § 35 Abs. 4 S. 1 GmbHG aufdrängt, widerspricht dem in der Begründung des Rechtsausschusses verlautbartem Zweck, die Gläubiger durch die Publizitätswirkung des Handelsregisters auf die Möglichkeit vermögensverlagender Insichgeschäfte hinzuweisen.

Insofern erscheint die begrenzte Analogie des § 35 Abs. 4 S. 1 GmbHG auf Insichgeschäfte des Alleingesellschafter-Geschäftsführers bei Bestehen eines weiteren Geschäftsführers als sachgerecht[530], denn ansonsten wären wegen des nur deklaratorischen Charakters der handelsregisterlichen Eintragung allein durch die Bestellung eines Zweitgeschäftsführers vermögensverlagernde Insichgeschäfte denkbar, ohne daß die Gläubiger mit Hilfe eines Blicks in das Handelsregister und die Registerakten gewarnt wären[531]. Diese begrenzte

---

[527] BUCHMANN, S. 67; U. HÜBNER, Jura 1982, 85 (87); mit der gleichen Begründung Hachenburg-MERTENS, GmbHG, § 35, Rdnr. 61, der jedoch § 181 BGB beim Bestehen eines weiteren Geschäftsführers nicht für anwendbar hält.
[528] Münchener Handbuch des Gesellschaftsrechts III - MARSCH-BARNER/DIECKMANN, § 44, Rdnr. 34; Lutter/HOMMELHOFF, GmbHG, § 35, Rdnr. 23; Münchener Kommentar-SCHRAMM (Vorauflage), BGB, § 181, Rdnr. 16; Münchener Kommentar-THIELE, BGB, § 181, Rdnr. 16; Scholz-SCHNEIDER, GmbHG, § 35, Rdnr. 107; Baumbach/Hueck-ZÖLLNER, GmbHG, § 35, Rdnr. 78; Rowedder-KOPPENSTEINER, GmbHG, § 35, Rdnr. 25.
[529] SCHNEIDER, BB 1986, 201 (206), der jedoch eine Fortführung der früheren Rechtsprechung im Ergebnis ablehnt.
[530] BALLOF/FICHTELMANN/GEISSEN/POSDZIECH/WINTER, GmbH-Handbuch, 5310, Rdnr. 27; Lutter/HOMMELHOFF, GmbHG, § 35, Rdnr. 23.
[531] HILDEBRANDT, S. 109 f.

Analogie zu § 35 Abs. 4 S. 1 GmbHG läßt sich jedoch nur aufrechterhalten, wenn man dessen mißverständliche Fassung als Redaktionsversehen deutet[532].

Meines Erachtens vermag weder die Argumentation mit dem wortlautgetreuen Umkehrschluß zu § 35 Abs. 4 S. 1 GmbHG, noch die Begründung einer Analogie entgegen dem klaren Wortlaut des § 35 Abs. 4 S. 1 zu überzeugen. Richtigerweise ist nach der hier entwickelten Ansicht § 35 Abs. 4 S. 1 GmbHG als deklaratorische Korrekturnorm zu verstehen; infolgedessen ist einerseits die Argumentation mit einem Umkehrschluß zu § 35 Abs. 4 S. 1 GmbHG ausgeschlossen, anderseits kann das Verbot der Insichgeschäfte nicht mittels einer Analogie zu § 35 Abs. 4 S. 1 GmbHG mangels einer Gesetzeslücke abgeleitet werden, da § 181 BGB ohnehin gilt und es keiner Analogie bedarf.

Folglich ist § 181 BGB auf alle Rechtsgeschäfte des Alleingesellschafter-Geschäftsführers in der Einmann-GmbH anwendbar, die dieser als organschaftlicher Vertreter der GmbH mit sich abschließt, unabhängig davon, ob ein weiterer Geschäftsführer bestellt ist.

Die Frage, ob § 181 BGB analog auf Rechtsgeschäfte angewendet werden sollte, die ein anderer alleinvertretungsberechtigter Geschäftsführer mit dem Alleingesellschafter abschließt, ist, wie bereits erläutert, abzulehnen[533].

4. Die Vertretung der Einmann-GmbH durch Untervertreter, Prokuristen und Handlungsbevollmächtigte

§ 181 BGB findet analoge Anwendung, wenn der Alleingesellschafter-Geschäftsführer Rechtsgeschäfte mit der GmbH abschließt und wenn diese dabei durch einen Untervertreter des Alleingesellschafter-Geschäftsführers, einen Prokuristen oder Handlungsbevollmächtigten vertreten wird[534].

5. Abschluß und Änderung des Anstellungsvertrags als Insichgeschäft

Nach der *Trennungstheorie,* der hier gefolgt wird[535], gilt § 35 Abs. 4 S. 1 GmbHG für den Fall des Abschlusses des Anstellungsvertrags durch den Ge-

---

[532] EKKENGA, AG 1985, 40 (43); HILDEBRANDT, S. 111.
[533] Siehe oben § 3 F III ; ebenso KREUTZ, FS Mühl, 409 (428); vergleiche auch GÖGGERLE, S. 61; ders., GmbHR 1979, 79 (84).
[534] Siehe oben ausführlich § 3 F.
[535] Siehe oben § 9 A I 3.

schäftsführer im Wege des Selbstkontrahierens[536]. Für die Anwendung der §§ 35 Abs. 4 S. 1 GmbHG, 181 BGB spricht, daß sich der Anstellungsvertrag problemlos als eigenes Rechtsgeschäft auffassen läßt. Dies wird besonders deutlich, wenn der Anstellungsvertrag später abgeändert wird und der direkte Zusammenhang mit der Bestellung als wichtigster Rechtfertigungsgesichtspunkt für die *Einheitstheorie* fehlt. Entscheidend ist jedoch, daß durch eine Herausnahme des Anstellungsvertrags aus der Anwendung des § 181 BGB die in § 35 Abs. 4 S. 1 GmbHG enthaltene Zielsetzung einer umgehungsfeindlichen Auslegung des § 181 BGB untergraben würde, denn der Anstellungsvertrag bildet häufig ein Vehikel für verdeckte Gewinnausschüttungen[537].

Der Wille des Gesetzgebers, das Vermögen der vertretenen juristischen Person zu schützen, verlangt daher eine Anwendung der §§ 35 Abs. 4 S. 1 GmbHG, 181 BGB auf den Anstellungsvertrag. Insofern ist die *Einheitstheorie* abzulehnen.

6. Niederschriftserfordernis gemäß § 35 Abs. 4 S. 2 GmbHG

Die Rechtsprechung stellte zum Schutz des redlichen Rechtsverkehrs gegen Manipulationen, insbesondere gegen nach Inhalt und Zeitpunkt vorgetäuschte Insichgeschäfte, schon immer strenge Anforderungen an den Nachweis solcher Geschäfte[538]. Dieser Gedanke wurde in § 35 Abs. 4 S. 2 GmbHG aufgenommen.

a) Umfang der Niederschrift

§ 35 Abs. 4 S. 2 GmbHG schreibt eine unverzüglich (§ 121 Abs. 1 S. 1 BGB) aufzunehmende Niederschrift über das (auch einseitige[539]) zwischen dem Alleingesellschafter-Geschäftsführer und der GmbH vorgenommene Rechtsgeschäft vor. Dabei kommt es im Gegensatz zum Wortlaut des § 35 Abs. 4 S. 1 GmbHG bei § 35 Abs. 4 S. 2 GmbHG nicht darauf an, daß der Einmanngesellschafter zugleich Alleingeschäftsführer ist. Die Niederschriftspflicht besteht deshalb auch dann, wenn die Gesellschaft noch einen weiteren Geschäftsführer

---

[536] Ebenso Hachenburg-MERTENS, GmbHG, § 35, Rdnr. 63; Scholz-SCHNEIDER, GmbHG, § 35, Rdnr. 121; EDER/KALLMEYER, GmbH-Handbuch, I. Teil, Rdnr. 581.8; ZICHE, S. 272 f.
[537] Scholz-SCHNEIDER, GmbHG, § 35, Rdnr. 121.
[538] Vgl. nur BGHZ 75, 358 (363) oder OLG DÜSSELDORF, GmbHR 1993, 583, welches für den Regelfall schriftliche Aufzeichnungen verlangt, aus denen sich Zeitpunkt und Inhalt des Geschäfts einwandfrei ergeben.
[539] Rowedder-KOPPENSTEINER, GmbHG, § 35, Rdnr. 27.

hat oder wenn der Einmanngesellschafter-Geschäftsführer ein Rechtsgeschäft in Gesamtvertretung mit einem weiteren Geschäftsführer vornimmt[540].

In der Niederschrift müssen das Zustandekommen, der Zeitpunkt, der Inhalt des Insichgeschäfts sowie die Art und Höhe der Gegenleistung festgehalten werden. Eine Unterschrift ist andererseits nicht erforderlich, da der Einsatz von Datenträgern ermöglicht werden sollte[541]. Es genügt jede Niederschrift (gem. §§ 239 Abs. 4, 257 Abs. 3 HGB auch als Wiedergabe auf Bild- oder Datenträger), die den Inhalt und Zeitpunkt des Insichgeschäfts prüfbar nachweist[542].

Die in der 12. EG-Richtlinie auf dem Gebiet des Gesellschaftsrechts vorgesehene Möglichkeit, laufende Geschäfte zwischen dem Alleingesellschafter und der Gesellschaft unter normalen Bedingungen vom Erfordernis der Niederschrift auszunehmen, wurde nicht umgesetzt, um Abgrenzungsschwierigkeiten zu vermeiden[543].

b) *Rechtsfolgen eines Verstoßes gegen die Niederschriftspflicht*

Die Folgen eines Verstoßes gegen das Niederschriftspflicht sind noch ungeklärt. Fraglich ist, ob die Möglichkeit, das Insichgeschäft mittels Zeugen nachzuvollziehen, für die Wirksamkeit desselben ausreicht[544] oder ob die Vornahme einer Niederschrift ein absolutes Wirksamkeitserfordernis für Rechtsgeschäfte zwischen dem Einmanngesellschafter-Geschäftsführer und der Einmann-GmbH ist:

Nach der herrschenden Ansicht führt ein Unterbleiben der Niederschrift nicht zur Unwirksamkeit sondern nur zu Schadensersatzpflichten[545]. Der Einpersonen-Gesellschafter könne auch bei fehlender Dokumentation das Zustandekommen des Rechtsgeschäfts mit allen zivilprozessualen Möglichkeiten beweisen.

---

[540] Rowedder-KOPPENSTEINER, GmbHG, § 35, Rdnr. 27; Scholz-SCHNEIDER, GmbHG, § 35, Rdnr. 131 b; SCHIMMELPFENNIG-HAUSCHKA, NJW 1992, 942 (944); Hachenburg-MERTENS, GmbHG, § 35, Rdnr. 67 m.w.N.

[541] SCHIMMELPFENNIG-HAUSCHKA, NJW 1992, 942 (944); Baumbach/Hueck-ZÖLLNER, GmbHG, § 35, Rdnr. 82.

[542] BALLOF/FICHTELMANN/GEISSEN/POSDZIECH/WINTER, GmbH-Handbuch, Rdnr. 21; Lutter/HOMMELHOFF, GmbHG, § 35, Rdnr. 24.

[543] SCHIMMELPFENNIG-HAUSCHKA, NJW 1992, 942 (945).

[544] Gegen die Rechtsfolge der Unwirksamkeit: Lutter/HOMMELHOFF, GmbHG, § 35, Rdnr. 24; Hachenburg-MERTENS, GmbHG, § 35, Rdnr. 67; Scholz-SCHNEIDER, GmbHG, § 35, Rdnr. 131 d; für die Rechtsfolge der Unwirksamkeit OLG DÜSSELDORF, GmbHR 1993, 583; BALLOF/FICHTELMANN/GEISSEN/POSDZIECH/WINTER, GmbH-Handbuch, 5310, Rdnr. 21.

[545] Lutter/HOMMELHOFF, GmbHG, § 35, Rdnr. 24; a.A. BALLOF/FICHTELMANN/GEISSEN/POSDZIECH/WINTER, GmbH-Handbuch, 5319, Rdnr. 29.

Die Niederschrift habe nur Indizcharakter für die Vornahme des Rechtsgeschäfts[546].

Ein solches Verständnis des § 35 Abs. 4 S. 2 GmbHG als Sollvorschrift, deren Verstoß nur zu einem Schadensersatzanspruch führt, wird meines Erachtens der gesetzgeberischen Intention nicht gerecht. Sachgerechter ist die Einordnung als Beweislastregel mit der Folge, daß der GmbH-Gesellschafter an nachweisbare Rechtsgeschäfte grundsätzlich gebunden ist und daß für ihn vorteilhafte Rechtsgeschäfte nur bei einer Niederschrift berücksichtigt werden.

II. Teleologische Reduktionen der §§ 35 Abs. 4 S. 1 GmbHG, 181 BGB

1. Lediglich rechtlich vorteilhafte Rechtsgeschäfte

Problematisch ist, ob trotz § 35 Abs. 4 S. 1 GmbHG die sonst im Rahmen des § 181 BGB anerkannte teleologische Reduktion bei lediglich rechtlich vorteilhaften Rechtsgeschäften zulässig ist, denn durch diese Norm wurde der durch § 181 BGB verfolgte Normzweck des Gläubigerschutzes besonders hervorgehoben.

Kreutz schließt aus diesem Grund jegliche teleologische Reduktion des § 181 BGB und damit auch die teleologische Reduktion bei lediglich vorteilhaften Rechtsgeschäften aus[547].

Die Gegenansicht sieht in der teleologischen Reduktion bei lediglich rechtlich vorteilhaften Rechtsgeschäften keine Gefahren für die Gläubiger, da diese das Vermögen der Einmann-GmbH nur vergrößern könne und damit eher zur Verwirklichung des durch § 35 Abs. 4 S. 1 GmbHG intendierten Gläubigerschutzes beitrage[548].

Nach der hier vertretenen Interpretation der Bedeutung des § 35 Abs. 4 S. 1 GmbHG für die Auslegung des § 181 BGB ist dieser nur als deklaratorische Norm aufzufassen, welche die Fehlentwicklung in der Auslegung des § 181 BGB punktuell korrigieren sollte, die durch die Anerkennung der teleologischen Reduktion bei der Einmann-GmbH aufgetreten war[549]. Insofern besteht kein allgemeines Verbot der teleologischen Reduktion bei § 181 BGB. Eine teleologi-

---
[546] Hachenburg-MERTENS, GmbHG, § 35, Rdnr. 67; Baumbach/Hueck-ZÖLLNER, GmbHG, § 35, Rdnr. 82.
[547] KREUTZ, FS Mühl, 1981, 409 (420 f.)
[548] MEYER-LANDRUT/Miller/Niehus, GmbHG, §§ 35-38, Rdnr. 23.
[549] Siehe oben § 2 B III 2.

sche Reduktion kommt vielmehr den von §§ 35 Abs. 4 S. 1 GmbHG, 181 BGB geschützten Interessen des Vertretenen und seiner Gläubiger zugute. Die Probleme bei der Auslegung des Begriffs des lediglich rechtlichen Vorteils sind hinzunehmen, da der Gesetzgeber diesen in § 107 BGB als formales Kriterium mit einer stark inhaltlichen Ausrichtung anerkannt hat.

Die §§ 35 Abs. 4 S. 1 GmbHG, 181 BGB sind daher bei lediglich rechtlich vorteilhaften Rechtsgeschäften zugunsten der Einmann-GmbH teleologisch zu reduzieren.

2. Teleologische Reduktion beim Abschluß eines Übernahmevertrags zwischen dem Alleingesellschafter-Geschäftsführer und der GmbH bei einer Kapitalerhöhung

Bei einer Kapitalerhöhung muß durch die Erklärung des Übernehmers und ihre Annahme durch die Gesellschaft vertreten durch ihre Gesellschafter ein Übernahmevertrag geschlossen werden[550].

Umstritten ist, ob Gesellschafter, die an einer Kapitalerhöhung teilnehmen, ihre eigene Übernahmeerklärung für die Gesellschaft annehmen können. Die Rechtsprechung wendet § 181 BGB auf den Abschluß eines Übernahmevertrags zwischen dem Gesellschafter-Geschäftsführer und der GmbH bei einer Kapitalerhöhung an[551]. Dies ist in der Mehrpersonen-GmbH meistens unproblematisch, da dann anzunehmen ist, daß die jeweils anderen Gesellschafter mit dem verhinderten Gesellschafter den Übernahmevertrag schließen[552]. Beteiligen sich jedoch alle Gesellschafter an der Kapitalerhöhung, wie des bei der Kapitalerhöhung bei der Einmann-GmbH zwangsläufig der Fall ist, so bleibt dieser Lösungsweg versperrt.

Nach einer Minderansicht wird daher im Kapitalerhöhungsbeschluß eine stillschweigende Gestattung im Sinne von § 181 BGB gesehen[553], während eine im Vordringen befindliche Ansicht für eine teleologische Reduktion der §§ 35 Abs. 4 S. 1 GmbHG , 181 BGB mangels erkennbaren Interessenkonfliktes plädiert[554].

---

[550] Rowedder-ZIMMERMANN, GmbHG, § 55, RdNr. 36.
[551] BGHZ 49, 117 (119); BAYOBLG, DB 1978, 578.
[552] Rowedder-ZIMMERMANN, GmbHG, § 55, Rdnr. 41.
[553] ROTH-Altmeppen, GmbHG, § 55, Rdnr. 15.
[554] LG BERLIN, ZIP 1985, 1491 (1492); Lutter/HOMMELHOFF, GmbHG, § 55, Rdnr. 19; Scholz-PRIESTER, GmbHG, § 55, Rdnr. 75; Hachenburg-ULMER, GmbHG, § 55, Rdnr. 74;

Der *Bundesgerichtshof* lehnt eine solche teleologische Reduktion ab[555]. Dies hat zur Folge, daß der Einmanngesellschafter-Geschäftsführer den Übernahmevertrag nur abschließen kann, wenn er durch die Satzung vom Verbot des § 181 BGB befreit wurde.

Der eine teleologische Reduktion ablehnenden Ansicht ist zuzugeben, daß die Argumentation des *LG Berlin* fehl geht, wenn es nach der Einführung des § 35 Abs. 4 S. 1 GmbHG immer noch von der fehlenden Interessendivergenz zwischen dem Einmanngesellschafter und der GmbH ausgeht. Die Frage der teleologischen Reduktion der §§ 35 Abs. 4 S. 1 GmbHG, 181 BGB ist vielmehr als möglicher Unterfall der Fallgruppe der teleologischen Reduktion bei lediglich rechtlich vorteilhaften Geschäften zu untersuchen.

Bei der Beurteilung der lediglich rechtlichen Vorteilhaftigkeit ist problematisch, daß es durch den Abschluß des Übernahmevertrags zu vertraglichen Schadensersatzansprüchen des Übernehmers gegen die Gesellschaft kommen kann, wenn diese sich nicht ausreichend für die Zeichnung des vollen Kapitalerhöhungsbetrags durch die anderen zur Übernahme zugelassenen Personen einsetzt[556]. Insofern handelt es sich nur um einen mittelbaren Nachteil, den das Gesetz im Rahmen des § 107 BGB dem Zuwendungsempfänger ebenfalls zumutet. Der durch die §§ 35 Abs. 4 S. 1 GmbHG, 181 BGB bezweckte Vertretenenschutz steht daher einer teleologischen Reduktion des § 181 BGB nicht entgegen.

Überdies ist der durch § 35 Abs. 4 S. 1 GmbHG besonders betonte Schutzzweck des § 181 BGB, der Gefahr verdeckter Vermögensverlagerungen zwischen der GmbH und dem Gesellschafter vorzubeugen, nicht berührt. Da es durch die Kapitalerhöhung zu einer Vermehrung des gebundenen Gesellschaftsvermögens kommt, sind die §§ 35 Abs. 4 S. 1 GmbHG, 181 BGB beim Abschluß des Übernahmevertrags zwischen dem Alleingesellschafter-Geschäftsführer bei einer Kapitalerhöhung teleologisch zu reduzieren.

Rowedder-ZIMMERMANN, GmbHG, § 55, Rdnr. 41; ähnlich Baumbach/Hueck-ZÖLLNER, GmbHG, § 55, Rdnr. 21, der § 181 BGB durch § 47 Abs. 4 GmbHG für verdrängt hält, welcher wiederum auf die Einmann-GmbH nicht anwendbar sei. Im übrigen sieht Zöllner bereits den Tatbestand des § 35 Abs. 4 S. 1 GmbHG nicht für erfüllt an, da dieser sich nur auf die organschaftliche Vertretungsmacht des Einmanngesellschafter-Geschäftsführers beziehe und hier der Alleingesellschafter-Geschäftsführer auf Gesellschafterebene kontrahiere; ebenso EHLKE, GmbHR 1985, 284 (293).

[555] BGHZ 49, 117; FLECK, ZGR 1988, 104 (117 f.).
[556] Hachenburg-ULMER, GmbHG, § 55, Rdnr. 75.

Damit ist zugleich die von der Mindermeinung vorgeschlagene Konstruktion über die stillschweigende Befreiung hinfällig, denn die Einschränkung der Anwendbarkeit der §§ 35 Abs. 4 S. 1 GmbHG, 181 BGB ist die methodische vorrangig zu klärende Frage. Darüber hinaus könnte eine Befreiung vom Verbot des § 181 BGB bei der Einmann-GmbH nur in der Satzung erfolgen.

III. Stimmverbote bei Entschlüssen in der Einmann-GmbH

Ob bei einer Einmann-GmbH Stimmverbote für Entschlüsse bestehen, ist zweifelhaft. Nach der oben entwickelten Ansicht[557] muß zur Bestimmung der Reichweite von Stimmverboten in der Einmann-GmbH zunächst der Anwendungsbereich des § 47 Abs. 4 GmbHG in direkter und analoger Anwendung bestimmt werden. Dann ist subsidiär § 181 BGB in gesetzesanaloger Anwendung als Vertretungsverbot bei Beschlüssen zu prüfen[558]. Als letzter Prüfungsschritt ist die rechtsanaloge Ableitung von Stimmverboten aus §§ 47 Abs. 4 GmbHG, 181 BGB zu untersuchen[559].

1. Entschlüsse des Einmanngesellschafters selbst

Bei der Stimmabgabe des Alleingesellschafter-Geschäftsführers fallen die Stimmabgabe und der Entschluß rechtstatsächlich zusammen, ohne daß das Hinzutreten weiterer Stimmen erforderlich wäre. Problematisch ist die Annahme eines Stimmverbotes, weil der Zweck der Stimmverbote nur darin besteht, eine am Gesellschaftsinteresse orientierte Entschlußfassung zu gewährleisten und nicht die Bildung eines Gesellschaftswillens zu verhindern. Die Bildung eines Gesellschaftswillens wäre jedoch nicht möglich, wenn der Alleingesellschafter aufgrund eines Stimmverbotes an der Beschlußfassung gehindert wäre.

Aus diesem Grunde hat die herrschende Meinung im Falle gleichmäßiger Befangenheit aller Gesellschafter eine teleologische Reduktion des § 47 Abs. 4 GmbHG angenommen, auch wenn dessen objektive Voraussetzungen erfüllt sind[560]. Eine Anwendung des § 47 Abs. 4 S. 2 GmbHG komme nicht in Betracht, weil der Schutzbereich dieser Norm Geschäfte des Alleingesellschafters mit sich selbst nicht erfasse. Denn die Vorschrift bezwecke nur den Schutz des Gesellschaftsvermögens gegenüber einzelnen Gesellschaftern zugunsten der

---
[557] Siehe oben § 5 A II 2.
[558] Siehe oben § 5 A II 2 b bb.
[559] Siehe oben § 5 A II 2 b cc.
[560] BGHZ 105, 324 (330) = DNotZ 1989, 102 (106) = NJW 1989, 295; Hachenburg-HÜFFER, GmbHG, § 47, Rdnr. 124; Baumbach/Hueck-ZÖLLNER, GmbHG, § 47, Rdnr. 62; ders., Schranken, S. 181 ff.

Gesamtheit der Gesellschafter, nicht aber zugunsten der Gesellschaftsgläubiger. Bei der Einmanngesellschaft bestehe ein solcher Interessengegensatz zwischen Einzelgesellschafter und Gesellschaftergesamtheit nicht[561]. Da der Gesellschafter einer Einmann-GmbH als eine Person immer gleichmäßig befangen ist, wird diese teleologische Reduktion immer bei der Einmann-GmbH vorgenommen[562]. Dem ist zu folgen.

Dies gilt in gleicher Weise, wenn in einer Einmanngesellschaft die Gesellschaft neben dem „Allein"-gesellschafter gemäß § 33 Abs. 2 GmbHG Anteile erworben hat, denn das Stimmrecht ruht während der Anteilseignerschaft der Gesellschaft, so daß die Stimmen bei der Bestimmung der Mehrheit i.S.d. § 47 Abs. 1 GmbHG nicht als „abgegeben" gelten und nicht mitzählen[563].

2. Entschlüsse des Vertreters des Einmanngesellschafters

Fraglich ist, ob die teleologische Reduktion des § 47 Abs. 4 GmbHG wegen gleichmäßiger Befangenheit auch bei Entschlüssen des Vertreters des Einmanngesellschafters vorzunehmen ist. Hiergegen spricht, daß der vertretene Gesellschafter vor Beschlüssen seines Vertreters geschützt werden muß, wenn dieser den in § 47 Abs. 4 GmbHG geschilderten Interessenkonflikten unterliegt. Insofern verbietet die Zielsetzung des § 47 Abs. 4 GmbHG eine teleologische Reduktion.

Dies ist im Gegensatz zu einer Anwendung des § 47 Abs. 4 GmbHG auf den Einmanngesellschafters selbst auch unschädlich, weil die Anwendung des § 47 Abs. 4 GmbHG auf den Vertreter nur zu eine auf diesen bezogenen Beschlußunfähigkeit führt, denn der Einmanngesellschafter kann einen Beschluß des gleichen Inhalts selber fassen[564]. Die Stimmverbote aus § 47 Abs. 4 GmbHG in di-

---

[561] Scholz-K. SCHMIDT, GmbHG, § 47, Rdnr. 105; Rowedder-KOPPENSTEINER, GmbHG, § 47, Rdnr. 48; SCHNEIDER, ZHR 150 (1986), 609 (612).

[562] BGHZ 105, 324 (333) = DNotZ 1989, 295= NJW 1989, 295; BAYOBLGZ 1984, 109 (112 ff.) = WM 1984, 1570 (1572); Scholz-K. SCHMIDT, GmbHG, § 47, Rdnr. 105; SCHICK, DB 1984, 1024; Baumbach/Hueck-ZÖLLNER, GmbHG, § 47, Rdnr. 62; nach der Ansicht von WINKLER, DNotZ 1970, 476 (484) kann ein Beschluß in einer Einmann-GmbH zwar gegen § 47 Abs. 4 GmbHG verstoßen, es fehle jedoch an einer anfechtungsberechtigten Person, da jeder, der einem Beschluß zugestimmt hat, von seiner Anfechtung ausgeschlossen ist.

[563] Vgl. BGH, NJW 1995, 1027 (1028); Scholz-H.P. WESTERMANN, GmbHG, § 33, Rdnr. 37; Roth-ALTMEPPEN, GmbH, § 33, Rdnr. 20; Baumbach-HUECK, GmbHG, § 33, Rdnr. 18 f.

[564] Vgl. Hachenburg-HÜFFER, GmbHG, § 47, Rdnr. 125; Scholz-K. SCHMIDT, GmbHG, § 47, Rdnr. 105 und 362.

rekter und gesetzesanaloger Anwendung und aus § 181 BGB in gesetzesanaloger Anwendung gelten daher für den Vertreter des Alleingesellschafters in gleichem Maße wie für die Gesellschafter einer Mehrpersonen-GmbH. Insofern kann nach oben verwiesen werden[565].

IV. Die Befreiung des Geschäftsführers der Einmann-GmbH vom Verbot des § 181 BGB

Die Rechtsfolge des § 35 Abs. 4 S. 1 GmbHG besteht allein in der Anwendbarkeit des § 181 BGB. Dessen Rechtsfolge der schwebenden Unwirksamkeit[566] tritt nur ein, soweit dem Vertreter „nicht ein anderes gestattet ist", mithin dem Rechtsgeschäft vorher zugestimmt oder dieses nachträglich genehmigt wurde. Zu prüfen ist, auf welche Art und Weise der Alleingesellschafter-Geschäftsführer einer Einmann-GmbH vom Verbot des § 181 BGB befreit werden kann.

1. Notwendigkeit und Ausmaß der statutarischen Regelung der Gestattung bei der Einmann-GmbH

Umstritten ist, ob die Befreiung des geschäftsführenden Gesellschafters einer Einpersonen-GmbH von dem Verbot des § 181 BGB in der Satzung geregelt sein muß (a) und ob eine Ermächtigung zur Befreiung vom Verbot des § 181 BGB durch einfachen Gesellschafterbeschluß diesem Erfordernis genügt (b).

a)   Erfordernis einer Satzungsregelung

Für die generelle Befreiung bedurfte es schon nach der früheren Rechtsprechung wenigstens einer Ermächtigungsgrundlage in der Satzung[567]. Fehle eine Befreiung vom Verbot des § 181 BGB, so sei ein Vertragschluß zwischen dem Alleingesellschafter-Geschäftsführer und der Gesellschaft ausgeschlossen.

Dem hat sich die aktuelle Rechtsprechung[568] und Literatur[569] richtigerweise angeschlossen, denn der Ausschußbericht zur GmbH-Reform 1980[570] ging da-

---
[565] Siehe oben § 9 A II.
[566] Zum Streit über die Rechtsfolge siehe oben § 6.
[567] Vgl. BGHZ 33, 189 (194).
[568] BGHZ 87, 59 (60) = GmbHR 1983, 269; BGH WM 2000, 35; OLG HAMM, GmbHR 1998, 682 ff. = NZG 1998, 598; OLG HAMM, GmbHR 1993, 99 ff.; BGHZ 114, 167 = NJW 1991, 1731 = GmbHR 1991, 261; BFH DStR 1995, 1791 f.; BAYOBLG, BB 1981, 869 (870); BAYOBLG, DB 1984, 1517; OLG Köln, GmbHR 1980, 129; OLG HAMM, NJW-RR 1998, 1193 (1194).
[569] Vgl. Bericht des Abgeordneten LAMBINUS, BT-DRUCKS. 8/3908 S. 74, Rechtsgeschäfte sollen „nur wirksam sein, wenn sie dem Einmann-Gesellschafter-Geschäftsführer durch

von aus, daß der Alleingesellschafter-Geschäftsführer nur durch eine Regelung in der Satzung befreit werden kann, selbst wenn sich dieses nicht ausdrücklich aus dem Gesetz ergibt. Fehlt somit eine Satzungsregelung, die den Alleingesellschafter-Geschäftsführer vom Verbot des § 181 BGB befreit, so kann dieser sich den Abschluß des Vertrags weder im Einzelfall noch durch einen satzungsdurchbrechenden Gesellschafterbeschluß gestatten. Für den Fall, daß sich der Alleingesellschafter-Geschäftsführer die Gestattung für den Einzelfall selbst erteilt, ergibt sich dieses Ergebnis schon daraus, daß er an der Gestattungserklärung selbst durch § 181 BGB gehindert ist.

Nach der Gegenansicht ist die Bestimmung des § 35 Abs. 4 S. 1 GmbHG eine undurchdachte, mißglückte Vorschrift, so daß es zur Befreiung vom Verbot des § 181 BGB keiner Satzungsregelung bedürfe[571]. Die Begründung des Rechtsausschusses sei unerheblich, da sie auf irrigen Motiven beruhe[572].

Diese Auslegung widerspricht jedoch dem verlautbarten Zweck des § 35 Abs. 4 S. 1 GmbHG, die Gläubiger durch die Publizität der Gestattung zu warnen, welcher dem Gesetzgeber durch die Erste Richtlinie des Rates der Europäischen Gemeinschaft zur Koordinierung des Gesellschaftsrechts[573] aufgegeben wurde. So ging der Gesetzgeber denn auch entgegen dem Regierungsentwurf des Änderungsgesetzes[574] davon aus, daß die Befreiung von den Beschränkungen des § 181 BGB im Gesellschaftsvertrag enthalten sein müsse. Nur so könne sichergestellt werden, daß die Gläubiger aus dem Handelsregister und den dazu einzureichenden Unterlagen, nämlich dem Gesellschaftsvertrag samt der darin

---

den Gesellschaftsvertrag ausdrücklich gestattet sind"; AXHAUSEN, Beck'sches GmbH-Handbuch, § 5, Rdnr. 86 ff.; EKKENGA, AG 1985, 40 (46 f.); TIEDTKE, GmbHR 1993, 385 (389); Baumbach/Hueck-ZÖLLNER, GmbHG, § 35, Rdnr. 79; KREUTZ, FS Mühl, 422 (427); Hachenburg-MERTENS, GmbHG, § 35, Rdnr. 64; DEUTLER, GmbHR 1980, 145 (146); K. SCHMIDT, NJW 1980, 1775; Rowedder-KOPPENSTEINER, GmbHG, § 35, Rdnr. 26; BALLOF/FICHTELMANN/GEISSEN/POSDZIECH /WINTER, GmbH-Handbuch, 1500, S. 98; Scholz-EMMERICH, GmbHG, § 1, Rdnr. 38; DEUTLER, GmbHR 1980, 145 (146); LUTTER, DB 1980, 1317 (1322); K. SCHMIDT, NJW 1980, 1769 (1775); PRIESTER, DNotZ 1980, 515 (533).
[570] BT-Drucks. 8/3908, S. 74.
[571] Roth-ALTMEPPEN, GmbHG, § 35, Rdnr. 60 und 66; ebenso BACHMANN, ZIP 1999, 85 (88).
[572] Roth-ALTMEPPEN, GmbHG, § 35, Rdnr. 66.
[573] BGBl I, 1146 (1969).
[574] BT-DRUCKS. 8/1347, S. 43.

enthaltenen Befreiung, Umfang und Wortlaut der Befreiungsklausel erkennen können[575].

Für ein Satzungserfordernis spricht weiterhin, daß der Schutz der Gläubiger erst umfassend ist, wenn die Gläubiger durch die eingereichte und bekanntgemachte Satzung mit der darin enthaltenen Gestattung (§§ 8 Abs. 1 Nr. 1, 53, 54 GmbHG, § 10 HGB) und die Möglichkeit der Einsichtnahme in das Handelsregister passiv wie aktiv über die Befreiung Kenntnis erlangen können. Eine bloße Eintragungspflicht kann diesen Schutz nicht gewährleisten, da sie nicht Wirksamkeitserfordernis für die Gestattung ist[576]. Ist die Befreiung daher nicht notariell beurkundet in der Satzung enthalten, so ist sie unwirksam[577].

b) Die statutarische Befreiungsermächtigung als ausreichende Gestattungsgrundlage

Umstritten ist, ob als ausreichende Satzungsregelung anzusehen ist, daß der Gesellschaftsvertrag die Gesellschafter zur Befreiung vom Verbot des § 181 BGB durch einen einfachen Beschluß ermächtigt. Die überwiegende Ansicht hält eine solche statutarische Befreiungsermächtigung für ausreichend[578]. Eine auf dieser Grundlage erfolgte Befreiung sei ordnungsgemäß zu protokollieren und einzutragen[579].

Nach der Ansicht von *Zöllner*[580] ist eine statutarische Befreiungsermächtigung wegen des durch § 35 Abs. 4 S. 1 GmbHG verfolgten Schutzzweckes nicht als ausreichend anzusehen.

Die Ansicht von *Zöllner* geht nach der hier vertretenen Einordnung des § 35 Abs. 4 S. 1 GmbHG als deklaratorischer Korrekturnorm über dessen Zielsetzung hinaus, da dadurch eine bei der Mehrpersonen-GmbH anerkannte Befreiungsvariante unmöglich gemacht wird. Der *Bundesgerichtshof* hat inzwischen zu verstehen gegeben, daß er keine Bedenken gegen die Befreiung auf-

---

[575] Rechtsausschuß des Bundestags, BT-DRUCKS. 8, 3908, S. 74.
[576] REINICKE, GmbHR 1993, 385 (387).
[577] Zur Rechtsfolge bei fehlender statutarischer Gestattung bei der Einmann-GmbH siehe unten § 9 b VII.
[578] BAYOBLGZ 1989, 375 = NJW-RR 1990, 25= GmbHR 1990, 213 (214); OLG HAMM, GmbHR 1993, 500 f.; Rowedder-KOPPENSTEINER, GmbHG, § 35, Rdnr. 26; Scholz-SCHNEIDER, GmbHG, § 35, Rdnr. 120 und 126; KREUTZ, FS Mühl, 422 (426 f); SCHICK, DB 1983, 1193 (1194).
[579] Rowedder-KOPPENSTEINER, GmbHG, § 35, Rdnr. 26.
[580] Baumbach/Hueck-ZÖLLNER, GmbHG, § 35, Rdnr. 79.

grund einer statutarischen Befreiungsermächtigung trägt[581]. Dem ist zuzustimmen, da die Geschäftspartner sich auch bei einer statutarischen Befreiungsermächtigung darauf einstellen können, daß der geschäftsführende Alleingesellschafter von dieser ihm durch die Satzung eingeräumten Befugnis auch tatsächlich Gebrauch macht[582].

2. Umfang der Eintragungspflicht bei der Gestattung

Nach § 10 Abs. 1 S. 2 GmbHG ist die Vertretungsbefugnis der Geschäftsführer immer einzutragen, d.h. auch wenn sie von der gesetzlichen Regelung des § 35 Abs. 2 S. 2 abweicht[583]. Die Praxis kennt die einfache generelle Befreiung vom Verbot des Insichgeschäfts, die Eintragung aufgrund einer statutarischen Befreiungsermächtigung, die modifizierte Befreiung und die abstrakte Befreiung.

a) Eintragungspflichtigkeit der abstrakt-generellen Gestattung

Bei einer abstrakt-generellen Befreiung vom Verbot des Selbstkontrahierens ist in das Handelsregister eingetragen, daß der Geschäftsführer vom Verbot des Insichgeschäfts befreit ist[584]. Ob eine bloße Verweisung auf § 181 BGB ausreicht, ist streitig. Nach richtiger Ansicht ist eine erläuternde Beschreibung erforderlich[585], denn sonst würde die Regelung nicht den Erfordernissen der richtlinienkonformen Auslegung gerecht. Zu beachten ist, daß die Eintragung nur deklaratorisch wirkt[586].

---

[581] Vgl. BGHZ 114, 167 (171) = NJW 1991, 1731 = GmbHR 1991, 261.
[582] OLG HAMM, NJW-RR 1998, 1193 (1194).
[583] § 10 Abs. 1 S. 2 GmbHG ist Ausführungsgesetz zu der die Sicherheit und Leichtigkeit im Geschäftsverkehr zwischen den Angehörigen der Mitgliedsstaaten der EG bezweckenden Richtlinie vom 9.3.1968 und durch das KoordG vom 15.8.1969 (BGBL I, 1146) eingefügt worden.
[584] BGHZ 87, 59 (61); BAYOBLG, BB 1980, 597; OLG HAMM, DNotZ 1996, 816; OLG KÖLN, =LGZ 1980, 317 = DB 1980, 1390; OLG FRANKFURT, OLGZ 1983, 38 ff. =NJW 1983, 944; Hachenburg-MERTENS, GmbHG, § 35, Rdnr. 64; Scholz-WINTER, GmbHG, § 10, Rdnr. 13; FLECK, WM 1985, 677 f.
[585] LG Münster, NJW 1987, 264; BALLOF/FICHTELMANN/GEISSEN/POSDZIECH/WINTER, GmbH-Handbuch, 5140, Rdnr.52; Lutter/HOMMELHOFF, GmbHG, § 8, Rdnr. 15; Scholz-WINTER, GmbHG, § 8, Rdnr. 27.
[586] K. SCHMIDT, Gesellschaftsrecht, § 10 II S. 271; HEINEMANN, GmbHR 1985, 176 (177); a.A. Hachenburg-MERTENS, GmbHG, § 35, Rdnr. 64; EDER/KALLMEYER, GmbH-Handbuch, I. Teil, Rdnr. 581.4, die die Eintragung als Satzungsänderung nur nach der Eintragung gemäß § 54 Abs. 3 GmbHG für wirksam erachtet.

b) Eintragungspflichtigkeit und Eintragungsfähigkeit des statutarischen Befreiungsvorbehalts

Üblich ist auch ein statutarischer Befreiungsvorbehalt, nach dem durch einen einfachen Gesellschafterbeschluß vom Verbot des Insichgeschäfts befreit werden kann[587]. Bei dieser Konstellation könnte man erwägen, ob der statutarische Befreiungsvorbehalt, die Befreiung aufgrund dieses Vorbehaltes oder beide kumulativ im Handelsregister eingetragen werden müssen.

Nach der überwiegenden Meinung ist nur die konkrete Befreiung aufgrund des Befreiungsvorbehaltes einzutragen, da die §§ 8 Abs. 4, 10 Abs. 1 S. 2 GmbHG die Eintragung der aktuellen und nicht potentiellen Vertretungsbefugnisse anordnen[588]. Der zusätzlichen Eintragung des Befreiungsvorbehaltes wird jegliche Aussagekraft abgesprochen, so daß sie die Übersichtlichkeit des Handelsregisters nur unnötig beeinträchtige.

Nach Rechtsprechung des *LG Köln* ist eine kumulative Eintragung des Befreiungsvorbehaltes und der Befreiung möglich[589]. Hierfür spricht, daß ein Befreiungsvorbehalt eine spätere Befreiung durch einen einfachen Gesellschafterbeschluß erleichtert, so daß die Gläubiger einer solchen Gesellschaft besonders darauf achten werden, ob nicht später doch eine Befreiung erfolgt.

Bei der Frage der Eintragungsfähigkeit sollte von dem Grundsatz ausgegangen werden, daß der Kreis der eintragungsfähigen Tatsachen im Gesetz abschließend geregelt ist, so daß nur diejenigen Eintragungen zulässig sind, die das Gesetz ausdrücklich anordnet oder zuläßt[590]. Das Handelsregister soll daher nur über die Rechtsverhältnisse Auskunft geben, die das Gesetz für wesentlich hält. Gesetzlicher Anknüpfungspunkt für die Frage der Eintragungsfähigkeit der Befreiung vom Verbot des § 181 BGB im GmbH-Recht ist § 10 Abs. 1 S. 2

---

[587] Vgl. OLG HAMM, NJW-RR 1998, 1193 (1194); BAYOBLGZ 1984, 109; BAYOBLGZ 1985, 189 (191); OLG ZWEIBRÜCKEN, OLGZ 1983, 36.

[588] OLG HAMM, NJW-RR 1998, 1193 (1194); OLG HAMM, Rpfleger 1997, 169 (170); BAYOBLG, GmbHR 1990, 213 (214); OLG KARLSRUHE, BB 1984, 238 (239); OLG STUTTGART, OLGZ 85, 37 (39 f.); OLG FRANKFURT, OLGZ 1994, 288 (290); LG BERLIN, Rpfleger 1987, 250; Scholz-WINTER, GmbHG, § 8, Rdnr. 27; BALLOF/FICHTELMANN/GEISSEN/POSDZIECH/WINTER, GmbH-Handbuch, 5140, Rdnr.53; HILDEBRANDT, S. 216; Scholz-SCHNEIDER, GmbHG, § 35, Rdnr. 126; Rowedder-KOPPENSTEINER, GmbHG, § 35, Rdnr. 26; Scholz-WINTER, GmbHG, § 10, Rdnr. 12; Baumbach/HUECK, GmbHG, § 8, Rdnr. 15; KANZLEITER, Rpfleger 1984, 1 (2 f.); Hachenburg-MERTENS, GmbHG, § 35, Rdnr. 65.

[589] LG KÖLN, GmbHR 1993, 500 (501).

[590] PIORRECK, BB 1975, 948 (948).

GmbHG, nach dem die Vertretungsbefugnis einzutragen ist. Das Gesetz hält daher nur die aktuelle und nicht die potentielle Vertretungsbefugnis für wesentlich[591].

Das Bestehen der Möglichkeit, den Geschäftsführer vom Verbot des § 181 BGB zu befreien, kann die Eintragungsfähigkeit der statutarischen Befreiungsermächtigung nicht begründen, auch wenn man sie für zweckmäßig halten mag[592].

c) *Eintragungsfähigkeit und Eintragungspflichtigkeit spezieller Befreiungen*

Wegen der Vertragsfreiheit besteht für die vertretene Gesellschaft die Möglichkeit, den Geschäftsführer angepaßt an die besonderen Bedürfnisse der Gesellschaft vom Verbot des § 181 BGB zu befreien.

Insbesondere kommen besonders ausgestaltete Befreiungen für konkrete oder bestimmte Arten von Rechtsgeschäften, auflösend bzw. aufschiebend bedingte oder befristete Befreiungen und letztlich Befreiungen hinsichtlich bestimmter Geschäftspartner in Betracht.

Bei diesen speziellen Befreiungsformen tritt eine Gemengelage zwischen den Interessen der vertretenen Gesellschaft an einer möglichst freien Gestaltung der Vertretungsverhältnisse, den Interessen der allgemeinen Gläubiger, welche, wie oben hergeleitet, dualistisch durch den Schutz des Vermögens des Vertretenen und durch die Publizität des Handelsregisters geschützt werden, und den Interessen der konkret vertragschließenden Gläubiger auf, welche über die Wirksamkeit ihrer Verträge Bescheid wissen müssen und daher eines übersichtlichen Handelsregisters bedürfen.

Man könnte in Betracht ziehen, daß wegen des Interesses des Rechtsverkehrs an der Übersichtlichkeit des Handelsregisters im Bereich des Gesellschaftsrechts nur generelle Befreiungen vom Verbot des § 181 BGB eintragungsfähig sind. Demgegenüber ist aber einzuwenden, daß die Gestattung nach dem Gesetz ein Ausnahmefall ist und daß der Schutz des Vermögens des Vertretenen und der sich daraus ergebende Gläubigerschutz eine differenzierte Form der Befreiung erfordern.

---

[591] OLG HAMM, Rpfleger 1997, 169 (170).
[592] OLG HAMM, Rpfleger 1997, 169 (170); OLG FRANKFURT, OLGZ 1994, 288 (290).

Ausgehend von der Prämisse, daß spezifische Befreiungen notwendig sind, bleiben nur noch drei Möglichkeiten, wie mit diesen registerrechtlich zu verfahren ist:

aa) Eintragung spezieller Befreiungen als Vollbefreiung

Zunächst könnte trotz der speziellen Form der Befreiung die Eintragung als Vollbefreiung zu verlangen sein[593]. Dieses wird zwar dem Gläubigerschutz über die Warnfunktion der Publizität gerecht, bei Beachtung des oben entwickelten dualistischen Gläubigerschutzkonzepts fällt auf, daß der zugleich durch den Vertretenenschutz bewirkte Gläubigerschutz mißachtet würde, da die Gesellschaft wegen § 15 Abs. 2 HGB die eingetragene Vollbefreiung gegen sich gelten lassen müßte[594]. Insofern würden die Vorteile der Eintragung wieder aufgehoben.

bb) Eintragungsfähigkeit und -pflicht nur für die abstrakt-generelle Befreiung

Als weitere Möglichkeit könnten spezielle Befreiungsformen für wirksam erachtet und zugleich nicht für eintragungsfähig gehalten werden, mit der Folge, daß nur die abstrakt-generelle Befreiung eintragungsfähig und – pflichtig wäre: So hat etwa das *LG Berlin* die Eintragung der Befreiung eines Geschäftsführers für alle Rechtshandlungen abgelehnt, die er für die GmbH mit oder gegenüber vier einzeln genannten anderen Gesellschaften vornehme[595]. Hierfür hat es angeführt, daß das Informationsbedürfnis möglicher Gläubiger geringer sei als bei der vollständigen Befreiung. Die Zahl möglicher Vermögensverschiebungen zwischen der Gesellschaft, dem Geschäftsführer und den anderen Gesellschaften sei kleiner. Die eingeschränkte Befugnis lasse darauf schließen, daß der Geschäftsführer nicht völlig freie Hand habe, sondern bei der Ausübung seiner organschaftlichen Vertretungsmacht kontrolliert werde. Das Bedürfnis das Handelsregister übersichtlich zu halten, verbiete eine Eintragung eingeschränkter Befreiungen.

cc) Zusätzliche Eintragungspflicht nur für die konkret-generelle Befreiung

Nach einer anderen Ansicht ist neben der abstrakt-generellen Gestattung nur eine Gestattung des Selbstkontrahierens anzumelden und einzutragen, die bestimmte Arten von Rechtsgeschäften oder Geschäfte mit bestimmten Personen

---

[593] Dazu LG STUTTGART, BWNotZ 1982, 14 (15).
[594] Vgl. zu § 15 HGB: LG STUTTGART, BWNotZ 1982, 14 (15).
[595] LG BERLIN, Rpfleger 1981, 309

oder Gesellschaften umfaßt[596]. Nur die Befreiung für ein konkretes Rechtsgeschäft sei von der Eintragungspflicht auszunehmen[597]. Bei einer so ausgestalteten Befreiung ergebe sich aus der Registereintragung hinreichend deutlich, für welchen Kreis von Rechtsgeschäften die Befreiung vom Verbot des § 181 BGB erteilt ist. Sei dagegen der Kreis der Geschäftspartner unklar und nur anhand von Umständen außerhalb des Handelsregisters bestimmbar, so müsse die Eintragung ausscheiden[598].

dd) Stellungnahme

Die letztgenannte Ansicht vermittelt am besten zwischen dem Ziel der Übersichtlichkeit des Handelsregisters, dem Interesse des Vertretenen an der Möglichkeit spezielle Befreiungen vorzunehmen und den Gläubigerschutzinteressen. Es sollte für zulässig erachtet werden, daß durch die Bezugnahme auf die Registerakten besonders umfangreiche und unübersichtliche Eintragungen vom Handelsregister ferngehalten werden, wenn es der Zweck des § 10 Abs. 1 S. 2 GmbHG zuläßt[599]. Folgender Wortlaut der Eintragung wäre denkbar: „Der Geschäftsführer ist teilweise von den Beschränkungen des § 181 BGB befreit, eingetragen unter Bezugnahme auf die Anmeldung vom ..."[600]

Der Hinweis auf eine beschränkte Befreiung ermöglicht einerseits ein Nachforschen der potentiellen Gläubiger in den Registerakten. Andererseits bleibt die Übersichtlichkeit des Handelsregisters erhalten, wenn besonders umfangreiche Befreiungen durch die Bezugnahme auf die Registerakten von dem Handelsregister ferngehalten werden.

---

[596] OLG DÜSSELDORF, BB 1995, 10; Hachenburg-MERTENS, GmbHG, § 35, Rdnr. 59; BÄRWALDT, Rpfleger 1990, 102 f; BÜHLER, DNotZ 1983, 588 (593), der jede Befreiung ein-getragen wissen will, die sich auf mindestens zwei zu tätigende Rechtsgeschäfte erstreckt.
[597] HILDEBRANDT, S. 220, weist in diesem Zusammenhang darauf hin, daß schon einzelne Rechtsgeschäfte zu einer erheblichen Verringerung des Gesellschaftsvermögens etwa durch Grundstücksübertragungen führen können
[598] OLG HAMM, DNotZ 1996, 816 (818).
[599] KANZLEITER, Rpfleger 1984, 1 (4), vgl. auch Hachenburg-ULMER, GmbHG, § 54, Rdnr. 25 f. zur sinngemäßen und bezugnehmenden Wiedergabe von Anmeldungen.
[600] Beispiel nach LG STUTTGART, BWNotZ 1986, 14 (15); HILDEBRANDT, S. 221.

d) Zulässigkeit der bedingten Befreiung
aa) Die vom Gesellschafterbestand abhängige Befreiung

Befreiungsklauseln, welche zur Bedingung haben, daß der Geschäftsführer zugleich Alleingesellschafter ist, werden von der Rechtsprechung[601] und der Mehrheit des Schrifttums[602] für nicht eintragungsfähig gehalten.

Für die Gegenansicht[603] wird angeführt, daß sonst bei jeder Veränderung von einer mehrgliedrigen zu einer eingliedrigen Gesellschaft (und umgekehrt) die Befreiung eingetragen bzw. gelöscht werden müßte[604].

Der *Bundesgerichtshof* begründet seine Ansicht damit, daß entgegen dem Grundsatz der Offenkundigkeit des Umfangs der dem Geschäftsführer zustehenden Vertretungsmacht in § 10 Abs. 1 S. 2. GmbHG außerhalb der Satzung und des Handelsregisters liegende Umstände herangezogen werden müßten, um den Umfang der Vertretungsmacht des Geschäftsführers festzustellen, da sich die Zahl der Gesellschafter nicht aus dem Handelsregister ersehen lasse. Dieser Argumentation ist zuzustimmen, zumal abzuwarten bleibt, ob die Gesellschafter ihrer Verpflichtung zur Einreichung einer neuen Gesellschafterliste bei Veränderungen in den Personen der Gesellschafter gemäß § 40 Abs. 1 GmbHG n. F. nachkommen werden[605]. Die vom Gesellschafterbestand abhängige Befreiung ist daher noch zu unbestimmt und ohne hinreichenden Aussagewert[606].

Entsprechend dieser Erwägungen ist eine Befreiung nicht eintragungsfähig, die dadurch bedingt ist, daß der Geschäftsführer zugleich Gesellschafter der GmbH ist.

---

[601] BGHZ 87, 59 ff.; BGH, BB 1991, 925; OLG Frankfurt, OLGZ 1984, 44 = BB 1984, 238 f.

[602] Lutter/HOMMELHOFF, GmbHG, § 35, Rdnr. 19; HENZE, GmbH-Handbuch, Rdnr. 148; Münchener Handbuch des Gesellschaftsrechts III -MARSCH-BARNER/DIECKMANN, § 44, Rdnr. 37; KANZLEITER, Rpfleger 1984, 1 (3); BALLOF/FICHTELMANN/GEISSEN/POSDZIECH/ WINTER, GmbH-Handbuch, 5150, Rdnr.10; KEIDEL/SCHMALZ/STÖBER, Registerrecht, Rdnr. 734 c; HILDEBRANDT, S. 224; Baumbach/Hueck-ZÖLLNER, GmbHG, § 35, Rdnr. 75; Rowedder-KOPPENSTEINER, GmbHG, § 35, Rdnr. 26.

[603] BAYOBLGZ 1989, 375 ff. = NJW-RR 1990, 420 = GmbHR 1990, 213; LG BONN, MittRhNotK 1981, 239; PRIESTER, DNotZ 1980, 515 (533, Fn. 98).

[604] LG BONN, MittRhNotK 1981, 239 (240).

[605] Vgl. SCHAEFER, Handelsrechtsreformgesetz, S. 234., der auf die Bedeutung der Anzeigepflicht des Notars bei der Abtretung eines Geschäftsanteils gemäß § 15 Abs. 3 GmbHG hinweist, da ansonsten das Registergericht keine tatsächlichen Anhaltspunkte habe, um die Einreichung einer aktualisierten Gesellschafterliste durch die Geschäftsführer anzufordern und notfalls nach § 14 HGB zu erzwingen.

[606] KANZLEITER, Rpfleger 1984, 1 (3).

bb) Die vom Geschäftsführerbestand abhängige Befreiung

Die vom Geschäftsführerbestand abhängige Befreiungsklausel wird allgemein für zulässig gehalten, da sich die Anzahl der Geschäftsführer unmittelbar aus dem Handelsregister ergibt[607]. Insofern ist eine Gestattung eintragungsfähig, nach der der Geschäftsführer befreit ist, wenn er Alleingeschäftsführer ist.

3. Fortgeltung der Befreiung bei nachträglicher Entstehung einer Einmann-GmbH

Fraglich ist, ob die Befreiung eines Gesellschafter-Geschäftsführers einer mehrgliedrigen GmbH auch für den Fall gilt, daß sich diese in eine eingliedrige verwandelt.

Ausgangspunkt der Problematik ist, daß die Befreiung eines Alleingesellschafters in das Handelsregister einzutragen ist[608] und diese sich auf jeden oder einen konkret bestimmten Geschäftsführer beziehen muß, ohne daß dabei auf die Eigenschaft als einziger Gesellschafter abgestellt werden darf[609].

a) Die Rechtsprechung des Bayrischen Obersten Landesgerichts

Nach der Rechtsprechung des *Bayrischen Obersten Landesgerichts* verliert die Befreiung in der Satzung der mehrgliedrigen GmbH mit der Entstehung einer Einmann-GmbH ihre Wirkung, es sei denn die Befreiung beziehe sich auch ausdrücklich auf den Fall der Umwandlung in eine Einmann-GmbH[610].

Dafür spreche, daß wegen der Entstehung der Einmann-GmbH kein der Publizität zugänglicher Gesellschaftsvertrag einer Einmann-GmbH bestehe. Bei Einsichtnahme in den sich im Sonderband der Handelsregisterakten befindlichen Gesellschaftsvertrag fänden die Gläubiger nur einen Gesellschaftsvertrag einer mehrgliedrigen GmbH vor, so daß sie nicht davon ausgehen würden, daß es zu Vermögensverschiebungen zwischen dem Geschäftsführer und der Gesellschaft kommen werde[611].

---

[607] KANZLEITER, Rpfleger 1984, 1 (3); KEIDEL/SCHMATZ/STÖBER, Registerrecht, Rdnr. 734 c; HILDEBRANDT, S. 224; Hachenburg-ULMER, GmbHG, § 10, Rdnr.10.
[608] BGHZ 87, 59 (63).
[609] BGHZ 87, 59 (63).
[610] BAYOBLG, GmbHR 1987, 428 = BB 1987, 1482 = WM 1987, 982; zustimmend Münchener Kommentar-THIELE, BGB, § 181, Rdnr. 16 b.
[611] BAYOBLG, Rpfleger 1988, 26.

Die gemäß § 40 GmbHG a. F. jährlich einzureichende Gesellschafterliste, aus welcher die Bildung einer Einmann-GmbH ersichtlich sei, stelle keine dem Zweck des Gläubigerschutzes durch Publizität genügende Informationsquelle dar, da diese nur jährlich zu erstellen sei[612]. Maßgebend sei außerdem, daß bei einer eingliedrigen Gesellschaft das Kontrollinstrument der Abberufung aus wichtigem Grund versage, bei dem der abzuberufende Geschäftsführer kein Stimmrecht habe. Die Befreiung von § 181 BGB habe daher bei der eingliedrigen einen viel weitergehenden Inhalt als bei der mehrgliedrigen GmbH, so daß die Vertretungsmacht des Gesellschafter-Geschäftsführers erweitert werde[613].

b) *Ziche*

Ziche stimmt grundsätzlich der Ansicht des *Bayrischen Obersten Landesgerichts* zu. Er begründet dies jedoch aus dem Normzweck des § 35 Abs. 4 S. 1 GmbHG. Das Gesetz bzw. die Gestattung könne nur spezifiziert warnen, wenn eine auf eine Einmann-GmbH hindeutende Registersituation bestehe; hieran fehle es bei einer nachträglichen Entstehung, weil die Registerunterlagen auf die für Gesellschaftsgläubiger weniger gefährliche Mehrgliedrigkeit hinwiesen[614]. Der - nunmehrige - Alleingesellschafter habe indes die Möglichkeit, die in ihrer Wirksamkeit suspendierte Gestattung wieder aufleben zu lassen. Wegen des fehlenden Informationswertes für Dritte hält *Ziche* entgegen der Ansicht des *Bayrischen Obersten Landesgerichts* eine erneute Befreiung weder für erforderlich noch für genügend. Entscheidend sei vielmehr, daß der Einmann eine auf Eingliedrigkeit hindeutende Registerlage schaffe. Das könne geschehen, indem er eine Eingliedrigkeitserklärung zum Handelsregister einreiche[615]. Der Schutz des Rechtsverkehrs sei über § 15 HGB und die hierzu praeter legem entwickelte sog. Wahlrechtstheorie[616] gewährleistet. Dritte könnten, was praktisch seltener der Fall sein werde, geltend machen, daß das Register das Erlöschen nicht ausweise und daß demzufolge die Vertretungsmacht des Alleingesellschafters nach wie vor um die Vornahme von Insichgeschäften erweitert sei. Sie könnten sich nichtsdestoweniger auf die nach materiellem Recht bestehende Rechtslage stützen, was vor allem in den typischen Konfliktsituationen von Bedeutung sei, in denen sich der Einmanngesellschafter auf ein früheres, zu eigenen Gunsten getätigtes Insichgeschäft berufen wolle.

---

[612] EKKENGA, AG 1985, 40 (47); in der Praxis hat sich der Inhalt der Liste häufig als falsch erwiesen, ZIEGLER, Rpfleger 1989, 181.
[613] BAYOBLG, Rpfleger 1988, 26.
[614] ZICHE, S. 231 f.
[615] ZICHE, S. 245.
[616] Vgl. K. SCHMIDT, Handelsrecht, § 14 II 4, S. 405.

c) Die Rechtsprechung des Bundesgerichtshofs

Die Ansicht des *Bayrischen Obersten Landesgerichts* hat in der Literatur starken Widerstand gefunden[617]. Dieser Kritik hat sich das *AG Duisburg* zuerst angeschlossen[618]. Der *Bundesgerichtshof* hat diese Entscheidung nach Vorlage durch das *OLG Düsseldorf*[619] durch Beschluß bestätigt[620]. Nach der gegenwärtigen Ansicht des *Bundesgerichtshofs* bleibt die Gestattung wirksam, wenn sich eine mehrgliedrige GmbH in eine eingliedrige verwandelt[621]. Eine zusätzliche Satzungsklausel, nach der der Geschäftsführer ebenfalls befreit sein solle, wenn sich die mehrgliedrige in eine eingliedrige Gesellschaft verwandelt, wäre somit nur deklaratorisch[622]. Diese Auffassung war schon zu der früheren Rechtsprechung des *Bundesgerichtshofs*, welche noch von der Anwendbarkeit des § 181 BGB auf die Einmann-GmbH ausging, allgemeine Meinung[623].

d) Stellungnahme

Die Ansicht der Bundesgerichtshofs vermag zu überzeugen, da entgegen der Ansicht des *Bayrischen Obersten Landesgerichts* keine inhaltliche Erweiterung der Gestattung im Moment der Umwandlung einer mehrgliedrigen in eine eingliedrige GmbH erfolgt[624]. Nur die Gefahr, daß der Einmanngesellschafter-Geschäftsführer nachteilige Rechtsgeschäfte schließt, ist größer geworden, da er nicht mehr der Kontrolle durch andere Gesellschafter unterliegt. Die Argumentation des *Bayrischen Obersten Landesgerichts* geht daher von der falschen Prämisse einer erweiterten Vertretungsmacht aus[625].

Weiterhin hat der Gesetzgeber durch die Einführung des neugefaßten § 40 GmbHG bestimmt, daß bei jeder Veränderung in den Personen der Gesellschafter unverzüglich eine aktualisierte Gesellschafterliste zum Handelsregister einzureichen ist (§ 40 Abs. 1 GmbHG) und diese Pflicht mit einer

---

[617] TIEDTKE, ZIP 1991, 355 (356 f.); REINICKE/TIEDTKE, WM 1988, 441 (443 f.); dieselben GmbHR 1990, 200 (202 ff.); Rowedder-KOPPENSTEINER, GmbHG, § 35, Rdnr. 26.
[618] AG DUISBURG, DB 1990, 1812; ebenso AG KÖLN, ZIP 1991, 372.
[619] Vorlagebeschluß, ZIP 1991, 368.
[620] BGHZ 114, 167 = NJW 1991, 1731 = GmbHR 1991, 261.
[621] Zustimmend OLG HAMM, GmbHR 1998, 683 ff. = NZG 1998, 598; TIEDTKE, GmbHG 1993, 385 (386); ders. DStZ 1990, 391(393) und Hachenburg-MERTENS, GmbHG, § 35, Rdnr. 64; vgl. auch LG BONN, GmbHR 1993, 99.
[622] REINICKE/TIEDTKE, GmbHG 1990, 200 (205); Baumbach/Hueck-ZÖLLNER, GmbHG, § 35, Rdnr. 80; Rowedder-RITTNER/SCHMIDT-LEITHOFF, GmbHG, § 10, Rdnr. 33.
[623] Vgl. FISCHER LM § 181 BGB Nr. 8, welcher ausdrücklich eine Sonderbehandlung der Einmann-GmbH bei der Frage der Gestattung ablehnt.
[624] So REINICKE/TIEDTKE, GmbHG 1990, 200 (202 ff.).
[625] Vgl. REINICKE/TIEDTKE, GmbHR 1990, 200 (202 f.).

Schadensersatzpflicht der Gesellschafter versehen (§ 40 Abs. 2 GmbHG). Hierdurch ist er sogar über den Vorschlag *Ziches* hinausgegangen, den Schutz der Gläubiger über eine Eingliedrigkeitserklärung zu verwirklichen. Die Verwandlung in eine eingliedrige GmbH ist folglich für die Gläubiger inzwischen zu erkennen und damit eine durch die Publizität des Handelsregister eingegrenzte Gefahr.

Für die „*Entdeckung*"[626] des *Bayrischen Obersten Landesgerichts* besteht daher nach der Neufassung des § 40 GmbHG kein Bedürfnis mehr, sie ist daher abzulehnen[627].

Zu beachten ist jedoch, daß die Befreiung in der mehrgliedrigen Gesellschaft wegen des durch § 35 Abs. 4 S. 1 GmbHG eingeführten Satzungserfordernisses in der Satzung eingetragen sein muß, um in der eingliedrigen GmbH fortgelten zu können[628].

4. Eintragung der Befreiung von Prokuristen und anderer nicht organschaftlicher Vertreter

Die Rechtsprechung hält die Befreiung eines Prokuristen vom Verbot des § 181 BGB nicht für eine eintragungspflichtige Tatsache[629]. Das *OLG Hamm* hält die Befreiung des Prokuristen demgegenüber für eintragungsfähig[630].

Gegen die Eintragungsfähigkeit spricht zwar, daß die Eintragungsfähigkeit der Befreiung von Prokuristen und anderen nicht organschaftlichen Vertretern vom Verbot des § 181 BGB nicht gesetzlich normiert ist. Andererseits ist die Gefahr, die von Insichgeschäften eines Prokuristen oder nicht organschaftlichen Vertreter ausgeht, nicht geringer zu bewerten, als die durch einen Alleingesellschafter-Geschäftsführer bestehende Gefahr, so daß zugunsten einer umgehungsfeindlichen Auslegung des § 181 BGB die Befreiung von Prokuristen und anderen nicht organschaftlichen Vertretern, wenn sich schon eine Eintragungspflicht nicht ableiten läßt, zumindest für eintragungsfähig gehalten werden sollte.

---

[626] So TIEDTKE, DStZ 1990, 391 (392).
[627] REINICKE/TIEDTKE, GmbHG 1990, 200 (204).
[628] TIEDTKE, GmbHR 1993, 385 (387).
[629] BAYOBLGZ 1980, 195 = Rpfleger 1980, 428 = GmbHR 1981, 14; OLG HAMM, OLGZ 1983, 195.
[630] OLG HAMM, OLGZ 1983, 195.

V. Rechtsfolge beim Verstoß gegen §§ 35 Abs. 4 S. 1 GmbHG, 181 BGB und gegen § 181 BGB bei der Einmann-GmbH

1. Meinungsstand

Nach einer differenzierenden Ansicht, führt ein Verstoß gegen die §§ 35 Abs. 4 S. 1 GmbHG, 181 BGB abweichend vom allgemeinen bürgerlichen Recht nicht zur schwebenden Unwirksamkeit eines (zweiseitigen) Rechtsgeschäfts, sondern zieht die Nichtigkeit jedes Insichgeschäfts nach sich[631]. Das folge aus dem präventiv ausgerichteten Schutzkonzept der Neuregelung, mit dem sich die Möglichkeit einer Genehmigung nicht vertrage.

Demgegenüber gehen Teile der Literatur auch bei einem Verstoß gegen § 181 BGB durch den Alleingesellschafter-Geschäftsführer einer Einmann-GmbH von einer schwebenden Unwirksamkeit aus[632].

2. Stellungnahme

Für die Rechtsfolge einer schwebenden Unwirksamkeit im Anwendungsbereich der §§ 35 Abs. 4 S. 1 GmbHG, 181 BGB spricht, daß der Gesetzgeber ein Abweichen von einer allgemein anerkannten Rechtsfolge noch nicht einmal angedeutet hat. Dennoch sollte im Bereich der Tatbestandsverweisung des § 35 Abs. 4 S. 1 GmbHG von der Nichtigkeit als Rechtsfolge ausgegangen werden, da der Wille des Gesetzgebers, auf die mögliche Vornahme eines Insichgeschäfts im Wege des Selbstkontrahierens durch die publizierte Gestattung hinzuweisen, leerliefe, wenn der Alleingesellschafter durch die Möglichkeit der Genehmigung derartige Rechtsgeschäfte am Ende doch abschließen könnte. Die ex-tunc-Wirkung der Genehmigung steht infolgedessen in diametralem Gegensatz zu der gesetzgeberischen Intention.

Mithin ist beim Selbstkontrahieren des nicht vom Verbot des § 181 BGB befreiten Alleingesellschafter-Geschäftsführers eine Neuvornahme des Rechtsgeschäfts notwendig.

Etwas anderes muß jedoch für die Mehrvertretung des Alleingesellschafter-Geschäftsführers gelten, auf das nur § 181 BGB anzuwenden ist[633], denn hier sind

---

[631] OLG HAMM, GmbHR 1992, 669; KREUTZ, FS Mühl, 409 (428); ZICHE, S. 370; Hachenburg-MERTENS, GmbHG, § 35, Rdnr. 66; EKKENGA, AG 1985, 40 (46); MEYER-LANDRUT/Miller/Niehus, GmbHG, §§ 35-38, Rdnr. 24.
[632] Baumbach/Hueck-ZÖLLNER, GmbHG, § 35, Rdnr. 78; Scholz-SCHNEIDER, GmbHG, § 35, Rdnr. 109; AXHAUSEN, Beck'sches GmbH-Handbuch; § 5, Rdnr. 87.

die Gefahren für die vertretene GmbH wegen des schwächeren Interessenkonflikts der Parteilichkeit geringer.

C. Die Anwendbarkeit des § 181 BGB und der verbandsrechtlichen Stimmverbote bei der Aktiengesellschaft

Die Notwendigkeit eines Gläubigerschutzes durch § 181 BGB ist bei der Aktiengesellschaft ähnlich zu bewerten wie bei der GmbH, da nach § 1 Abs. 1 S. 2 AktG für die Verbindlichkeiten der Gesellschaft nur das Gesellschaftsvermögen den Gläubigern haftet. Insofern müssen die Gesellschaftsgläubiger vor der Aufzehrung des Vermögens geschützt werden. Im Vergleich zur GmbH bestehen jedoch strengere **Kapitalaufbringungsvorschriften** sowie die Rücklagenvorschrift des § 150 AktG, weshalb es unter anderem in der Praxis weniger Insolvenzen gibt.

Darüber hinaus darf nach §§ 89, 115 AktG eine Aktiengesellschaft ihren Vorstands- und Aufsichtsratsmitgliedern, Generalbevollmächtigten und Prokuristen nur mit Zustimmung des Aufsichtsrats Kredit gewähren.

Das Bedürfnis für den Schutz der Gläubiger ist dennoch nicht nur theoretischer Natur, so daß geprüft werden muß, inwieweit der durch § 181 BGB gewährte Schutz bei der Aktiengesellschaft optimal umgesetzt werden kann.

I. Die Anwendbarkeit des § 181 BGB auf Rechtsgeschäfte des Vorstands einer Aktiengesellschaft

1. Ausgangspunkt

Unter der Geltung des Aktiengesetzes von 1937 wurde die Frage, ob § 181 BGB der Vertretung der Gesellschaft durch den Vorstand bei Insichgeschäften entgegensteht, vor allem unter dem Aspekt des § 97 AktG 1937 betrachtet[634]. Durch § 112 AktG hat sich die Rechtslage grundlegend verändert. Danach wird die Gesellschaft gegenüber ihren Vorstandsmitgliedern durch den Aufsichtsrat gerichtlich und außergerichtlich vertreten. § 112 AktG erweitert mithin die gesetzliche Vertretungsmacht des Aufsichtsrates. Bestand diese vorher nur in der Befugnis, Aktivprozesse namens der Gesellschaft gegen die Vorstandsmitglieder führen, so umfaßt seine Vertretungsmacht jetzt allgemein

---
[633] Siehe oben § 9 B I 2.
[634] RITTER, AktG, § 97.

und ausschließlich die gerichtliche und außergerichtliche Vertretung gegenüber dem Vorstand.

Ob und in welchem Ausmaß weiterhin ein Anwendungsbereich für § 181 BGB bei Interessenkollisionen von Vorstandsmitgliedern besteht, hängt im wesentlichen von der sachlichen Tragweite des § 112 AktG ab.

2. Selbstkontrahieren

a) Das Selbstkontrahieren des Vorstands der Mehrpersonen-Aktiengesellschaft

§ 112 AktG regelt, daß die Gesellschaft „Vorstandsmitgliedern gegenüber" durch den Aufsichtsrat vertreten wird. Insoweit ist die gesetzliche Vertretungsbefugnis der Vorstandsmitglieder nach § 78 AktG durch § 112 AktG eingeschränkt, so daß § 181 BGB beim Selbstkontrahieren nicht eingreifen kann[635].

Bezüglich der Rechtsfolgen ist umstritten, ob ein gegen § 112 AktG verstoßendes Selbstkontrahieren nach § 177 BGB genehmigungsfähig oder ob es von Anfang an nichtig ist. Der *Bundesgerichtshof* hat diese Frage bisher offengelassen[636]. Nach *Hübner*[637] kann hingegen ein Verstoß gegen § 112 AktG genehmigt werden, während die herrschende Literaturmeinung ein Rechtsgeschäft, das der Vorstand entgegen § 112 AktG schließt, wegen gemäß § 134 BGB für nichtig hält[638]. Letzteres überzeugt, denn bei § 112 AktG handelt es sich um eine gemäß § 23 Abs. 5 AktG zwingende Zuständigkeitsanordnung. Diese würde gesetzwidrig umgangen, wenn der Aufsichtsrat seine Zuständigkeit mit Genehmigungsvorbehalt delegieren könnte[639]. Daher muß, sofern eine Heilung beabsichtigt ist, das Rechtsgeschäft nach § 141 BGB wiederholt werden.

---

[635] HÜFFER, AktG, § 78, Rdnr. 6; EKKENGA, AG 1985, 40 (41); die für eine uneingeschränkte Anwendung des § 181 BGB im Aktienrecht plädierende Gegenansicht (BUCHMANN, S. 17 f.) geht daher fehl.
[636] BGH, WM 1993, 1630 (1631).
[637] U. HÜBNER, Interessenkonflikt, S. 249 f.; ebenso GODIN-WILHELMI, AktG, § 78, Anm. 8.
[638] Kölner Kommentar-MERTENS, AktG, § 78, Rdnr. 20; Geßler/Hefermehl/Eckardt-HEFERMEHL, AktG, § 78, Rdnr. 87; Großkommentar-MEYER-LANDRUT, AktG, § 112, Anm. 1; etwas anderes gilt jedoch, wenn der Aufsichtsratsvorsitzende einer AG ohne Vertretungsmacht im Namen der AG ein Rechtsgeschäft mit einem Vorstandsmitglied abschließt. Ein solches Geschäft kann gemäß §§ 177 ff. BGB genehmigt werden, vgl. OLG KARLSRUHE, WM 1996, 161 ff.
[639] Kölner Kommentar-MERTENS, AktG, § 78, Rdnr. 20; SEMLER, FS Rowedder, 441 (456).

Zu beachten ist, daß die Vorschrift des § 112 AktG im Gegensatz zu § 181 BGB keine Möglichkeit vorsieht, dem Vorstand den Abschluß eines Insichgeschäfts zu gestatten; eine entsprechende Regelung in der Satzung wäre wegen Verstoßes gegen das Gebot der Satzungsstrenge nach § 23 Abs. 5 AktG unwirksam.

Die klare kompetenzrechtliche Vorschrift des § 112 AktG kann auch nicht durch eine Ermächtigung eines anderen gesamtvertretungsberechtigten Vorstandsmitglieds umgangen werden, da die Erstarkungstheorie nach der hier vertretenen Meinung abzulehnen ist. Hielte man die Erstarkungstheorie für zutreffend, so könnte sich der Vorstand Vorteile gegenüber der juristischen Person verschaffen, die ihm der Aufsichtsrat verwehrt hat[640].

b) Das Selbstkontrahieren des Vorstands einer Einmann-Aktiengesellschaft

Bei der Einmann-AG gibt es bezüglich des Selbstkontrahierens keine Besonderheiten, da bei ihr gemäß § 105 AktG ein vom Vorstand personenverschiedener Aufsichtsrat gebildet werden muß[641]. Die Vertretung der Einmann-AG gegenüber ihrem Alleinaktionär muß somit durch den Aufsichtsrat erfolgen.

3. Mehrvertretung

a) Die Mehrvertretung des Vorstands der Mehrpersonen-Aktiengesellschaft

Vertritt der Vorstand gleichzeitig die Gesellschaft und einen Dritten, so liegt kein Rechtsgeschäft gegenüber dem Vorstand sondern gegenüber dem Dritten vor, so daß § 112 AktG keine Anwendung findet[642].

Die Mehrvertretung unterliegt den Schranken des § 181 BGB[643]. Der Vorstand ist daher nur zur Mehrvertretung befugt, wenn sie ihm vom Vertretenen gestattet ist oder durch sie eine Verbindlichkeit erfüllt wird. Tatbestandlich liegt jedoch bereits keine Mehrvertretung vor, wenn ein Vorstandsmitglied im Namen eines Dritten mit der Gesellschaft, vertreten durch die übrigen Vorstandsmitglieder,

---

[640] BGH, WM 1969, 803; RGRK-STEFFEN, BGB, § 181, Rdnr. 16.
[641] HILDEBRANDT, . S. 75; U. HÜBNER, Interessenkonflikt, S. 251, Fn. 2; GEßLER, AktG, § 112, Rdnr. 5.
[642] Geßler/Hefermehl/Eckardt-HEFERMEHL, AktG, § 78, Rdnr. 88; EKKENGA, AG 1985, 40 (42); a.A. ZICHE, S. 326, der § 112 AktG analog anwendet, da die vertretene Drittperson eine nahestehende Person sein könne; zur Frage einer Analogie für nahestehende Personen vergleiche jedoch oben § 3 H.
[643] Staudinger-SCHILKEN, BGB, § 181, Rdnr. 19; COMMICHAU, Rpfleger 1995, 98 f.

ein Rechtsgeschäft abschließt, solange der Restvorstand auch ohne das andere Vorstandsmitglied vertretungsbefugt ist[644].

§ 181 BGB greift tatbestandlich ein, wenn zwei Gesellschaften dieselben Vorstandsmitglieder haben und diese Doppelmandatare ein Rechtsgeschäft zwischen den Gesellschaften abschließen[645]. In Vertragskonzernen ist § 181 BGB nach hier vertretener Ansicht teleologisch zu reduzieren[646].

b) Die Mehrvertretung des Vorstands der Einmann-Aktiengesellschaft

Eine unter Bezugnahme auf die frühere Rechtsprechung zur teleologischen Reduktion des § 181 BGB[647] vertretene Restriktion des § 181 BGB für den Fall der Mehrvertretung[648] ist nach der Einführung des § 35 Abs. 4 S. 1 GmbHG nicht mehr vertretbar[649].

c) Die Ermächtigung unter Gesamtvertretern

Wenn bei der Mehrvertretung nur ein gesamtvertretungsberechtigtes Vorstandsmitglied auf beiden Seiten des Rechtsgeschäfts vertreten ist, gilt § 181 BGB, da die in § 181 BGB vorausgesetzte Personengleichheit nicht dadurch entfällt, daß auf der einen Seite alle Gesamtvertreter handeln und auf der anderen Seite nur einer von ihnen[650].

Dies gilt nach die hier entwickelten Meinung[651] auch dann, wenn der durch das Verbot der Mehrvertretung an der Vertretung gehinderte Gesamtvertreter gemäß § 78 Abs. 4 AktG einen anderen Gesamtvertreter zu selbständigen Handeln im Namen der Gesellschaft ermächtigt. Zwar ist der hier abgelehnten Erstarkungstheorie zuzugeben, daß unter formaler Betrachtungsweise keine Mehrvertretung vorliegt, wenn der ermächtigte Gesamtvertreter namens der Gesellschaft mit dem für einen Dritten handelnden ermächtigenden Gesamtvertreter ein Rechtsgeschäft abschließt. Hieraus kann aber nach der hier entwickelten Ansicht nicht gefolgert werden, daß § 181 BGB für den ermächtigten Gesamtvertreter nicht gilt[652], da in der Person des Ermächtigten ein der Mehrvertretung

---

[644] Geßler/Hefermehl/Eckardt-HEFERMEHL, AktG, § 78, Rdnr. 89.
[645] Geßler/Hefermehl/Eckardt-HEFERMEHL, AktG, § 78, Rdnr. 90.
[646] Siehe oben § 4 C V 1 und 3.
[647] BGHZ 56, 97.
[648] So Geßler/HEFERMEHL/Eckardt/Kropff, AktG, § 78, Rdnr. 95.
[649] HÜFFER, AktG, § 78, Rdnr. 6 f.
[650] Geßler/Hefermehl/Eckardt-HEFERMEHL, AktG, § 78, Rdnr. 89.
[651] Ausführlich dargestellt unter § 3 G 2.
[652] Vgl. auch HÜFFER, AktG, § 78, Rdnr. 6; a.A. Geßler/Hefermehl/Eckardt-HEFERMEHL, AktG, § 78, Rdnr. 90.

vergleichbarer Interessenkonflikt vorliegt, so daß eine analoge Anwendung von § 181 BGB vorzunehmen ist[653].

II. Der Anwendungsbereich der verbandsrechtlichen Stimmverbote und des § 181 BGB bei Beschlüssen in der Aktiengesellschaft

Bei der Bestimmung des Anwendungsbereichs der verbandsrechtlichen Stimmverbote und des § 181 BGB bei Beschlüssen in der Aktiengesellschaft ist zwischen Hauptversammlungsbeschlüssen und Aufsichtsratsbeschlüssen zu unterscheiden. Es ist jeweils zuerst der direkte und analoge Anwendungsbereich des § 136 Abs. 1 AktG, anschließend der gesetzesanaloge Anwendungsbereich des § 181 BGB bei der Stimmvertretung und subsidiär der rechtsanaloge Anwendungsbereich der verbandsrechtlichen Stimmverbote und des § 181 BGB zu ermitteln.

1. Hauptversammlungsbeschlüsse

Ein bedeutsamer Unterschied zu den §§ 47 Abs. 4 S. 2 GmbHG, 34 BGB besteht darin, daß der Ausschluß des Aktionärs vom Stimmrecht, der Gegner des Rechtsgeschäfts ist, über welches Beschluß gefaßt wird, in § 136 Abs. 1 AktG 1965 für die Aktiengesellschaft nicht mehr enthalten ist. Die Herausnahme dieses Stimmverbotes aus dem Aktienrecht war aber eine bewußte gesetzgeberische Entscheidung[654] und ist daher hinzunehmen. Das Stimmverbot besteht daher nur für die Entlastung, die Befreiung von einer Verbindlichkeit und die Geltendmachung von Ansprüchen.

a) § 136 Abs. 1 AktG in direkter und gesetzesanaloger Anwendung
aa) Die Entlastung

Nach dem Wortlaut des § 136 Abs. 1 AktG gilt das Stimmverbot bei der Entlastung nur für das betroffene Mitglied. Es stellt sich die Frage, ob die Geltung des Stimmverbotes auf einen größeren Personenkreis erstreckt werden muß.

(1) Die Entlastung des gesamten Vorstands und Aufsichtsrats

Bei der Gesamtentlastung des Vorstands und Aufsichtsrats durch einen einzigen Beschluß der Hauptversammlung ist jedes Mitglied beider Organe persönlich

---

[653] Siehe oben § 3 IV 1 b.
[654] Vgl. Amtl. Begr., in: KLAUSING, AktG, 1937, S. 101.

betroffen, so daß das Stimmverbot für alle Aufsichtsratsmitglieder und Vorstandsmitglieder gilt[655].

(a) Die Entlastung des gesamten Vorstands

Bei der Entlastung des gesamten Vorstands sind nach § 136 Abs. 1 AktG alle Vorstandsmitglieder betroffen, so daß nur sie vom Stimmrecht ausgeschlossen sind. Fraglich ist, ob auch die Aufsichtsratsmitglieder bei der Beschlußfassung über die Entlastung des gesamten Vorstands vom Stimmrecht ausgeschlossen sind. Nach der herrschenden Meinung besteht bei diesem Beschluß grundsätzlich kein Stimmverbot[656]. Etwas anderes gelte nur, wenn die Entlastung sich um Umstände beziehe, bei denen die konkrete Möglichkeit einer Pflichtverletzung des Aufsichtsrates bestehe[657].

Nach meiner Einschätzung gilt das Stimmverbot bei der Entlastung eines Organs auch für dessen Kontrollorgan, da bei einer Mißbilligung der Verwaltung durch den Vorstand immer zugleich eine Mißbilligung des Aufsichtsrats als dessen Überwachungsorgan liegt, mit dem Vorwurf, daß dieser seinen Kontrollpflichten nach § 111 Abs. 1 AktG nicht nachgekommen ist.

(b) Die Entlastung des gesamten Aufsichtsrats

Das zuvor Gesagte gilt umgekehrt auch für die Entlastung des gesamten Aufsichtsrats, da ein die Überwachungstätigkeit des Aufsichtsrats mißbilligender Beschluß immer auch eine Mißbilligung der Verwaltungstätigkeit des Vorstands beinhaltet, so daß auch Vorstandsmitglieder bei der Entlastung des Aufsichtsrats nicht mitstimmen dürfen.

(2) Die Einzelentlastung der Vorstands- und Aufsichtsratsmitglieder

Bei der gesonderten Abstimmung über die Entlastung jedes einzelnen Organmitglieds besteht nach der herrschenden Literaturansicht kein Stimmverbot für die anderen Organmitglieder[658]. Der *Bundesgerichtshof* erweitert das Stimmverbot auf sämtliche Organmitglieder in den Fällen, in denen es um eine gemeinschaftliche Begehung der Pflichtverletzung geht[659]. Eine andere Beurtei-

---

[655] Hachenburg-HÜFFER, GmbHG, § 47, Rdnr. 144; BARNER, S. 36, die Zulässigkeit einer solchen gemeinsamen Entlastung ist jedoch wegen § 120 Abs.1 S. 1 umstritten.
[656] Geßler/Hefermehl/ECKARDT/Kropff, AktG, § 136, Rdnr. 14.
[657] Vgl. das obiter dictum des OLG MÜNCHEN in: NJW-RR 1993, 1507 (1509 f.).
[658] Geßler/Hefermehl/ECKARDT/Kropff, AktG, § 136, Rdnr. 15.
[659] BGHZ 97, 28 (34); BGH, WM 1989, 1090 (1091).

lung sei nur bei der Entlastung für einzelne Maßnahmen des betreffenden Organmitglieds angebracht.

Diese feinsinnige Differenzierung des *Bundesgerichtshofs* berücksichtigt meines Erachtens nicht hinreichend, daß die Vorstands- und Aufsichtsratsmitglieder zur gegenseitigen Kontrolle ihrer Amtsführung verpflichtet sind. Dieses hat zur Folge, daß die Entlastung eines anderen Vorstands- oder Aufsichtsratsmitglieds zugleich die Entlastung der eigenen Person im Hinblick auf diese Kontrollpflicht bedeutet. Das Vorliegen einer genau abgrenzbaren Einzelmaßnahme betrifft daher nur einen Einzelfall, so daß aus Gründen der Rechtssicherheit nur ein generelles Stimmverbot sachgerecht ist.

Vorstands- und Aufsichtsratsmitglieder dürfen mithin weder bei der Entlastung einzelner Organmitglieder, der einzelnen Organe noch beider Organe zusammen mitstimmen.

bb) Die Befreiung von einer Verbindlichkeit

Der Aktionär ist ferner vom Stimmrecht ausgeschlossen, wenn er von einer Verbindlichkeit befreit werden soll. Dieses kommt allerdings nicht häufig vor, da die Hauptversammlung teilweise nicht zuständig ist oder die Befreiung von aktienrechtlichen Haftungsverbindlichkeiten teilweise ausdrücklich verboten ist[660].

cc) Die Geltendmachung von Ansprüchen

§ 136 Abs. 1 AktG umfaßt ferner den Stimmrechtsausschluß bei der Anspruchsgeltendmachung gegenüber dem Aktionär.

b) § 181 BGB in gesetzesanaloger Anwendung

§ 181 BGB ist nach dem hier vertretenen Ansatz[661] auf die Vertretung durch einen Mitaktionär bei satzungsändernden oder grundlegenden Beschlüssen in der Aktiengesellschaft gesetzesanalog anzuwenden[662]. Der Anwendungsbereich dürfte wegen § 23 Abs. 5 AktG nur gering sein.

Bei den satzungsändernden Beschlüssen greift § 181 BGB in gesetzesanaloger Anwendung bei Beschlüssen über die Maßnahmen der Kapitalerhöhung und

---

[660] Vgl. § 66 AktG.
[661] Siehe oben § 5 A II 2 b bb.
[662] Die Zulässigkeit der Stimmrechtsvollmacht bei der Aktiengesellschaft ist in § 134 Abs. 3 AktG ausführlich geregelt.

Kapitalherabsetzung (§§ 182 ff. AktG), über die Änderung des Unternehmensgegenstandes[663] und über die Auferlegung von Nebenverpflichtungen (§ 180 Abs. 1 AktG) ein.

Darüber hinaus umfaßt die gesetzesanaloge Anwendung die Grundlagenbeschlüsse, die nach der hier vertretenen Ansicht am qualifizierten Mehrheitserfordernis zu ermitteln sind. Über die bereits genannten satzungsändernden Beschlüsse hinaus, die wegen ihrer qualifizierten Mehrheitserfordernisse zugleich zu den Grundlagenbeschlüssen zu zählen sind, ist vor allem an Auflösungsbeschlüsse (§ 262 Abs. 1 Nr. 2 AktG) und Beschlüsse über Unternehmensverträge (§ 293 Abs. 1 AktG) zu denken.

aa) Die verbandsrechtlichen Stimmverbote und § 181 BGB in rechtsanaloger Anwendung

Nach der hier vertretenen Ansicht[664] umfaßt die rechtsanaloge Anwendung der verbandsrechtlichen Stimmverbote und des § 181 BGB Beschlüsse über die Abberufung eines Organs aus wichtigem Grund. Ein Stimmverbot für Beschlüsse über die Organbestellung läßt sich nicht ableiten, da sonst elementare Mitgliedschaftsrechte berührt würden und da Aktionäre nicht verwehrt werden kann, seine mitgliedschaftlichen Sonderinteressen in der Gesellschaft wahrzunehmen[665]. Insofern besteht bei der Wahl[666] des Anteilseignervertreters im Aufsichtsrat nach § 101 Abs. 1 AktG kein Stimmverbot.

2. Aufsichtsratsbeschlüsse

Nach § 111 AktG überwacht der Aufsichtsrat die Geschäftsführung des Vorstands. Das einzelne Aufsichtsratsmitglied hat bei der Wahrnehmung seines Amtes allein die Interessen des Unternehmens zu wahren[667]. Unter dem Unternehmensinteresse ist die Erhaltung und langfristige Rentabilität des Unternehmens zu sehen[668]. Falls das Aufsichtsratsmitglied schuldhaft seine Tätigkeit

---

[663] Die Änderung des Unternehmensgegenstandes ist wegen § 23 Abs. 3 Nr. 2 AktG notwendig Satzungsänderung.
[664] Siehe oben § 5 A. II 2 b cc.
[665] ZÖLLNER, Schranken, S. 225 ff.
[666] Neben der Wahl sieht § 101 Abs. 2 AktG auch die Möglichkeit der Entsendung von Aufsichtsratsmitgliedern aufgrund eines entsprechenden Rechts vor, dies allerdings höchstens für ein Drittel der Aktionärsvertreter.
[667] BVerfGE 50, 290 (374); BGHZ 36, 306 (310); 64, 325 (330 f.); 83, 144 (147 ff.); 106, 54 (65).
[668] Zum Begriff des Unternehmensinteresses vgl.: JÜRGENMEYER, Das Unternehmensinteresses, S. 51 ff.

nicht mit der Sorgfalt eines ordentlichen und gewissenhaften Aufsichtsratsmitglieds führt, so führt dieses zu einem Schadensersatzanspruch der Gesellschaft. Die Verpflichtung des Aufsichtsratsmitglieds auf das Unternehmensinteresse wird durch die Unabhängigkeit in der Amtsausführung gesichert[669].

Durch die gesetzliche Ausgestaltung des Aufsichtsratsamts als Nebenamt[670] kollidieren jedoch zwangsläufig die in ihm zu verfolgenden Interessen mit denen des Hauptamtes oder anderen Nebenamtes[671] des Aufsichtsratsmitglieds[672]. Obwohl im Aktiengesetz nichts über die Offenlegung von Interessenkonflikten, über den Ausschluß von der Beratung, über Stimmverbote, die Amtsniederlegung oder die Unvereinbarkeit bestimmter Ämter[673] geregelt ist, besteht grundsätzlich Einigkeit, daß bei bestimmten Interessenkonflikten des Aufsichtsratsmitglieds Stimmverbote bestehen können. Wie diese im einzelnen abzuleiten sind, ist umstritten[674].

a) Meinungsstand

Nach der wohl noch herrschenden Meinung ist § 34 BGB analog auf die Beschlüsse des Aufsichtsrats anzuwenden[675], ohne daß die Anwendung gerade dieser Norm besonders begründet wird.

In formeller Hinsicht läßt sich die analoge Anwendung des § 34 BGB aus der subsidiären Geltung des Vereinsrechts begründen, für die die Normen des § 3 AktG und § 6 HGB sprechen. Dabei bleibt wegen des ausdifferenzierten Systems des Aktienrechts kaum ein Anwendungsbereich für eine ergänzende oder analoge Anwendung des Vereinsrechts, denn dieses gilt nur, wenn im Aktienrecht gegenüber dem Vereinsrecht des BGB nicht „ein anderes bestimmt ist".

---

[669] DREHER JZ 1990, 896 (897), die Unabhängigkeit von nach § 101 Abs. 2 AktG entsandten Aufsichtsratsmitgliedern wird von STOBER, NJW 1984, 449 (455) bestritten.
[670] Nach § 110 Abs. 3 AktG tagt der Aufsichtsrat nur vierteljährlich, die Vergütung ist auf eine angemessene begrenzt (§ 113 Abs. 1 AktG) und eine Person kann bis zu 10 Aufsichtsratsmandate innehaben (§ 100 Abs. 2 Nr. 1 AktG).
[671] Die einhellige Meinung hält die Mitgliedschaft in den Aufsichtsräten konkurrierender Unternehmen nicht für einen wichtigen Grund: BGHZ 39, 116 (123); GEßLER/Hefermehl /Eckardt/Kropff, AktG, § 103, Rdnr. 39 m.w.N.
[672] DREHER, JZ 1990, 896 (897).
[673] Bis auf das Verbot der Überkreuzverflechtung zwischen zwei Gesellschaften durch die Mitgliedschaft jeweils eines Vorstandsmitglieds im Aufsichtsrat der anderen Gesellschaft und das Verbot der gleichzeitigen Zugehörigkeit zum Vorstand und Aufsichtsrat in § 105 AktG.
[674] Vgl. nur die ausführliche Darstellung bei MATTHIEßEN, S. 51 ff.
[675] HOFFMANN, Rdnr. 501; Kölner Kommentar-MERTENS, AktG, § 108, Rdnr. 49; MESTMÄCKER, Verwaltung, S. 250; NIRK/Brezing/Bächle, AG-Handbuch, Rdnr. 945.

Dabei läßt sich aus dem Fehlen von Stimmverbotsvorschriften für den Aufsichtsrat entweder begründen, daß nichts anderweitiges geregelt ist, oder daß das AktG gerade ein Stimmverbot für Aufsichtsrats- und Vorstandsmitglieder ausschließen wollte.

Matthießen[676] leitet ein Stimmverbote für Beschlußfassungen im Aufsichtsrat aus dem Verbot des Insichgeschäfts und aus dem hier nicht für tragfähig erachteten[677] Gesichtspunkt des Verbots des Richtens in eigener Sache ab, während *Müller*[678] die verbandsrechtlichen Stimmverbote in Form einer Gesamtanalogie anwenden will.

Engfer und *Schneider*[679] nehmen demgegenüber bei erheblichen persönlichen Interessenkonflikten einen Stimmrechtsausschluß an.

b) *Stellungnahme und Umsetzung des eigenen Ansatzes*

Die von *Engfer* und *Schneider* favorisierte Annahme eines Stimmverbotes bei erheblichen persönlichen Interessenkonflikten ist zu wenig konturiert und birgt die Gefahr einer uferlos weiten Ausdehnung des Stimmverbots, durch die der Aufsichtsrat in seiner Arbeit ständig beeinträchtigt wäre, da die Rechtswirksamkeit seiner Beschlüsse bei erst nachträglich erkannten Interessenkonflikten eines Aufsichtsratsmitglieds gefährdet wäre[680].

Auch die von der herrschenden Meinung vertretene analoge Anwendung des § 34 BGB auf die Beschlüsse des Aufsichtsrats ist abzulehnen. Die häufig zugunsten der analogen Anwendung des § 34 BGB angeführte Wesensverwandtschaft zwischen Verein und AG taugt nicht als Argument für die subsidiäre Geltung des Vereinsrechts, da entsprechende Pläne von der zweiten Kommission aufgegeben worden sind[681]. Mithin bleibt als Argument für eine analoge Anwendung des § 34 BGB auf Abstimmungen im Aufsichtsrat nur die allgemeine Ergänzungsfunktion des Vereinsrechts[682] sowie die Erwägung, daß in § 28 BGB die Vorschrift des § 34 BGB ausdrücklich für Beschlußfassungen der Vorstandsmitglieder eines Vereins für anwendbar erklärt wird.

---

[676] MATTHIEßEN, S. 228 ff. und 282 ff.
[677] Vgl. oben § 5 A 2.
[678] MÜLLER, S. 42.
[679] ENGFER, S. 112. f.; Scholz-SCHNEIDER, GmbHG, § 52, Rdnr. 295 für den Aufsichtsrat der GmbH.
[680] DREHER, JZ 1990, 896 (901).
[681] Vgl. Staudinger-COING (Vorauflage), Einl. zu §§ 21-89, Rdnr. 2.
[682] Vgl. GIESEN, S. 110.

Insofern ist es sachgerecht, die einzelnen analogiefähigen Inhalte der mitgliedschaftlichen Stimmverbote im Wege einer Gesetzesanalogie als Stimmverbote anzuwenden, wenn die Interessenlage den durch diese geregelten Fällen vergleichbar ist, da diese Gesetzesanalogie zu allen verbandsrechtlichen Stimmverboten auf einer breiteren gesetzlichen Grundlage steht. Diese ist wiederum durch eine Gesetzesanalogie zu § 181 BGB bei der Stimmvertretung sowie eine Rechtsanalogie zu den beiden Normkomplexen zu ergänzen.

Im Rahmen der vorzunehmenden Prüfung der Vergleichbarkeit der Interessenlage ist allerdings zu beachten, daß der Gesetzgeber dem Aufsichtsrat die Zustimmung zu Verträgen zwischen der Gesellschaft und dem Aufsichtsratsmitglied (§ 114 AktG), die Kreditgewährung an das Aufsichtsratsmitglied (§ 115 AktG) und den Beschluß über den Antrag auf gerichtliche Abberufung aus wichtigem Grund (§ 103 Abs. 1 S. 1 AktG) als Aufgabe zugewiesen hat[683].

Überdies ist zu berücksichtigen, daß es beim Aufsichtsrat wegen der vom Gesetzgeber gewollten Heterogenität der Aufsichtsratsmitglieder institutionalisierte Interessenkonflikte etwa durch die zwangsweise Beteiligung von Gewerkschaftsvertretern (§ 7 Abs. 2 MitbestG) gibt, denen nicht durch ein Stimmverbot entgegengesteuert werden darf. Ein gewichtiger Einwand gegen Stimmverbote bei *funktionsbedingten Interessenkonflikten* liegt zudem darin, daß bei diesen das Organmitglied nicht unmittelbar persönlich betroffen ist. Daher behalten nach herrschender Meinung[684] Arbeitnehmervertreter im rechtmäßigen Arbeitskampf ihr Stimmrecht im Aufsichtsrat. Sie müssen sich jedoch wegen der Schadensersatzpflicht der §§ 93, 116 AktG am Unternehmensinteresse orientieren und sich nicht unter Ausnutzung ihrer Stellung als Aufsichtsratsmitglied am Arbeitskampf beteiligen. Ein Stimmverbot für die typischen Interessenkonflikte eines Arbeitnehmervertreter etwa im Arbeitskampf würde der Wertung des Mitbestimmungsgesetzes von 1976 widersprechen, welches diesen Interessenkonflikt institutionalisiert hat[685].

Das gleiche gilt für *funktionsbedingte Interessenkonflikte* eines Aufsichtsratsmitglieds, die durch seine Stellung als organschaftlicher Vertreter eines Kreditgebers, Lieferanten, Abnehmers bestehen. Ferner darf den

---

[683] Vgl. BEHR, AG 1984, 281 (285).
[684] JÜRGENMEYER, S. 223 ff.; MÜLLER, S. 102 f.; DREHER, JZ 1990, 896 (901) m.w.N.
[685] DREHER JZ 1990, 896 (901).

Anteilseignervertretern nicht einfach ihr vom Gesetzgeber gewolltes „leichtes Übergewicht" genommen werden[686].

aa) Die verbandsrechtlichen Stimmverbote in gesetzesanaloger Anwendung

Nach dem oben entwickelten Ansatz besteht jedenfalls ein Stimmverbot des Aufsichtsratsmitglieds bei Beschlüssen, die die Führung eines Rechtsstreits mit dem Aufsichtsratsmitglied[687], die Entlastung und die Befreiung von einer Verbindlichkeit[688] betreffen, da diese in allen verbandsrechtlichen Stimmverboten enthalten sind. Bei Beschlüssen über Rechtsgeschäfte mit dem Aufsichtsratsmitglied überwiegt die Wertung der §§ 34 BGB, § 47 Abs. 4 GmbHG die Wertung, aufgrund derer der Gesetzgeber das Stimmverbots über Rechtsgeschäfte in § 136 Abs. 1 AktG nicht übernommen hat[689]. Dafür spricht, daß sich die Lage eines Aufsichtsratsmitglieds kaum mit der eines Aktionärs oder Genossen vergleichen läßt, da das Aufsichtsratsmitglied einer viel weitgehenderen Treuepflicht als der Aktionär oder Genosse unterliegt. Das Stimmverbot für Beschlüsse über die Vornahme von Rechtsgeschäften erfaßt auch Fälle, in denen das Aufsichtsratsmitglied als Vorstandsmitglied einer Bank der Gesellschaft einen Kredit gewähren will[690].

Die Geltung von Entlastungsbeschlüssen ist bei einem Aufsichtsratsmitglied fast ohne Bedeutung, da dem Aufsichtsrat gemäß § 124 Abs. 3 AktG nur ein Vorschlagsrecht zusteht und die Entlastung gemäß § 120 AktG von der Hauptversammlung beschlossen wird. Sie beschränkt sich auf ein Stimmverbot im Rahmen der inneren Ordnung des Aufsichtsrats, wenn dieser darüber entscheiden muß, ob der aus seiner Mitte gebildete Ausschuß (vgl. § 107 Abs. 3 AktG) entlastet werden kann[691].

---

[686] Vgl. BVerfGE 50, 290 (323).
[687] Im Ergebnis auch NIRK/Brezing/Bächle, AG-Handbuch, Rdnr. 945 jedoch über eine Analogie zu § 34.
[688] Im Ergebnis auch NIRK/Brezing/Bächle, AG-Handbuch, Rdnr. 945
[689] DREHER JZ 1990, 896 (901); dafür im Ergebnis auch NIRK/Brezing/Bächle, AG-Handbuch, Rdnr. 945 sowie MÜLLER, S. 34 und S. 42, der jedoch ungenauerweise davon spricht, daß das Aufsichtsratsmitglied an der Beschlußfassung nicht teilnehmen darf.
[690] DREHER JZ 1990, 896 (902); Kölner Kommentar-Mertens, AktG, § 108, Rdnr. 45; GIESEN, S. 116; a.A. Geßler/Hefermehl/Eckardt/KROPFF, AktG, § 108, Rdnr. 29.
[691] Beispiel nach MÜLLER S. 34 und S. 42.

bb) § 181 BGB in gesetzesanaloger Anwendung

Ferner besteht nach der hier vertretenen Ansicht[692] ist einem Aufsichtsratsmitglied in Gesetzesanalogie zu § 181 BGB die Stimmrechtsvertretung für ein anderes Aufsichtsratsmitglied wegen des evidenten Eigeninteresses aufgrund persönlicher Betroffenheit verwehrt, wenn es nach § 84 AktG durch einen Beschluß des Aufsichtsratsplenums (vgl. § 107 Abs. 3 S. 2 AktG) in den Vorstand der Aktiengesellschaft bestellt werden soll. Dieses Stimmvertretungsverbot hat zur Folge, daß das vertretene Aufsichtsratsmitglied seine Stimmabgabe anfechten kann.

cc) Die verbandsrechtlichen Stimmverbote und § 181 BGB in rechtsanaloger Anwendung

Für eine Rechtsanalogie zu den verbandsrechtlichen Stimmverboten und § 181 BGB bleibt bei Beschlüssen des Aufsichtsrats wenig Raum, da die analoge Anwendung der Stimmverbote nicht speziellere gesetzliche Wertungen in Form der funktionsbedingten Interessenkonflikte aushebeln darf.

(1) Die Bestellung von Aufsichtsratsmitgliedern zum Vorstand

Es ist umstritten, ob ein Aufsichtsratsmitglied bei seiner eigenen Bestellung zum Vorstandsmitglied stimmberechtigt ist:

(a) Meinungsstand

Ausgangspunkt ist die im Hinblick auf die Auslegung von Stimmverboten wegen Interessenkollision restriktive reichsgerichtliche Rechtsprechung. Nach dieser war es den Mitgliedern einer Kapital- oder Personengesellschaft bei der Beschlußfassung über innergesellschaftliche Akte, namentlich auch bei der Bestellung zu Gesellschaftsorganen, gestattet, von ihrem Stimmrecht im eigenen Interesse Gebrauch zu machen[693]. Obwohl der Grundsatz der Fremdnützigkeit der Amtsführung des Aufsichtsrates anerkannt ist, wird von der herrschenden Literatur den Aufsichtsratsmitgliedern ein Stimmrecht bei der eigenen Bestellung in den Vorstand ebenfalls zugestanden[694]. *Müller* begründet dies damit, daß das Mitglied, das sich selbst wähle, in keinem Gegensatz zur Gesellschaft stehe, sondern nur beurkunde, daß es sich selbst zur Vertretung der Gesellschaft geeig-

---

[692] Siehe oben § 5 A II 2 b bb.
[693] RGZ 60, 172 (173); 74, 276 (278 f.); 81, 37 (38); später auch BGHZ 18, 205 (210 f.); OLG KÖLN, NJW 1968, 992 (993).
[694] Geßler/HEFERMEHL/Eckardt/Kropff, AktG, § 84, Rdnr. 12; Kölner Kommentar-MERTENS, AktG, § 84, Rdnr. 6; ZÖLLNER, Schranken, S. 150 ff.; U. HÜBNER, Interessenkonflikt, S. 288 f.; ENGFER, S. 135.

net halte[695]. Nach *Wilhelm* tritt ein pauschaler Ausschluß fremdbezogenen Handelns im Sinne eines Stimmverbots nur ein, „wenn eine Person Rechtsverhältnisse einer anderen Person durch einen Rechtsakt gestalten will, bei dem sie zugleich auf der Gegenseite des Rechtsverhältnisses und damit des diesen gestaltenden Akts beteiligt ist."[696] Bei Organbinnenwahlen liege eine solche Konstellation nicht vor, da dort der Gesellschafter aus eigenem Recht die Organisation der juristischen Person gestalte. Es bestehe kein Stimmverbot bei der Bestellung zum Aufsichtsratsvorsitzenden, weil diese dem Aufbau der juristischen Person diene[697]. Die Trennung zwischen der Organbestellung selbst und dem Anstellungsvertrag lasse erkennen, daß mit der Organbestellung nur mittelbare Vorteile für das gewählte Aufsichtsratsmitglied eintreten.

Nach der Gegenansicht ist das Aufsichtsratsmitglied wegen eines Stimmrechtsausschlusses wegen Interessenkollision von der Abstimmung zu seiner Bestellung zum Vorstand ausgeschlossen[698].

(b)   Umsetzung des eigenen Ansatzes

Nach dem hier vertretenen Ansatz[699] ist eine rechtsanaloge Anwendung der verbandsrechtlichen Stimmverbote und des § 181 BGB bei evidenten Interessenkonflikten zu prüfen.

Zunächst ist festzustellen, daß eine solche rechtsanaloge Anwendung nicht gegen vorrangige gesetzliche Wertungen verstößt, da aus der fehlenden Anordnung eines Stimmrechtsausschlusses beim Delegationsbeschluß nicht auf das Fehlen eines Stimmverbotes bei der Bestellung eines Aufsichtsratsmitglieds in den Vorstand geschlossen werden kann[700].

Ausschlaggebend ist daher, ob ein den verbandsrechtlichen Stimmverboten und § 181 BGB vergleichbarer Interessenkonflikt besteht. Kandidiert ein Aufsichtsratsmitglied bei der Bestellung eines Vorstandsmitgliedes, so besteht eine Interessenkollision mit der Verpflichtung zur fremdnützigen Amtsführung, denn das Aufsichtsratsmitglied hat ein starkes eigennütziges Interesse an dem auf die Bestellung folgenden Abschluß eines Anstellungsvertrags[701]. In dieser Interessen-

---

[695] MÜLLER, S. 43.
[696] WILHELM, NJW 1983, 912 (913 f.).
[697] WILHELM, NJW 1983, 912 (914 f.), gegen eine Stimmverbot auch LUTTER/KRIEGER, S. 206.
[698] ULMER, NJW 1982, 2288 (2289).
[699] Siehe oben § 5 A II 2 b cc.
[700] ULMER, NJW 1982, 2288 (2291).
[701] ULMER, NJW 1982, 2288 (2291).

kollision besteht ein entscheidender Unterschied zur mitgliedschaftlichen Abstimmung über die Bestellung eines Organs. Es liegt eben gerade nicht die allgemein gebilligte Konstellation vor, aufgrund einer Mitgliedschaft an Bestellungsbeschlüssen teilzuhaben. Das aktienrechtliche Trennungsprinzip in § 105 Abs. 1 AktG stützt die These der Geltung eines Stimmverbots bei der Kandidatur eines Aufsichtsratsmitglieds zum Vorstand[702].

Mithin ist ein Stimmverbot des Aufsichtsratsmitglieds bei seiner Bestellung zum Vorstandsmitglied anzunehmen.

(2) Beschlüsse über die Abberufung aus wichtigem Grund

Wegen der evidenten Interessenkollision darf ein Aufsichtsratsmitglied ferner bei der Beschlußfassung über den Antrag des Aufsichtsrats auf seine gerichtliche Abberufung aus wichtigem Grund gemäß § 103 Abs. 3 S. 1 AktG nicht mitstimmen[703].

III. Die Befreiung vom Verbot der Mehrvertretung

1. Die Befreiung des Vorstands einer Mehrpersonen-Aktiengesellschaft vom Verbot der Mehrvertretung

Da wegen § 112 AktG der Vorstand nur vom Verbot der Mehrvertretung befreit werden kann, ist zu untersuchen, welche Voraussetzungen an die Gestattung der Mehrvertretung zu knüpfen sind.

a) Die generelle Gestattung bei der Mehrpersonen-Aktiengesellschaft

aa) Erfordernis einer Satzungsregelung bei der generellen Gestattung

Die in § 181 BGB vorgesehene Gestattung der Mehrvertretung in der Form der generellen Gestattung muß in der Satzung enthalten sein (analog § 78 Abs. 3 S. 1 AktG)[704]. Wird sie vom Aufsichtsrat ausgesprochen, so bedarf dieser dafür analog § 78 Abs. 3 S. 2 AktG einer statutarischen Befreiungsermächtigung[705].

---

[702] ULMER, NJW 1982, 2288 (2291).
[703] So auch MATTHIEẞEN, S. 280.
[704] Ebenso HÜFFER, AktG, § 78, Rdnr. 7.
[705] HÜFFER, AktG, § 78, Rdnr. 7; a. A. EKKENGA, AG, 1985, 40 (42).

bb) Eintragungspflichtiger Gestattungsinhalt bei der generellen Gestattung

Die in der Satzung erfolgte generelle Befreiung ist eintragungspflichtig, da nach § 81 Abs. 1 AktG jede Änderung des Vorstands oder der Vertretungsbefugnis zur Eintragung in das Register anzumelden ist[706]. Das gleiche gilt für die aufgrund einer statutarischen Befreiungsermächtigung erfolgte generelle Befreiung durch den Aufsichtsrat. Die Anmeldung sowie die darauf beruhende Eintragung wirken nicht konstitutiv, sondern haben nur deklaratorische Bedeutung[707].

b) Die Befreiung für den Einzelfall

aa) Gestattungskompetenz bei der Einzelfallgestattung

Umstritten ist, ob in der Aktiengesellschaft neben dem Aufsichtsrat andere einzelvertretungsberechtigte Vorstandsmitglieder oder die Hauptversammlung für die Gestattung der Mehrvertretung im Einzelfall zuständig sind.

(1) Meinungsstand

Einigkeit besteht dahingehend, daß eine Gestattung durch andere einzelvertretungsberechtigte Vorstandsmitglieder nicht möglich ist, da die Gestattungserklärung eine Willenserklärung gegenüber dem Vorstandsmitglied ist, so daß die Gesellschaft im Sinne des § 112 AktG „einem Vorstandsmitglied gegenüber" tätig wird[708].

Dementsprechend wird der Aufsichtsrat für zuständig gehalten, einem Vorstandsmitglied für den Einzelfall vom Verbot der Mehrvertretung zu befreien. Hierfür spricht die Parallele mit der Fallgestaltung des § 112 AktG sowie der Umstand, daß der Vorstand durch den Aufsichtsrat bestellt wird (§ 84 AktG).

Umstritten ist, ob die Gestattungskompetenz des Aufsichtsrats als ausschließliche beurteilt werden muß. Eine zusätzliche Gestattungskompetenz der Hauptversammlung wird zum Teil abgelehnt[709], da die Hauptversammlung selbst keine Geschäftsführungsmaßnahmen treffen könne und schon gar nicht solche, die eine Verpflichtung der Gesellschaft im Verhältnis zu Dritten begründen. Infolgedessen sei eine alternative Gestattungskompetenz der Hauptver-

---
[706] KEIDEL/SCHMATZ/STÖBER, Registerrecht, Rn. 619.
[707] HÜFFER, AktG, § 81 Rn. 10.
[708] Vgl. Geßler/HEFERMEHL/Eckardt/Kropff, AktG, § 78, Rdnr. 91; U. HÜBNER, Interessenkonflikt, S. 250 f.; Großkommentar-MEYER-LANDRUT, AktG, § 78, Anm. 22.
[709] HÜFFER, AktG, § 78, Rdnr. 7; Staudinger-SCHILKEN, BGB, § 181, Rdnr. 53.

sammlung durch einen Beschluß nach § 119 Abs. 2 AktG abzulehnen. Die Gegenansicht befürwortet über die Gestattungskompetenz des Aufsichtsrates hinaus, daß auch die Hauptversammlung die Mehrvertretung gestatten kann, wenn auf Verlangen des Vorstands ein dahingehender Beschluß nach § 119 Abs. 2 AktG ergeht[710].

(2) Stellungnahme

Die zusätzliche Anerkennung der Berechtigung der Hauptversammlung zur konkreten Befreiung von § 181 BGB überzeugt, denn die Hauptversammlung hat sogar die Befugnis zur generellen Befreiung durch Satzungsänderung, welche viel weitergehendere Wirkungen als eine konkrete Befreiung hat. Insofern ist das Argument, die Hauptversammlung würde unberechtigterweise Geschäftsführungsmaßnahmen treffen, nicht richtig[711]. Der Abschluß des Rechtsgeschäfts obliegt allein dem Vorstand, die Hauptversammlung stattet diesen nur mit entsprechenden Befugnissen aus.

bb) *Erforderlichkeit einer Satzungsänderung bei der Einzelfallgestattung*

Nach *Hüffer* bedarf die Gestattung der Mehrvertretung „wohl analog § 78 Abs. 3 S. 2 (AktG) ebenfalls einer Satzungsänderung"[712]. Mit der überwiegenden Meinung im Schrifttum kann jedoch davon ausgegangen werden, daß eine Satzungsänderung für den Fall der Gestattung in Hinblick auf ein konkretes Einzelgeschäft nicht notwendig ist, denn die Befreiung für den Einzelfall enthält keine generelle Erweiterung der organschaftlichen Vertretungsmacht, mit der Folge, daß von ihr keine ständige Gefahr wie bei der generellen Gestattung ausgeht. Die Gefahr für die Gesellschaftsgläubiger ist aufgrund der Kontrolle durch die Mitgesellschafter geringer als bei der Einmann-Aktiengesellschaft. Der Gesetzgeber teilt ausdrücklich diese Einschätzung der unterschiedlichen Gefahrenlage zwischen Einmann-AG und Mehrpersonen-AG, indem er in § 42 AktG die unverzügliche Einreichung einer Eingliedrigkeitserklärung für den Fall verlangt, daß alle Aktien allein oder neben der Gesellschaft einem Aktionär gehören.

Eine Eintragung der Gestattung für den Einzelfall ist daher bei der Einzelfallgestattung bei der Mehrpersonen-AG nicht erforderlich.

---

[710] EKKENGA, AG 1985, 40 (42); Geßler/HEFERMEHL/Eckardt, AktG, § 78, Rdnr. 91.
[711] So aber Kölner Kommentar-MERTENS, AktG, § 78, Rdnr. 69.
[712] HÜFFER, AktG, § 78, Rdnr. 7.

2. Die Befreiung des Vorstands einer Einmann-Aktiengesellschaft vom Verbot der Mehrvertretung

Fraglich ist, in welcher Form die generelle und die konkrete Befreiung vom Verbot der Mehrvertretung zu erfolgen hat und ob diese einzutragen ist. *Ekkenga* hält jegliche, weder die generelle noch die konkrete Gestattung bei der Einmann-Aktiengesellschaft für notwendig, da sich der Einmanngesellschafter jederzeit über eine verbindliche Entscheidung der Hauptversammlung befreien lassen könne[713].

Der Ansicht von *Ekkenga* kann nicht gefolgt werden, denn gerade bei der Einmann-Aktiengesellschaft ist das Vermögen der vertretenen juristischen Person besonders gefährdet. Nach der hier vertretenen Ansicht eröffnet § 35 Abs. 4 S. 1 GmbHG keinen besonderen Anwendungsbereich für § 181 BGB, sondern korrigiert nur eine Fehlentwicklung in der Rechtsprechung[714]. Insofern stellt § 35 Abs. 4 S. 1 GmbHG nur klar, was ohnehin schon Anwendungsbereich des § 181 BGB ist. Unter dieser Prämisse müssen für die Beantwortung der Frage der Notwendigkeit und Zulässigkeit der Gestattung bei der Einmann-Aktiengesellschaft die Ergebnisse umgesetzt werden, die bei der Einmann-GmbH gewonnen wurden.

Um den durch § 181 BGB bezweckten dualistischen Gläubigerschutz nicht entwerten, hat die generelle Gestattung des Einmanngesellschafter-Vorstands einer Aktiengesellschaft in der Satzung zu erfolgen und muß in das Handelsregister eingetragen werden, da hierin eine Erweiterung der organschaftlichen Vertretungsbefugnis zu sehen ist.

Eine Befreiung des Einmannaktionärs für den Einzelfall ist in Ansehung des durch den Gesetzgeber mit der Einführung des § 35 Abs.4 GmbHG verfolgten Zwecks als unzulässig zu erachteten. Nur eine solche Betrachtungsweise wird der durch § 35 Abs. 4 S. 1 GmbHG neu betonten Bedeutung des § 181 BGB als Gläubigerschutznorm gerecht. Ferner vermeidet sie eine nicht gebotene Differenzierung zwischen der Einmann-GmbH und Einmann-Aktiengesellschaft und trägt zur Einheit der Rechtsordnung bei.

---

[713] EKKENGA, AG 1985, 40 (42).
[714] Siehe oben § 2 B. III 2.

D. Die Anwendbarkeit des § 181 BGB und der verbandsrechtlichen Stimmverbote bei der offenen Handelsgesellschaft

Bei der OHG haften die Gesellschafter nach § 128 S. 1 HGB für die Schulden der Gesellschaft persönlich[715]. Neugesellschafter haften für die bei ihrem Beitritt begründeten Verbindlichkeiten und ein Haftungsausschluß ist gemäß § 128 S. 2 HGB Dritten gegenüber unwirksam. Infolgedessen entstehen bei der OHG durch eine Verschiebung von dem gemeinschaftlichen Gesellschaftsvermögen in das Privatvermögen eines Gesellschafters nur geringe Risiken für die Gläubiger, da sie auch auf das Privatvermögen zugreifen können.

Jedoch ist primär die OHG wegen der gesetzlichen Regelung des § 124 Abs. 1 HGB als Schuldnerin der Verbindlichkeiten anzusehen, so daß der Schutz der Gläubiger durch den Schutz des gemeinschaftlichen Vermögens der OHG-Gesellschafter verstärkt wird.

I. Rechtsgeschäfte zwischen der Gesellschaft und dem organschaftlichen Vertreter

Bei der OHG besteht gemäß § 125 Abs. 1 HGB grundsätzlich Einzelvertretungsmacht, um unter der Firma der OHG zu handeln. Schließt ein einzelvertretungsberechtigter OHG-Gesellschafter unter der Firma der OHG ein Rechtsgeschäft mit sich selbst, so wird aufgrund der rechtstechnischen Verselbständigung der OHG (§ 124 Abs. 1 HGB) die Gesellschaft selbst vertreten und nicht die Gesellschafter[716]. § 181 BGB greift daher bei Verträgen zwischen einem einzelvertretungsberechtigten Gesellschafter und der OHG schon nach seinem Wortlaut ein. Insofern wird weder die OHG rechtlich verpflichtet, noch haften die Gesellschafter über § 128 S. 1 HGB. Das gleiche gilt für die Mehrvertretung. Insoweit bestehen keine Besonderheiten.

Nimmt ein anderer einzelvertretungsberechtigter Gesellschafter ein Rechtsgeschäft mit einem anderen Gesellschafter vor, so verstößt dieses grundsätzlich nicht gegen § 181 BGB. Dies gilt auch, wenn ein dritter geschäftsführender Gesellschafter der Vornahme des Rechtsgeschäfts widerspricht, denn ein solcher Widerspruch läßt gemäß der §§ 115, 126 Abs. 2 HGB die Vertretungsmacht unberührt, so daß das Rechtsgeschäft wirksam vorgenommen werden kann.

---

[715] Vgl. zum Begriff der „Gesellschaftsschuld" bei der OHG: KRAFT/KREUTZ, Gesellschaftsrecht, D I 4 c (1).
[716] KRAFT/KREUTZ, Gesellschaftsrecht, D III 2 b.

II. Anwendbarkeit der mitgliedschaftlichen Stimmverbote und des § 181 BGB auf Beschlüsse in der offenen Handelsgesellschaft

Bei den Personengesellschaften finden sich keine Normen, in welchen das Stimmrecht für die Beschlußfassung über die Entlastung, die Einleitung oder Erledigung eines Rechtsstreits gegen einen Gesellschafter, die Befreiung eines Gesellschafters von einer Verbindlichkeit und über die Vornahme eines Rechtsgeschäfts mit einem Gesellschafter ausgeschlossen ist. Dies beruht auf der gesetzgeberischen Vorstellung, daß die Gesellschafter sich bei den oben genannten Beschlußgegenständen selber einigen und eigennützige Mitglieder aus der Gesellschaft ausschließen oder ihnen die Geschäftsführungsbefugnis entziehen oder bei unvereinbaren Gegensätzen die Gesellschaft auflösen[717]. Gemäß § 119 HGB ist grundsätzlich die Zustimmung „aller zur Mitwirkung bei der Beschlußfassung Berufenen" erforderlich.

Ein Stimmverbot besteht für den Beschluß über die Geltendmachung von Ansprüchen auf Schadensersatz oder auf Abtretung der Vergütung bei Verstößen eines Gesellschafters gegen ein Wettbewerbsverbot gemäß § 113 HGB. Ebenso entfällt das Stimmrecht bei Beschlüssen darüber, ob durch eine gerichtliche Entscheidung einem Gesellschafter die Geschäftsführungsbefugnis entzogen werden soll (§§ 117, 127 HGB). Das gleiche gilt für den Beschluß, ob der Gesellschafter durch gerichtliches Urteil von der Gesellschaft ausgeschlossen werden soll (§§ 140, 133 HGB).

1. Meinungsstand

Die Frage, wie Interessenkonflikten bei der Beschlußfassung in der OHG entgegenzusteuern ist, wurde nach der Rechtsprechung des Reichsgerichts[718] und Teilen der Literatur[719] mit einer Analogie zu § 34 BGB beantwortet.

Nach der modernen Literatur sind die verbandsrechtlichen Stimmverbote in §§ 34 BGB, 136 Abs. 1 AktG, 47 Abs. 4 GmbHG und 43 Abs. 6 GenG im Rahmen einer Gesamtanalogie anzuwenden, wenn die Gefahr einer Interessenkolli-

---

[717] Ausführlich dazu ZÖLLNER, Schranken, S. 189.
[718] RGZ 136, 236 (245); 162, 370 (372).
[719] Münchener Kommentar-REUTER, BGB, § 34, Rdnr. 5; Staudinger-COING (Vorauflage), BGB, § 34, Rdnr. 18; Erman-H.P. WESTERMANN, BGB, § 34, Rdnr. 2.

sion derart evident sei, daß die Zurückstellung seiner eigenen Interessen von ihm vernünftigerweise nicht erwartet werden könne[720].

Von den Vertretern der *Vertragsänderungstheorie* wird zudem im Fall einer Gesellschaftsvertragsänderung im Gegensatz zum bloßen Beschluß über Geschäftsführungsmaßnahmen[721] eine Anwendung des § 181 BGB befürwortet[722].

Demgegenüber hält *Stadie* die Treuepflicht des Personengesellschafters für derart bedeutend, daß diese der Anwendung der Stimmverbote als lex specialis vorgehe[723].

Nach der hier entwickelten Position ist von der grundsätzlichen Analogiefähigkeit der einzelnen Fälle der verbandsrechtlichen Stimmverbote und von § 181 BGB in Gesetzesanalogie sowie beider Normenkomplexe in Form einer Rechtsanalogie auszugehen. Um diese Analogiemaßstäbe auf die offene Handelsgesellschaft übertragen zu können, müßte zunächst eine ergänzungsbedürftige planwidrige Gesetzeslücke bestehen. Überdies müßte eine vergleichbare Interessenlage vorliegen. Ferner darf die Ergänzung nicht einer vom Gesetz gewollten Beschränkung auf die geregelten Sachverhalte widersprechen[724].

2. Die verbandsrechtlichen Stimmverbote in gesetzesanaloger Anwendung

Die gesetzliche Regelung bei der OHG beinhaltet, wie gezeigt, keine Stimmverbote, wie sie die §§ 34 BGB, 47 Abs. 4 GmbHG, 136 Abs. 1 Akt, 43 Abs. 6 GenG geregelt sind, da der Gesetzgeber davon ausging, daß die Gesellschafter die Konflikte selbst regeln würden und daß wegen des Einstimmigkeitsprinzips weniger Konflikte auftreten würden[725]. Diese Vorstellung hat sich als nicht zutreffend erwiesen, da in sehr vielen Personengesellschaften das Mehrheitsprinzip statutarisch geregelt ist, ohne das zugleich eine gesellschaftsvertragliche Regelung von Interessenkonflikten erfolgt[726]. Aus diesem Grund treten bei Interessenkonflikten in der OHG die durch den Gesetzgeber in den verbands-

---

[720] RGZ 136, 236 (245); BGHZ 56, 47 (52); BAUMBACH/DUDEN/HOPT, HGB, § 119, Rdnr. 8; Münchener Kommentar-ULMER, BGB, § 709, Rdnr. 60; KRAFT/KREUTZ, D II 1 d aa.
[721] BGH, NJW 1976, 49.
[722] BGH, NJW 1961, 724, zustimmend RÖLL, NJW 1979, 627 (630).
[723] STADIE, S. 70 ff., 94 f.
[724] LARENZ, Methodenlehre, S. 357 f.
[725] Vgl. ZÖLLNER, Schranken, S. 189.
[726] Heymann-EMMERICH, HGB, § 119, Rdnr. 1., K. SCHMIDT, Gesellschaftsrecht, § 21 II 2 b), S. 611.

rechtlichen Stimmverboten typisierten Interessenkonflikte häufig hervor. Im Hinblick auf diese Konflikte tritt die Unvollständigkeit des Gesetzes häufig hervor. Die gesetzliche Regelung weist mithin eine planwidrige Regelungslücke auf.

Ferner müßte bei der OHG die gleiche Interessenlage wie bei den Kapitalgesellschaften vorliegen. Eine unterschiedliche Interessenlage besteht aufgrund der Strukturunterschiede zwischen Kapital- und Personengesellschaft nicht, denn die mitgliedschaftlichen Stimmverbote stehen weder in besonderen Zusammenhang mit der körperschaftlichen Struktur der Gesellschaften, noch ist die volle Rechtsfähigkeit Voraussetzung für die Anwendung der Stimmverbote, da diese die innere Organisation und Willensbildung betreffen[727]. *Hübner* hat zurecht angenommen, daß für die Verwaltung erst recht zu gelten habe, was das Gesetz für Mitglieder anordne[728]. Bei Beschlüssen bezüglich der Einleitung und Erledigung von Rechtsstreitigkeiten wird der Gesellschafter geneigt sein, seinen privaten Interessen den Vorzug zu geben[729]. Aus diesem Grunde ist dieser Fall schon in § 113 Abs. 2 HGB partiell normiert. Würde man eine Analogie für diesen Fall ablehnen, so könnte die Gesellschaft keine Schadensersatzansprüche wegen der Verletzung von Treuepflichten geltend machen[730]. Eine analoge Anwendung des Stimmverbots für die Beschlußfassung über die Einleitung und Erledigung eines Rechtsstreites ist daher geboten[731].

Das gleiche gilt bei Beschlüssen über die Befreiung von einer Verbindlichkeit. Die überwiegende Ansicht begründet dies damit, daß der Gesellschafter einer OHG der Gesellschaft genauso als Schuldner gegenüber stehe, wie es beim Gesellschafter einer Kapitalgesellschaft der Fall ist[732]. Gegen diese Begründung läßt sich formal einwenden, daß unter der Firma der OHG erworbene Rechte den Gesellschaftern der Gesellschaft als Gesellschaftsvermögen zur gesamten Hand zustehen[733]. Andererseits ist das Interesse des OHG-Gesellschafters, von

---

[727] ZÖLLNER, Schranken, S. 190 ff.
[728] HÜBNER, Interessenkonflikt, S. 284.
[729] Die ganz herrschende Meinung sieht daher auch einen Stimmrechtsausschluß bei Personengesellschaften vor: SCHLEGELBERGER-GEßLER, HGB, § 119, Rdnr. 3; Münchener Kommentar-ULMER, BGB, § 709, Rdnr. 60.
[730] Aus diesem Grund kann die Treuepflicht des Personengesellschafters diese auch nicht ersetzen, anders STADIE, 70 ff., 94 f.
[731] Ebenso: BGH, WM 1983, 60; Heymann-EMMERICH, HGB, § 119, Rdnr. 22; ENSTHALER, HGB, § 119, Rdnr. 4; BAUMBACH/DUDEN/HOPT, HGB, § 119, Rdnr. 8.
[732] Gleicher Ansicht: Heymann-EMMERICH, HGB, § 119, Rdnr. 22; BAUMBACH/DUDEN/HOPT, HGB, § 119, Rdnr. 8.
[733] Vgl. KRAFT/KREUTZ, Gesellschaftsrecht, D III 3 a.

einer Verbindlichkeit befreit zu werden, kaum geringer als das eines Gesellschafters einer Kapitalgesellschaft.

Ferner ist auch ein Stimmverbot für Beschlüsse über die Entlastung anzunehmen, da diese die gleiche Wirkung wie bei der GmbH hat[734]. Sie führt zu einer Billigung der Geschäftsführung und zum Ausschluß etwaiger Schadensersatzansprüche.

Problematisch ist, ob der Gesellschafter bei Beschlüssen über die Vornahme von Rechtsgeschäften zwischen der OHG und ihm selbst mitstimmen darf[735]. Nach der hier vertretenen Ansicht ist das Stimmverbot bezüglich der Vornahme von Rechtsgeschäften analog anwendbar, wenn die betreffende Gesellschaft mehr der GmbH und dem Verein und weniger der Aktiengesellschaft und Genossenschaft ähnelt. Die AG wird durch einen eigenverantwortlichen Vorstand geleitet (§ 76 Abs. 1 AktG). Die Kompetenzen der Aktionäre sind beschränkt. Sie dürfen nur auf Verlangen des Vorstandes über Geschäftsführungsmaßnahmen abstimmen (§ 119 Abs. 2 AktG). Demgegenüber kommt der Gesellschafterversammlung der GmbH eine größere Bedeutung zu, da die Geschäftsführung weisungsabhängig ist. Insofern ist die Gesellschafterversammlung vielfach für die Entscheidung über den Abschluß von Rechtsgeschäften zuständig. Die Gesellschafterversammlung ist das oberste Organ der GmbH mit einer umfassenden Zuständigkeit. Sie entscheidet gemäß § 46 über die Gewinnverwendung, die Berufung und Abberufung des Geschäftsführers sowie die Änderungen der Satzung einschließlich der Liquidation der Gesellschaft (§§ 53, 60 Abs. 1 Nr. 2 GmbHG). Ebenso ist die Gesellschafterversammlung für Verschmelzungen, Umwandlungen, Unternehmensverträge und die der Wahl eines Abschlußprüfers zuständig. Insofern ist der Grundsatz der Fremdorganschaft nicht so weit ausgeprägt wie bei der AG, denn die Gesellschafterversammlung der GmbH kann anders als die Hauptversammlung der Aktiengesellschaft von sich aus über Geschäftsführungsmaßnahmen beschließen (§§ 37 Abs. 1, 46 Nr. 6 GmbHG).

---

[734] Gleicher Ansicht: Heymann-EMMERICH, HGB, § 119, Rdnr. 22; BAUMBACH/DUDEN/HOPT, HGB, § 119, Rdnr. 8.

[735] Noch unproblematisch ein Stimmverbot bejahend, da die Entscheidung vor der Streichung des Stimmverbots bezüglich der Vornahme von Rechtsgeschäften in 1937 zu treffen war: RGZ 136, 236 (245); offen gelassen jedoch in RGZ 162, 370 (372 f.); BGHZ 48, 250 (256); ein Stimmverbot ablehnend: ENSTHALER, HGB, § 119, Rdnr. 4; Heidelberger Kommentar-STUHLFELNER, HGB, § 119, Rdnr. 7; VOGEL, Gesellschafterbeschlüsse, S. 85; ein Stimmverbot bejahend: Röhricht/Westphalen-VON GERKAN, HGB, § 119, Rdnr.34; BAUMBACH/DUDEN/HOPT, HGB, § 119, Rdnr. 8; Schlegelberger-MARTENS, HGB, § 119, Rdnr. 40; Heymann-EMMERICH, HGB, § 119, Rdnr. 23.

Eine ähnlich starke Position wie bei der Aktiengesellschaft kommt dem Vorstand der Genossenschaft zu, welcher die Genossenschaft eigenverantwortlich leitet und gegenüber Dritten vertritt (§ 24 Abs. 1 GenG). Auch ist die Position der Generalversammlung der Genossenschaft nicht so stark, wie die der Gesellschafterversammlung der GmbH[736].

Beim Verein hingegen kommt der Mitgliederversammlung als oberstem Vereinsorgan §§ 32 ff. BGB) die letzte Entscheidung in allen Vereinsangelegenheiten zu. Änderungen des Vereinszweckes bedürfen der Zustimmung sämtlicher Vereinsmitglieder (§ 33 Abs. 1 S. 2 BGB). Demgegenüber ist der Einfluß der Aktionäre auf die Unternehmensleitung nur mittelbar, denn sie wählen den Aufsichtsrat und dieser bestellt den Vorstand.

Aufgrund des Prinzip der Selbstorganschaft bei der OHG haben die Gesellschafter automatisch die Kontrolle über die Geschäftsführung. Insofern gleicht die Struktur der OHG nicht nur der der GmbH und des Vereins, sie könnte sogar als Steigerung dieser Struktur unter strikter Abkehr von dem bei der Aktiengesellschaft vorherrschenden Prinzip der Fremdorganschaft bezeichnet werden. Insofern ist das Stimmverbot bezüglich Beschlüssen über die Vornahme von Rechtsgeschäften mit dem Gesellschafter analog auf die OHG anwendbar.

3. § 181 BGB in gesetzesanaloger Anwendung

Weiterhin besteht ein Vertretungsverbot in gesetzesanaloger Anwendung des § 181 BGB bei satzungsändernden und grundlegenden Beschlüssen, da sich dort die Gesellschafter wie Geschäftsgegner gegenüberstehen[737]. Bei reinen Geschäftsführungsmaßnahmen ist wie schon bei den anderen Gesellschaftsformen

---

[736] Die Zuständigkeit ist jedoch weiter als die der Hauptversammlung der AG, da sie nicht nur die Wahl und Entlastung des Aufsichtsrats umfaßt, sondern auch die Bestellung des Vorstandes („ 24 Abs. 2 GenG), die Feststellung des Jahresabschlusses, die Entscheidung über die Verwendung des Jahresüberschusses (§ 48 Abs. 1 S. 1. GenG und S. 2) sowie die Erteilung von Weisungen an den Vorstand (§ 34 Abs. 4) umfaßt.
[737] BGH, NJW 1961, 724; Münchener Handbuch- HAPP/BRUNKHORST, § 42, Rdnr. 90; Ensthaler-ENTHALER, HGB, § 119, Rdnr. 10; Staudinger-SCHILKEN, BGB, § 181, Rdnr. 26; dies setzt natürlich voraus, daß sich der Gesellschafter vertreten lassen darf, vgl. dazu ausführlich VOGEL, Gesellschafterbeschlüsse, S. 55 f.

eine Gesetzesanalogie wegen des Fehlens eines vergleichbaren Interessenkonflikts abzulehnen[738].

4. Die verbandsrechtlichen Stimmverbote und § 181 BGB in rechtsanaloger Anwendung

Im Wege einer rechtsanalogen Anwendung der §§ 34 BGB, 47 Abs. 4 GmbHG, 136 Abs. 1 AktG, 43 Abs. 6 GenG, 181 BGB besteht nach der hier entwickelten Ansicht ein Stimmverbot des betroffenen Gesellschafters bei Beschlüssen über das Führen einer Ausschließungsklage aus wichtigem Grund gemäß § 140 HGB[739].

III. Die Befreiung des Gesellschafters vom Verbot des § 181 BGB bei der offenen Handelsgesellschaft

1. Die Gestattung im Einzelfall

Soll dem Komplementär einer OHG die Vornahme eines einzelnen Rechtsgeschäfts gestattet werden, so genügt hierfür ein einfacher Beschluß der Gesellschafterversammlung. Bei diesem Beschluß darf der zu befreiende organschaftliche Vertreter analog §§ 34 BGB, 47 Abs. 4 S. 2 GmbHG nicht mitstimmen.

2. Eintragungsfähigkeit und Eintragungspflichtigkeit der generellen Gestattung

Nach § 125 Abs. 4 HGB ist jede Abweichung von der Regel der Einzelvertretungsmacht der Gesellschafter von den Gesellschaftern einschließlich derjenigen, die von der Vertretung ausgeschlossen sind, zur Eintragung in das Handelsregister anzumelden.

a) Meinungsstand

Nach einer Ansicht wird die Anmeldung der Gestattung auch bei der offenen Handelsgesellschaft für zwingend erforderlich gehalten. Hierfür wird § 125

---

[738] Ähnlich Staudinger-SCHILKEN, BGB, § 181, Rdnr. 26 und 33, der jedoch für Geschäftsführungsmaßnahmen eine teleologische Reduktion befürwortet.
[739] Diese setzt das Bestehen einer Fortsetzungsklausel voraus.

Abs. 4 HGB⁷⁴⁰ oder der Grundsatz der gleichen Behandlung aller aus dem Handelsregister ersichtlichen Vertretungsbefugnisse angeführt.

Eine vermittelnde Ansicht hält die Befreiung vom Verbot des Selbstkontrahierens zumindest für eintragungsfähig⁷⁴¹. Das *HansOLG Hamburg* etwa leitet die Eintragungsfähigkeit der Gestattung aus dem Bedürfnis der Gläubiger ab, sich zuverlässig und rasch über die Befugnisse der mit der Vertretung vertrauten Personen informieren zu können⁷⁴². Es hielt dabei für unerheblich, daß der Gläubigerschutz bei der Personengesellschaft anders ausgestaltet ist als bei einer GmbH; der Gesichtspunkt unterschiedlich ausgestalteter Haftung sei nur als zusätzlicher Gesichtspunkt der Gläubiger bei der Entscheidungsfindung anzusehen⁷⁴³.

Die Gegenansicht bezweifelt, daß eine Eintragung bei Personenhandelsgesellschaften aus Gläubigerschutzgesichtspunkten notwendig sei, da eine Vermögensverlagerung entweder, wie etwa bei den Kommanditisten wegen § 170 HGB, ausgeschlossen oder, wie bei den Komplementären, wegen der persönlichen Haftung überflüssig sei⁷⁴⁴. Auch gebe die Bezugnahme auf § 125 Abs. 4 HGB nichts für das Bestehen einer Eintragungspflicht her, da diese Norm die am Rechtsgeschäft unmittelbar Beteiligten schützen wolle, indem sie nur die Eintragung der Ausnahmefälle anordne, daß ein Gesellschafter von der Vertretung ausgeschlossen ist oder daß Gesamtvertretung besteht⁷⁴⁵.

b) *Stellungnahme*

Die wiedergegebene Gegenansicht vermag nicht zu überzeugen, reduziert sie doch das Problem des § 181 BGB auf das Selbstkontrahieren zur Vermögensverlagerung. Die Zielsetzung des § 181 BGB ist nicht auf den im Vertretenenschutz enthaltenen Gläubigerschutz beschränkt, so daß die Argumentation, daß der Gläubigerschutz bei einer Personengesellschaft durch

---

⁷⁴⁰ LG Augsburg, Rpfleger 1983, S. 28; Gröger, Rpfleger 1983, 281; Schlegelberger-K. Schmidt, HGB, § 125, Rdnr. 55.
⁷⁴¹ OLG Hamm, OLGZ 1983, 195 (198 ff.) = BB 1983, 858; HansOLG Hamburg, BB 1986, 1255; Heymann-Emmerich, § 125, Rdnr. 42; Münchener Handbuch des Gesellschaftsrechts I – v. Ditfurth, § 48, Rdnr. 30.
⁷⁴² HansOLG Hamburg, BB 1986, 1255.
⁷⁴³ HansOLG Hamburg, BB 1986, 1255 f.; anders noch HansOLG Hamburg in: OLGZ 1983, 23.
⁷⁴⁴ OLG Hamm, OLGZ 83, 195 (198 ff.); U. Hübner, Interessenkonflikt S. 175 ff.; Hildebrandt, S. 238; wohl auch Baumbach/Duden/Hopt, HGB, § 119, Rdnr. 22, die die Befreiung nur für eintragungsfähig halten.
⁷⁴⁵ Hildebrandt, S. 238; LG Berlin, Rpfleger 1982, 427.

die Haftung des Komplementärs anders als bei der GmbH ausgestaltet sei, die Problematik verkürzt. Erstens übersieht sie die Gefahren, die aufgrund von Interessenkonflikten bei der Mehrvertretung bestehen können, und zweitens muß der Rechtsverkehr über die Vertretungsverhältnisse umfassend informiert werden, damit wirksame Verträge mit der Personenhandelsgesellschaft geschlossen werden können. Dies gebietet schon eine richtlinienkonforme Auslegung des § 125 Abs. 4 HGB, nach dem jede vom Gesetz abweichende vertragliche Anordnung über die Vertretung der Gesellschaft anzumelden ist. Darüber hinaus ist ein sachlicher Grund für eine Differenzierung zwischen der GmbH und den Personenhandelsgesellschaften nicht ersichtlich. Die Rechtssicherheit erfordert eine einheitliche Betrachtung.

E. Die Anwendbarkeit des § 181 BGB und der verbandsrechtlichen Stimmverbote bei der Kommanditgesellschaft

I. Die Anwendbarkeit des § 181 BGB auf Rechtsgeschäfte bei der Kommanditgesellschaft

Bei der Kommanditgesellschaft bewirkt die Zugriffsmöglichkeit der Gläubiger auf das Privatvermögen des Komplementärs gemäß §§ 128, 161 Abs. 2 HGB, daß die Gläubiger durch Rechtsgeschäfte zwischen dem Komplementär und der KG nicht besonders gefährdet werden. Trotz der akzessorischen Haftung der Gesellschafter besteht ein Interesse der Gesellschaftsgläubiger am Erhalt des gesamthänderisch gebundenen Gesellschaftsvermögen. Insofern ist eine teleologische Reduktion des bereits aufgrund seines Wortlauts anwendbaren § 181 BGB bei Rechtsgeschäften zwischen dem Komplementär und der OHG abzulehnen.

Neben den Rechtsgeschäften zwischen den Komplementären und der Gesellschaft kommt ein Selbstkontrahieren zwischen der KG und ihrem Kommanditisten in Betracht. Zwar ist dieses im Wege organschaftlicher Vertretung durch § 170 HGB zwingend ausgeschlossen[746], in Betracht kommen jedoch eine einfache Vollmacht, Prokura und Gesamtvertretungsbefugnis des Kommanditisten.

Insofern ist § 181 BGB auf Rechtsgeschäfte zwischen dem Kommanditisten und der KG anzuwenden. Dem Umstand, daß die §§ 171, 172, 173, 176 HGB als Ausgleich für die auf die Einlage beschränkte Haftung einen gewissen Schutz gegen eine Vermögensverlagerung in das Privatvermögen des Kommanditisten bewirken, kann nicht in der Weise Rechnung getragen werden, daß § 181 BGB

---
[746] H.M., vgl. statt aller: KRAFT/KREUTZ, Gesellschaftsrecht, E III 13 a.

teleologisch reduziert wird, weil dieser Schutz auf einige Sonderfälle beschränkt ist. § 181 BGB ist deshalb auf Rechtsgeschäfts zwischen dem Kommanditisten und der KG anzuwenden.

Soweit der *Bundesgerichtshof* angenommen hat, daß einer von zwei gesamtvertretungsberechtigten persönlich haftenden Gesellschaftern einer KG, der mit der Gesellschaft einen Vertrag schließen will, den anderen Gesellschafter zur Einzelvertretung gemäß § 125 Abs. 2 S. 2 HGB mit der Folge ermächtigen könne, daß für die anschließend vorgenommenen Rechtsgeschäfte zwischen dem ermächtigenden Gesellschafter und der OHG § 181 BGB nicht gelte[747], so ist diese Auffassung nach der entwickelten Auffassung wegen des der Mehrvertretung vergleichbaren Interessenkonflikts abzulehnen[748].

II. Beschlüsse in der Kommanditgesellschaft

Wie bei der OHG sind bei der KG die Stimmverbote nur bruchstückhaft geregelt. Das Stimmrecht ist wegen § 161 Abs. 2 HGB grundsätzlich wie bei der OHG ausgestaltet. Ein Unterschied ergibt sich aus § 164 S. 1, 1. HS HGB. Danach ist das Stimmrecht für die von der Geschäftsführung ausgeschlossenen Kommanditisten für Geschäftsführungsbeschlüsse ausgeschlossen. Ferner sind die nicht geschäftsführungsbefugten Kommanditisten wegen der Verweisung in § 164 S. 2 HGB auf § 116 Abs. 3 HGB von Beschlüssen über die Bestellung und Abberufung von Prokuristen ausgeschlossen. Im übrigen ergeben sich keine Besonderheiten, es ist auf die Ausführung zur OHG zu verweisen.

F. Besonderheiten bei der Anwendung des § 181 BGB und der verbandsrechtlichen Stimmverbote bei der Mehrpersonen-GmbH & Co KG

I. Abschluß des Gesellschaftsvertrags der GmbH & Co KG

Zweifelhaft ist, ob bei der Gründung der GmbH & Co KG der Abschluß des Gesellschaftsvertrags zwischen der Komplementär-GmbH und den Kommanditisten dem Verbot des § 181 BGB unterliegt, wenn diese zugleich Geschäftsführer der Komplementär-GmbH sind[749]. Dies hätte zur Folge, daß die Befreiung im

---
[747] BGHZ 64, 72.
[748] Vgl. oben § 3 G I 2.
[749] Befürwortend: HESSELMANN/TILLMANN, Rdnr. 421; SUDHOFF, NJW 1967, 2135 (2136).

Gesellschaftsvertrag der Komplementär-GmbH oder durch einen Beschluß für den Einzelfall der GmbH-Gesellschafter zu erfolgen hätte[750].

Der *Bundesgerichtshof* geht aus diesem Grund für den Fall des Abschlusses des Gesellschaftsvertrages von einer konkludenten Gestattung für den Geschäftsführer aus, der zugleich Kommanditist der zu gründenden GmbH & Co KG ist, wenn die GmbH gegründet wurde, um eine Komplementärstellung in der GmbH & Co KG einzunehmen[751].

Der Ansicht des *Bundesgerichtshofs* ist zuzustimmen, denn die Gestattung des Abschlusses des Gesellschaftsvertrages stellt sich als Gestattung im Einzelfall dar, die bei der Mehrpersonen-GmbH nicht in der Satzung erfolgen muß[752]. Des weiteren entspricht die Annahme einer konkludenten Gestattung dem wirklichen Willen der Gesellschafter der GmbH und dem der Kommanditisten gemäß den §§ 133, 157 BGB.

Eine andere Betrachtungsweise ist jedoch aufgrund von § 35 Abs. 4 GmbHG angebracht, wenn eine Einmann-GmbH Komplementärin der KG werden soll[753]. In diesem Fall ist der Abschluß des Gesellschaftsvertrages einer GmbH & Co KG nur möglich, wenn dem GmbH-Gesellschafter das Selbstkontrahieren statutarisch gestattet ist.

II. Die Anwendung des § 181 BGB auf Rechtsgeschäfte bei der Mehrpersonen - GmbH & Co KG

1. Verträge zwischen dem Geschäftsführer der Komplementär-GmbH und der Kommanditgesellschaft

Fraglich ist, ob § 181 BGB für Verträge gilt, welche bei der GmbH & Co KG der geschäftsführende Gesellschafter der Komplementär-GmbH in Vertretung der KG mit sich selbst abschließt[754]. Es besteht der für § 181 BGB typische

---
[750] HESSELMANN/TILLMANN, Rdnr. 421.
[751] BGH, BB 1968, 481; Baumbach/Hueck-ZÖLLNER, GmbHG, § 35, Rdnr. 73.
[752] Siehe oben § 9 A III 1.
[753] Siehe oben zum Satzungserfordernis bei der Gestattung in der Einmann-GmbH § 9 B VI 1.
[754] Die Anwendung des § 181 BGB bejahend: BGHZ 58, 115, 117; BGH, ZIP 1995, 377; Baumbach/Hueck-ZÖLLNER, GmbHG, § 35, Rdnr. 73; Rowedder-KOPPENSTEINER, GmbHG, § 35, Rdnr. 98; FRANK, NJW 1974, 1073; Staudinger-SCHILKEN, BGB, § 181, Rdnr. 19; BALLOF/FICHTELMANN/GEISSEN/POSDZIECH /WINTER, GmbH-Handbuch, 5310, Rdnr.31; Ensthaler-FAHSE, HGB, § 161, Rdnr. 81 f; EDER/KALLMEYER, GmbH-Handbuch, I. Teil, Rdnr. 581.3a.

Interessenkonflikt, da der Geschäftsführer die KG mittelbar vertritt. Eine formale Betrachtung, welche darauf abstellt, daß der Vertreter der KG nicht unmittelbar der Geschäftsführer ist, sondern die GmbH als geschäftsführende Gesellschafterin, überzeugt nicht. Insoweit gelten die Ausführungen über die Untervertretung sinngemäß.

Hübner lehnt dagegen die Anwendung § 181 BGB bei Verträgen zwischen der GmbH & Co KG und dem Alleingesellschafter-Geschäftsführer der Komplementär-GmbH ab. Die Rechtsprechung zur teleologischen Reduktion des § 181 BGB[755] müsse trotz § 35 Abs. 4 S. 1 GmbHG weitergeführt werden, da § 35 Abs. 4 S. 1 GmbHG insoweit die Rechtslage nur für die Einmann-GmbH und nicht für die Einmann-GmbH & Co KG geändert habe[756].

Der Ansicht *Hübners* ist nach den hier vertretenen Auslegungsprinzipien zu § 181 BGB[757] nicht zuzustimmen: § 35 Abs. 4 GmbHG ist nur eine teleologische Korrekturnorm mit der Folge, daß § 181 BGB schon immer den Gläubigerschutz über den Vertretenenschutz bezweckte. Somit ist § 181 BGB auf Verträge zwischen der GmbH & Co KG und dem Alleingesellschafter-Geschäftsführer der Komplementär-GmbH anzuwenden.

2. Verträge zwischen der GmbH und der Kommanditgesellschaft

Bei Verträgen zwischen der GmbH und der KG, die durch denselben organschaftlichen Vertreter abgeschlossen werden, ist der Tatbestand einer Mehrvertretung gemäß § 181 BGB gegeben[758]. Sie sind daher nur zulässig, wenn sie durch die Gesellschafter der KG und der GmbH gestattet wurde, wobei zu beachten ist, daß die Gestattung durch die KG ein Rechtsgeschäft gegenüber der GmbH als Komplementärin ist[759].

III. Beschlüsse in der Mehrpersonen-GmbH & Co KG

Bei Beschlüssen in der GmbH & Co KG bestehen keine Besonderheiten. Insofern gelten die Ausführungen zur GmbH und zur OHG entsprechend[760].

---

[755] BGHZ 56, 97 ff.
[756] U. HÜBNER, Jura 1982, 85 (87).
[757] Siehe oben ausführlich § 2 B III 2.
[758] Roth-ALTMEPPEN, GmbHG, § 35, Rdnr.57.
[759] BGH, BB 1968, 481; HESSELMANN/TILLMANN, Rdnr. 426.
[760] Siehe oben § 9 A II, § 9 B V sowie § 9 D II.

IV. Die Befreiung vom Verbot des § 181 BGB bei der Mehrpersonen-GmbH & Co KG

1. Einzelfallgestattung für den Geschäftsführer einer GmbH & Co KG

Fraglich ist, wer für die Befreiung des Geschäftsführers einer GmbH & Co KG für Rechtsgeschäfte desselben mit der KG im Einzelfall zuständig ist.

Grundsätzlich käme diese Aufgabe der GmbH als persönlich haftender und vertretungsberechtigter Gesellschafterin der KG zu. Da die GmbH aber durch den Geschäftsführer vertreten wird, ist dieser durch § 181 BGB an der Vertretung bei der Gestattung gehindert, sofern ihm Insichgeschäfte nicht gestattet sind[761]. Auch die Kommanditisten oder die GmbH-Gesellschafter sind zur Gestattung nicht befugt[762]. Bei der GmbH & Co KG muß daher das Insichgeschäft dem Geschäftsführer der Komplementär-GmbH von der Gesellschafterversammlung der KG im Einzelfall gestattet werden[763]. Der Beschluß muß den Anforderungen an eine Änderung des Gesellschaftsvertrags entsprechen. Diese Gestattung kann formlos, muß aber, wenn nicht Abweichendes in der Satzung geregelt wurde, einstimmig erfolgen[764].

Ist der Geschäftsführer der GmbH zugleich Gesellschafter der KG, so ist dieser nach der Ansicht des *Bundesgerichtshofs* an der Gestattung gehindert, da die Gestattung den Gesellschaftsvertrag der KG ändere, und dieser als GmbH-Geschäftsführer und KG-Gesellschafter, mithin auf beiden Seiten des Rechtsgeschäfts mitwirke. Eine Gestattung durch die KG setze in diesem Fall somit eine vorherige Befreiung durch die Gesellschafter der GmbH voraus[765].

Dem ist entgegenzuhalten, daß eine Mitwirkung des KG-Gesellschafters am Befreiungsbeschluß nach der hier entwickelten Ansicht[766] wegen eines Stimmverbotes bei Beschlüssen über Rechtsgeschäfte analog §§ 34 BGB, 47 Abs. 4 S. 2 GmbHG ausscheidet, da die Gestattung ein Rechtsgeschäft gegenüber ihm selbst ist[767]. Ebenso kann der Geschäftsführer als vertretungsberechtigtes Organ der GmbH nicht am Gestattungsbeschluß der KG

---

[761] BGHZ 58, 115 (118).; HÜBNER, Interessenkonflikt, S. 246.
[762] FRANK, NJW 1974, 1073.
[763] BGHZ 58, 115 ; U. HÜBNER, Interessenkonflikt, S. 246, der zu Recht betont, daß die Wirkung einer Gestattung der GmbH auf diese beschränkt wäre.
[764] U. HÜBNER, Interessenkonflikt, S. 246.
[765] BGHZ 58, 115 (119 f.).
[766] Siehe oben § 5 II 2 b aa 4.
[767] Vergleiche oben § 8.

mitstimmen, da ein Stimmverbot, das für den Gesellschafter (hier die GmbH) eingreifen würde, erst recht für den Vertreter des Gesellschafters gelten muß[768]. Die gleichzeitige Stellung des GmbH-Geschäftsführers als KG-Gesellschafter ist daher für die Gestattung eines Rechtsgeschäfts zwischen der KG und dem Geschäftsführer unerheblich. Für die Gestattung ist daher die formlose Zustimmung der übrigen GmbH-Gesellschafter und der Kommanditisten maßgebend[769].

2. Die generelle Gestattung für die Komplementär-GmbH der KG

Bei der KG ist gemäß § 161 Abs. 2 HGB i.V.m. § 125 Abs. 4 HGB jede vom Gesetz abweichende vertragliche Anordnung über die Vertretung der Gesellschaft durch die Komplementäre und damit auch die generelle Befreiung der Komplementär-GmbH vom Verbot des § 181 BGB zum Handelsregister anzumelden. Hieraus ist abzuleiten, daß die generelle Befreiung der Komplementär-GmbH als Gesellschafterin der KG eintragungsfähig und eintragungspflichtig ist[770].

Zwar spricht gegen die Eintragungsfähigkeit der Gestattung der Komplementär-GmbH, daß grundsätzlich nur solche Sachen eintragungsfähig sind, deren Eintragung gesetzlich angeordnet ist. Ausnahmsweise können jedoch Tatsachen eingetragen werden, für deren Eintragung nach Sinn und Zweck des Handelsregisters ein sachliches Bedürfnis besteht und wenn die Eintragung die Rechtsverhältnisses so wiedergibt, wie sie sich nach der von den Beteiligten gewollten und mit der Rechtsordnung vereinbarten Sachlage darstellen[771]. Dies ist aber bei der Gestattung der Insichgeschäfte für die Komplementär-GmbH der Fall, weil jeder der Geschäftsbeziehungen zu einer KG knüpfen möchte, über die Vertretungsbefugnisse ihrer Organe Bescheid wissen muß, damit er weiß, ob die abgeschlossenen Rechtsgeschäfte gültig oder ungültig sind. Aufgrund dieses Informationsbedürfnisses ist zugleich gemäß § 125 Abs. 4 HGB von der Eintra-

---

[768] ZÖLLNER, Schranken, S. 272 f.
[769] Vgl. auch BGH, NJW 1976, 1538; U. HÜBNER, Interessenkonflikt, S. 247.
[770] HansOLG HAMBURG, BB 1986, 1255; OLG HAMM, Rpfleger, 1983, 280 = MDR 1983, 673; LG DÜSSELDORF, MittRhNotK 1988, 238; LG AUGSBURG, Rpfleger 1983, 28; FISCHER, FS Hauß, S. 61 (64, 66); BAUMBACH/DUDEN/HOPT, HGB, § 125, Rdnr. 26; a.A. früher noch das HansOLG HAMBURG, OLGZ 1983, 23, da sich die Erste Richtlinie des Rates der Europäischen Gemeinschaft vom 9.3.19f68 (Amtsblatt der Europäischen Gemeinschaft 11. Jahrgang Nr. L 65/8 vom 14.3.1968) nur auf Aktiengesellschaften, Kommanditgesellschaften auf Aktien und Gesellschaften mit beschränkter Haftung beziehe.
[771] OLG KARLSRUHE, GmbHR 1964, 78; BAYOBLG, BB 1980, 2232; OLG DÜSSELDORF, NJW 1982, 284; BAUMBACH/DUDEN/HOPT, HBG, § 8, Rdnr. 5.

gungspflicht der generellen Gestattung für die Komplementär-GmbH einer KG auszugehen.

3. Die Notwendigkeit der Befreiung des Geschäftsführers der Komplementär-GmbH

Von der Befreiung der Komplementär-GmbH vom Verbot des § 181 BGB ist die Befreiung des Geschäftsführers der Komplementär-GmbH zu unterscheiden, welche zur Folge hat, daß der Geschäftsführer mit der Komplementär-GmbH selbst oder im Wege der Mehrvertretung kontrahieren darf. Insoweit besteht Einigkeit.

Ungeklärt ist jedoch die Frage, ob der Geschäftsführer der Komplementär-GmbH einer Gestattung durch die KG bedarf, wenn ihm die Vornahme von Insichgeschäften durch die Komplementär-GmbH und der Komplementär-GmbH die Vornahme von Insichgeschäften durch die KG gestattet wurde:

a) Meinungsstand

Nach der Ansicht des *Bundesgerichtshofs* ist nur die KG berechtigt, dem Geschäftsführer der Komplementär-GmbH das Selbstkontrahieren zu gestatten[772].

Nach der Auffassung des *LG München* erstreckt sich der Vertrauensbeweis, der in der Befreiung der Komplementär-GmbH durch die Kommanditgesellschaft liegt, auf deren Organe, denen sie selbst die Befreiung vom Verbot des § 181 BGB erteilt hat. Daher sei die Befreiung des jeweiligen Geschäftsführers der Komplementär-GmbH von den Beschränkungen des § 181 BGB im Handelsregister der GmbH & Co KG nicht notwendig und daher auch nicht eintragungsfähig[773].

b) Stellungnahme

Gegen eine Anwendbarkeit des § 181 BGB auf diese Konstellation könnte sprechen, daß die Kommanditgesellschaft durch die Komplementär-GmbH vertreten wird, so daß formal gar kein Selbstkontrahieren vorliegt. Der Geschäftsführer der Komplementär-GmbH handelt gleichwohl mittelbar als Organ der Kommanditgesellschaft, so daß der durch § 181 BGB bezweckte Schutz des Vertretenen durch mittelbares Selbstkontrahieren gefährdet ist.

---

[772] BGHZ 58, 115 (118 ff.).
[773] LG MÜNCHEN, GmbHR 1998, 789.

Gegen die vom *LG München* vorgenommene Erstreckung der Befreiung auf den Geschäftsführer der Komplementär-GmbH spricht, daß die Kommanditgesellschaft aus wirtschaftlichen Gründen ein Interesses daran haben kann, daß Geschäfte zwischen ihr und der Komplementär-GmbH vorgenommen werden können. Dieses Interesse besteht jedoch nicht notwendigerweise bei Rechtsgeschäften zwischen ihr und dem Geschäftsführer der Komplementär-GmbH als Privatperson. Die Vorstellung eines mit der Befreiung der Komplementär-GmbH einhergehenden Vertrauensbeweises zugunsten des Geschäftsführers der Komplementär-GmbH ist daher eine reine Fiktion. Deswegen muß die Befreiung der Organe der Komplementär-GmbH vom Verbot des § 181 BGB durch die Kommanditgesellschaft vorgenommen werden und sie ist zudem eintragungsfähig und gemäß § 125 Abs. 4 HGB eintragungspflichtig.

G. Teleologische Reduktion des § 181 BGB bei der Einmann-GmbH & Co KG ?

Die Entscheidung des *Bundesgerichtshofs* vom 19.11.1979 übertrug noch die Grundsätze der Rechtsprechung zur Einmann-GmbH[774] auf die GmbH & Co KG. Danach war § 181 BGB nicht auf Rechtsgeschäfte des Gesellschafter-Geschäftsführers mit der KG anwendbar, wenn dieser zugleich der einzige Kommanditist war.

Heute kann nur fraglich sein, ob nicht aus einem Umkehrschluß zu § 35 Abs. 4 S. 1 GmbHG gefolgert werden kann, daß § 181 BGB auf die Einmann-GmbH & Co mit nur einem Kommanditisten nicht anwendbar ist, zumal dem Gesetzgeber die oben angeführte Rechtsprechung zur Einmann-GmbH & Co bekannt war und gleichzeitig einige Vorschriften zur GmbH & Co (nämlich die §§ 19 Abs. 5 S. 2; 125 a Abs. 1 S. 3; 129 a S. 2; 130 a Abs. 1 S. 1; 172 Abs. 4 S. 2. und 172 a S. 2 HGB) geändert wurden[775].

Die Vornahme eines Umkehrschlusses zu § 35 Abs. 4 S. 1 GmbHG ist nach der hier vertretenen Auffassung nicht zulässig, da § 35 Abs. 4 GmbHG nur eine deklaratorische Korrekturnorm ist, die nur den vorher verkannten Anwendungsbereich des § 181 BGB klargestellt hat. Insofern bewirkt § 181 BGB über den Schutz der vertretenen Gesellschaft den Schutz der Gläubiger. Insofern darf das Vermögen der nach §§ 161 Abs. 2, 128 HGB haftenden GmbH gegenüber Insichgeschäften nicht schutzlos gestellt werden. Die teleologische Reduktion des tatbestandlich auf Rechtsgeschäfte des Gesellschafter-Geschäfts-

---

[774] BGHZ 56, 97 ff.
[775] Für diesen Umkehrschluß BINZ, S. 62; U. HÜBNER, Jura 1982, 85 (87).

führers einer Einmann-GmbH & Co KG anwendbaren § 181 BGB scheidet nach den hier entwickelten Anwendungsgrundsätzen aus, da der Normzweck des Vertretenenschutzes und damit zugleich des Gläubigerschutzes berührt wird. Somit ist von einer Geltung des § 181 BGB bei der Einmann-GmbH & Co KG auszugehen. Einer entsprechenden Anwendung des § 35 Abs. 4 S. 1 GmbHG bedarf es daher nicht[776].

Freilich muß eine Konzession an das auf die KG zur Anwendung kommende Recht gemacht werden: Die Gestattung, die dem Einmann in seiner Eigenschaft als Vertretungsorgan der Komplementär-GmbH seitens der KG erteilt wird, unterliegt nicht dem Formzwang des § 2 GmbHG; auch gelten nicht die strengen inhaltlichen Anforderungen an die Bestimmtheit der Erklärung.

H. Die Anwendbarkeit des § 181 BGB und der verbandsrechtlichen Stimmverbote bei der Partnerschaftsgesellschaft

Die Partnerschaftsgesellschaft wurde als registerfähige Personengesellschaft für die gemeinsame Berufsausübung von Freiberuflern geschaffen. Sie ist als selbständiges Rechtssubjekt und Träger des Partnerschaftsvermögens anzusehen. Sie kann wegen der Verweisung des § 7 Abs. 2 PartGG auf § 124 HGB wie eine OHG oder KG unter ihrem Namen Rechte erwerben, Verbindlichkeiten eingehen, klagen oder verklagt werden. Neben dem Vermögen der Partnerschaft haften den Gläubigern deren Partner gemäß § 8 Abs. 1 S. 1 PartGG als Gesamtschuldner, wenn nicht einzelne Partner allein mit der Bearbeitung eines Auftrags befaßt waren (§ 8 Abs. 2 PartGG n. F.).

Diese Annäherung der Partnerschaftsgesellschaft an die juristische Person beinhaltet insbesondere bei Partnerschaftsgesellschaften mit vielen Partnern eine deutliche Erleichterung gegenüber der Klage gegen alle Partner als Gesamtschuldner, unabhängig davon, ob die Partnerschaft Klägerin oder Beklagte ist.[777] Insofern ist für die Gläubiger der Partnerschaftsgesellschaft der Schutz des Gesellschaftsvermögens vor wertinkongruenten Rechtsgeschäften unerläßlich, damit diese auf die Partnerschaftsgesellschaft als solventes Haftungssubjekt zugreifen können.

---

[776] So aber Rowedder-KOPPENSTEINER, GmbHG, § 35, Rdnr. 25.
[777] HENSSLER, PartGG, § 7, Rdnr. 24.

I. Rechtsgeschäfte zwischen der Partnerschaftsgesellschaft und dem Partner

Betrachtet man Rechtsgeschäfte, die ein Partner mit der Partnerschaftsgesellschaft abschließen kann, so erwachsen besonders bei gewerblichen Rechtsgeschäften Gefahren daraus, daß grundsätzlich jeder Partner allein zur Vertretung der Gesellschaft in allen gerichtlichen und außergerichtlichen Rechtshandlungen gemäß der §§ 125 Abs. 1, 126 HGB berechtigt ist. Damit ist der gemäß § 7 Abs. 3 PartGG vertretungsbefugte Gesellschafter entsprechend einem Organ einer juristischen Person vertretungsbefugt[778]. Dem Interessenkonflikt dem ein Partner unterliegt, wenn er mit der Partnerschaftsgesellschaft im Wege des Selbstkontrahierens oder der Mehrvertretung einen gewerblichen Vertrag, wie etwa einen Mietvertrag, abschließt, beugt § 181 BGB vor, indem er diese Rechtsgeschäfte verbietet. Insofern schützt § 181 BGB die Partnerschaftsgesellschaft als Vertretene und damit zugleich ihre Gesellschafter vor dem Verlust ihres Gesellschaftsanteils sowie vor der gesamtschuldnerischen Haftung, die Gläubiger sowie den Rechtsverkehr.

Sollte im Partnerschaftsvertrag die Gesamtvertretung gemäß § 125 Abs. 2 HGB angeordnet und in das Partnerschaftsregister eingetragen sein[779], so gilt das Verbot des Selbstkontrahierens und der Mehrvertretung gemäß § 181 BGB, wenn einer der gesamtvertretungsberechtigten Partner auf der anderen Seite des Rechtsgeschäfts tätig wird. Nach der hier vertretenen Ansicht kann § 181 BGB nicht dadurch umgangen werden, daß der vom Verbot des Insichgeschäfts betroffene Partner einen anderen Partner gemäß § 7 Abs. 3 PartGG i.V.m. § 125 Abs. 2 S. 2 HGB zur Alleinvertretung im Einzelfall ermächtigt, denn § 181 BGB muß auf das aufgrund der Ermächtigung abgeschlossene Rechtsgeschäft wegen der der Mehrvertretung vergleichbaren Interessenlage entsprechend angewendet werden[780].

II. Beschlüsse in der Partnerschaftsgesellschaft

Bei Beschlüssen in der Partnerschaft gelten die §§ 47 Abs. 4 GmbHG, 34 BGB, 43 Abs. 6 GenG, 136 Abs. 1 AktG in gesetzesanaloger Anwendung für Entlastungsbeschlüsse und bei Beschlüssen über die Einleitung eines Rechtsstreites

---

[778] BFH, DB 1999, 998.
[779] Zu der hier nicht interessierenden Frage der partiellen Unwirksamkeit des Ausschlusses von der Vertretungsmacht, wenn diese gegen berufsrechtliche Vorschriften (z.B. § 1 BRAO) verstößt, ausführlich MICHALSKI/RÖMERMANN, PartGG, § 7, Rdnr. 17 m.w.N.
[780] Ausführlich oben § 3 G I 2.

gegenüber einem Partner sowie über die Befreiung des Partners von einer Verbindlichkeit.

Bei Beschlüssen über die Vornahme eines Rechtsgeschäftes gegenüber einem Partner darf dieser analog §§ 47 Abs. 4 S. 1 GmbHG, 34 BGB ebenfalls nicht mitstimmen, da die Partnerschaftsgesellschaft in ihrer Struktur als Gesellschaft für die freien Berufe eher einer BGB-Gesellschaft oder GmbH als einer AG oder Genossenschaft gleicht.

Ferner folgt aus § 181 BGB in gesetzesanaloger Anwendung ein Verbot der Stimmvertretung bei satzungsändernden und Grundlagenbeschlüssen.

Im übrigen darf ein Partner bei Beschlüssen über seine Ausschließung aus wichtigem Grund wegen einer Rechtsanalogie zu den §§ 47 Abs. 4 GmbHG, 34 BGB, 43 Abs. 6 GenG, 136 Abs. 1 AktG und § 181 BGB nicht mitstimmen.

I. Die Anwendbarkeit des § 181 BGB und der verbandsrechtlichen Stimmverbote bei der BGB-Gesellschaft

I. Das Selbstkontrahieren und die Mehrvertretung des BGB-Gesellschafters

Die Frage der Anwendbarkeit des § 181 BGB bei der BGB-Gesellschaft ist unter dem Gesichtspunkt der Rechtsnatur der BGB-Gesellschaft zu klären[781].

Der BGB-Gesellschafter unterliegt beim Selbstkontrahieren und der Mehrvertretung dem Verbot des § 181 BGB unstreitig in den Bereichen, in denen die BGB-Gesellschaft als teilrechtsfähig, d.h. als Trägerin von Rechten und Pflichten anerkannt ist. In diesen Fällen kontrahiert der BGB-Gesellschafter als organschaftlicher Vertreter mit <u>der</u> Gesellschaft als Vertretene.

§ 181 BGB muß jedoch auch in den Fällen, in denen die Teilrechtsfähigkeit der BGB-Gesellschaft nicht anerkannt ist, grundsätzlich unabhängig davon gelten, ob man der noch herrschenden *Doppelverpflichtungstheorie*[782] oder der im Vordringen befindlichen *Akzessorietätstheorie* folgt:

---

[781] Ausführlich zu diesem Problem und Streitstand: ULMER, ZIP 1999, 554; vgl. auch die umfangreichen Nachweise bei Münchener Kommentar-ULMER, BGB, § 714, Rdnr. 26.
[782] Bis vor kurzem auch Münchener Kommentar-ULMER, BGB, § 705, Rdnr 128–136.

Nach der von der Rechtsprechung und dem wohl noch überwiegenden Teil der Literatur vertretenen *Doppelverpflichtungstheorie* haften die Gesellschafter bürgerlichen Rechts und das gesamthänderisch gebundene Gesellschaftsvermögen grundsätzlich nur aufgrund rechtsgeschäftlicher Verpflichtung. Diese entsteht dadurch, daß der geschäftsführende Gesellschafter im Namen der Gesellschaft, im Namen der Mitgesellschafter und im eigenen Namen Rechtsgeschäfte abschließt[783].

Für die Anwendung des § 181 BGB ergibt sich daraus folgendes: Das Selbstkontrahieren oder die Mehrvertretung als Vertreter der Mitgesellschafter verstoßen gegen den Tatbestand des § 181 BGB und sind nur bei vorheriger Gestattung zulässig. Das gleiche gilt für die Vertretung des gesamthänderisch gebundenen Gesellschaftsvermögens. Eine wirksame Vertretung der eigenen Person führt beim Selbstkontrahieren zum Erlöschen der Forderung durch eine Konfusion[784]. Ohne eine vorherige Gestattung kann daher nur eine eigene Verpflichtung des vertretenden BGB-Gesellschafters entstehen, wenn dieser die BGB-Gesellschaft im Wege der Mehrvertretung vertritt, da § 181 BGB nicht den Abschluß von Rechtsgeschäften im eigenen Namen verbietet.

Nach der im Vordringen befindlichen *Akzessorietätstheorie*, welche vor allem für die unternehmenstragende GbR vertreten wird[785], wird die BGB-Gesellschaft analog § 124 Abs. 1 HGB als rechtstechnisch verselbständigt betrachtet und eine Haftung der Gesellschafter für die Schulden der Gesellschaft analog § 128 HGB angenommen[786]. Aufgrund dieser rechtstechnischen Verselbständigung ist nach der *Akzessorietätstheorie* die BGB-Gesellschaft als Vertretene i.S.d. § 181 BGB anzusehen, so daß sowohl das Verbot des Selbstkontrahierens als auch der Mehrvertretung[787] gilt. Für den Fall der Mehrvertretung des BGB-Gesellschafters haftet dieser jedoch nach § 179 Abs. 1 BGB analog.

Damit gilt sowohl nach der *Doppelverpflichtungstheorie* als auch nach der *Akzessorietätstheorie* grundsätzlich § 181 BGB für das Selbstkontrahieren und die Mehrvertretung eines BGB-Gesellschafters. Eine Ausnahme besteht nur nach der *Doppelverpflichtungstheorie* für das Auftreten des BGB-Gesellschaf-

---

[783] Aus diesem Grund besteht grundsätzlich keine Haftung für gesetzliche Verpflichtungen der Gesellschaft.
[784] Vgl. Palandt-HEINRICHS, Vor § 362, Rdnr. 4.
[785] ULMER, ZIP 1999, 554.
[786] Diese Haftung besteht daher auch für gesetzliche Verpflichtungen der Gesellschaft.
[787] Ebenso BGH, NJW-RR 1991, 1441.

ters in eigenem Namen, bei der die analoge Anwendung des § 179 Abs. 1 BGB zum gleichen Ergebnis führt.

Eine besondere Bedeutung hat bei der BGB-Gesellschaft die Frage, ob Rechtsgeschäfte eines gesamtvertretungsberechtigten Gesellschafters, der von einem anderen Gesellschafter zur Alleinvertretung ermächtigt wurde, dem Verbot des § 181 BGB unterfallen, da die Gesamtvertretung nach §§ 709, 714 BGB der gesetzliche Regelfall bei der BGB-Gesellschaft ist. Nach der hier vertretenen Ansicht unterliegt der ermächtigte Gesellschafter wegen der der Mehrvertretung entsprechenden Interessenlage dem Verbot des § 181 BGB in entsprechender Anwendung[788].

II. Beschlüsse in der BGB-Gesellschaft

Die Regelung des Stimmrechts in der BGB-Gesellschaft ist nur rudimentär. Die wichtigste Vorschrift ist § 709 BGB, welcher die gemeinschaftliche Geschäftsführung der Gesellschafter und den Grundsatz der Einstimmigkeit bei Geschäftsführungsbeschlüssen regelt[789]. Gemäß § 709 Abs. 2 BGB ist auch das Mehrheitsprinzip in der Satzung vereinbar. Gesetzlich geregelt ist ein Stimmrechtsausschluß des Gesellschafters bei dem Beschluß über die Entzug seiner Geschäftsführungsbefugnis[790]. Dieser Stimmrechtsausschluß erstreckt sich wegen der Verweisung des § 715 BGB auf § 712 Abs. 1 BGB auch auf den Beschluß über den Entzug der Vertretungsmacht. Schließlich gilt ein Stimmverbot für den Beschluß über den Ausschluß eines Gesellschafters aus wichtigem Grund gemäß § 737 S. 1 und 2 BGB, welcher nur möglich ist, wenn die Fortführung der Gesellschaft für den Fall der Kündigung einer der Gesellschafter in der Satzung geregelt ist[791].

Nach der herrschenden Meinung darf ein BGB-Gesellschafter richtigerweise bei Beschlüssen über seine Entlastung, Abberufung als Geschäftsführer, seinen Ausschluß, bei der Befreiung von Verbindlichkeiten oder über die Geltendma-

---

[788] Siehe oben § 3 G.
[789] Welcher jedoch auch für vertragsändernde Beschlüsse gilt, Palandt-THOMAS, BGB, § 705, Rdnr. 5-7.
[790] Gemäß § 712 entscheiden die „übrigen" Gesellschafter.
[791] Das Stimmverbot ergibt sich aus der Formulierung des § 737 BGB, nach der der Beschluß durch die „übrigen" Gesellschafter vorgenommen wird.

chung von Ansprüchen der Gesellschaft gegenüber ihm nicht mitstimmen[792]. Insofern besteht keine andere Interessenlage als bei den übrigen Gesellschaften.

Bei Beschlüssen über die Vornahme von Rechtsgeschäften mit dem Gesellschafter müssen die §§ 34 BGB, 47 Abs. 4 S. 2 GmbHG gesetzesanalog angewendet werden, da sich bei der Aktiengesellschaft und Genossenschaft die Kompetenzverteilung bei Geschäftsführungsfragen wesentlich von der in der BGB-Gesellschaft unterscheiden[793]. Diese gleicht aufgrund des Prinzips der Selbstorganschaft in der BGB-Gesellschaft eher der bei einer GmbH oder einem Verein, da bei diesen die Gesellschafterversammlung oder Mitgliederversammlung die wichtigsten Gesellschaftsorgane sind.

Bei der Vertretung eines anderen Gesellschafters bei der Abstimmung über satzungsändernde Maßnahmen und Grundlagenbeschlüsse ist § 181 BGB nach hier vertretener Ansicht anwendbar[794]. Ferner muß mit dem *Bundesgerichtshof* eine gesetzesanaloge Anwendung des § 181 BGB bejaht werden, wenn sich ein Gesellschafter, der von anderen Gesellschaftern zu ihrer Vertretung in der Gesellschafterversammlung bevollmächtigt wurde, mit den Stimmen seiner Vollmachtgeber zum Geschäftsführer der BGB-Gesellschaft bestellt[795]. Im übrigen sind die verbandsrechtlichen Stimmverbote und § 181 BGB bei schwerwiegenden Interessenkollisionen im Wege der Rechtsanalogie anwendbar.

III. Die Befreiung vom Verbot des § 181 BGB in der BGB-Gesellschaft

Die Gestattung eines Insichgeschäfts in der BGB-Gesellschaft ist formlos gültig[796]. Die Führung eines Handelsregisters für die BGB-Gesellschaft wäre zu aufwendig, da Gesellschaften, die auf den Betrieb eines größeren Handelsgewerbes gerichtet sind, kraft § 105 HGB als offene Handelsgesellschaften gelten und damit der Formvorschrift des § 125 Abs. 4 HGB unterfallen. Die Gefährdung der Gläubiger durch kleinere Gewerbebetriebe ist daher als gering anzusehen. Der Gestattungsbeschluß hat jedoch ge-

---

[792] Staudinger-KEßLER, BGB, § 709, Rdnr. 9; Soergel-HADDING, § 709, Rdnr. 29; Palandt-THOMAS, BGB, Vorb. § 709, Rdnr. 15 .
[793] Staudinger-KEßLER, BGB, § 709, Rdnr. 9; Münchener Kommentar-ULMER, BGB, § 709, Rdnr. 64; Erman-H. P. WESTERMANN, BGB, § 709, Rdnr. 26.
[794] So auch Münchener Kommentar-ULMER, BGB, § 709, Rdnr. 54 und 68; Münchener Handbuch-HAPP/BRUNKHORST, § 5, Rdnr. 77; Palandt-THOMAS, BGB, Vorb. § 709, Rdnr. 13; dieses setzt voraus, daß sich der Gesellschafter vertretenen lassen darf, vgl. zur Zulässigkeit der Stimmrechtsvollmacht ausführlich VOGEL, Gesellschafterbeschlüsse, S. 55 f.
[795] BGHZ 112, 339; ZIP 1991, 25 = GmbHR 1991, 60 = DB 1991, 72.
[796] RGZ 163, 392; HUECK, Recht der OHG, 4. Kapitel, § 20 III 2 d, S. 298.

mäß §§ 705 Abs. 1 BGB, 119 HGB einstimmig zu erfolgen, wobei der betroffene Gesellschafter gemäß analog §§ 34 BGB, 47 Abs. 4 S. 2 GmbHG nicht mitstimmen darf[797].

J. Die Anwendbarkeit des § 181 BGB und der verbandsrechtlichen Stimmverbote bei der eingetragenen Genossenschaft

I. Anwendbarkeit des § 181 BGB auf Rechtsgeschäfte in der eingetragenen Genossenschaft

§ 181 BGB gilt auch für die Vorstandsmitglieder eine eingetragenen Genossenschaft, wenn diese Insichgeschäfte schließen wollen[798]. Insoweit bestehen keine Besonderheiten. Nach § 39 Abs. 2 GenG bedarf die Kreditgewährung bei der Genossenschaft zusätzlich der Genehmigung des Aufsichtsrats.

Umstritten ist hingegen, wer die Befreiung vom Verbot des § 181 BGB in der eingetragenen Genossenschaft erteilen kann.

Grundsätzlich ist die Generalversammlung zur Gestattung durch Satzungsänderung befugt, ohne daß ihr die Befugnis dazu in der Satzung erteilt zu werden braucht[799]. Darüber hinaus darf der Aufsichtsrat nicht nur die Befreiung im Einzelfall[800], sondern auch die generelle Befreiung erteilen, falls dieser nach dem Statut für die Bestellung, Ausgestaltung und den Abschluß des Anstellungsvertrags des Vorstands zuständig ist[801]. Insofern ist eine andere Behandlung als bei der GmbH angebracht, da nur bei der GmbH nach § 46 Nr. 5 GmbHG die Gesellschafter zwingend für die Bestellung und Abberufung der Geschäftsführer zuständig sind. Eine Gestattung des Selbstkontrahierens durch die übrigen, am Insichgeschäft nicht beteiligten Vorstandsmitglieder ist nicht zulässig, da die Befugnis zur Gestattung nur einem Organ zuzuerkennen ist, das für die Wahr-

---

[797] Siehe oben § 8.
[798] Lang/Weidenmüller/Metz-SCHAFFLAND, GenG, § 25, Rdnr. 20; GLENK, Genossenschaft, Rdnr. 343.
[799] Lang/Weidenmüller/Metz-SCHAFFLAND, GenG, § 25, Rdnr. 20; GLENK, Genossenschaft, Rdnr. 343; MÜLLER, GenG, § 36, Rdnr. 17.
[800] So MÜLLER, GenG, § 26, Rdnr. 18.
[801] Lang/Weidenmüller/Metz-SCHAFFLAND, GenG, § 25, Rdnr. 20, GLENK, Genossenschaft, Rdnr. 343.

nehmung der Interessen der Genossenschaft gegenüber den Vorstandsmitgliedern berufen ist[802].

Außerdem scheidet eine Umgehung des § 181 BGB durch die Ermächtigung eines anderen gesamtvertretungsberechtigten Vorstandsmitglieds durch das nach § 181 BGB an der Gesamtvertretung verhinderte Vorstandsmitglieds nach der hier vertretenen Ansicht aus[803], weil das gemäß § 25 Abs. 3 GenG ermächtigte Vorstandsmitglied dem Interessenkonflikt der Mehrvertretung unterliegt.

II. Beschlüsse in der Genossenschaft

Die Mitglieder des Aufsichtsrats sind gemäß § 43 Abs. 6 GenG bei ihrer Selbstentlastung, wie auch bei der Entlastung des Vorstands, nicht stimmberechtigt, weil sie dadurch Kontrollmängel verdecken könnten. Umgekehrt können die Vorstandsmitglieder bei ihrer Selbstentlastung und bei der Entlastung des Aufsichtsrats nicht mitstimmen, da sie von dessen Kontrolle abhängig sind[804].

Ebenso dürfen gemäß § 43 Abs. 6 GenG die Genossen nicht für sich oder einen anderen mitstimmen, wenn darüber Beschluß gefaßt wird, ob er oder der andere von einer Verbindlichkeit befreit werden soll oder ob gegen ihn oder den vertretenen Genossen ein Anspruch geltend gemacht werden soll.

Wiederum besteht ein Stimmvertretungsverbot in gesetzesanaloger Anwendung des § 181 BGB für Satzungänderungen und Grundlagenbeschlüsse in der Generalversammlung[805].

Zudem besteht ein Stimmverbot in rechtsanaloger Anwendung der §§ 47 Abs. 4 GmbHG, 34 BGB, 43 Abs. 6 GenG, 136 Abs. 1 AktG sowie § 181 BGB, wenn über den Ausschluß eines Genossen aus wichtigem Grund beschlossen wird.

---

[802] MÜLLER, GenG, § 26, Rdnr. 19.
[803] Siehe oben § 3, G 2, ebenso MÜLLER, GenG, § 26, Rdnr. 14; a.A. Lang/Weidenmüller/Metz-SCHAFFLAND, GenG, § 25, Rdnr. 21.
[804] GLENK, Genossenschaft, Rdnr. 298.
[805] Das bisherige Verbot der Ausübung des Stimmrechts durch Bevollmächtigte ist, wie der Wortlaut des § 43 Abs. 6 GenG zeigt, durch die Novelle 1973 aufgehoben worden. Vgl. SCHUBERT/STEDER, GenG, § 43, Rdnr. 25, 3010.

K. Die Anwendbarkeit des § 181 BGB und der verbandsrechtlichen Stimmverbote beim rechtsfähigen Verein

I. Rechtsgeschäfte

Die Trennung von Vereinsvermögen und haftungsfreiem Mitgliedervermögen beim rechtsfähigen Verein bedeutet eine schlechte Stellung der Vereinsgläubiger. Besonders gefährlich sind das Fehlen von Kapitalaufbringungs- und -erhaltungsvorschriften. Die Gefahr der Vermögensverlagerung von Vereinsvermögen in das Vermögen eines Vorstandsmitglieds ist daher nicht zu unterschätzen. Nach der herrschenden Ansicht findet daher § 181 BGB uneingeschränkte Anwendung[806].

Nicht anwendbar ist § 181 BGB, wenn beim Vertragschluß zwischen einem eingetragenen Verein und einer GmbH diese durch ihre Prokuristen und der Verein durch ein alleinvertretungsberechtigtes Vorstandsmitglied vertreten wird, das zugleich Geschäftsführer der Gesellschaft ist[807]. Insoweit bestehen keine Besonderheiten.

II. Beschlüsse

1. Beschlüsse des Vorstands

Gemäß den §§ 28 Abs. 1, 34 BGB darf ein Vorstandsmitglied nicht mitstimmen, wenn Gegenstand der Beschlußfassung die Vornahme eines Rechtsgeschäfts mit ihm ist oder wenn es um die Einleitung oder Erledigung eines Rechtsstreits mit ihm geht.

2. Beschlüsse der Mitgliederversammlung

Im rechtsfähigen Verein ist ein Mitglied gemäß § 34 BGB vom Stimmrecht ausgeschlossen, wenn Gegenstand der Beschlußfassung die Vornahme eines Rechtsgeschäfts mit ihm oder wenn es um die Einleitung bzw. Erledigung eines Rechtsstreits mit ihm und dem Verein geht. Da der Gesetzgeber des § 34 BGB die Entlastung noch unter der Vornahme eines Rechtsgeschäfts einordnete, dürfen Vorstandsmitglieder nicht über die Entlastung des Vorstands abstimmen[808].

---

[806] STÖBER, Vereinsrecht, S. 159 f., Rdnr. 279 und Rdnr. 135; SAUTER/SCHWEYER, Der eingetragene Verein, S. 180, Rdnr. 239; U. HÜBNER, Interessenkonflikt, S. 243.
[807] BGHZ 91, 334 = NJW 1984, 2085 = GmbHR 1985, 2085.
[808] KRAFT/KREUTZ, Gesellschaftsrecht, J II 6 a.

Gemäß § 181 BGB in gesetzesanaloger Anwendung besteht nach dem hier vertretenen Ansatz ein Vertretungsverbot sowohl bei satzungsändernden Beschlüssen der Mitgliederversammlung als auch bei der Stimmvertretung eines anderen Mitglieds bei der eigenen Bestellung zum Vorstandsmitglied.

Nach der überwiegenden Meinung ist im Vereinsrecht jegliche analoge Ableitung eines Stimmverbotes abzulehnen[809]. Selbst der Betroffene soll beim Beschluß über die Verhängung einer Vereinsstrafe trotz der evidenten Interessenkollision mitstimmen dürfen. Richtigerweise darf der von der Verhängung einer Vereinsstrafe und vom Ausschluß aus wichtigem Grund Betroffene bei dem Beschluß wegen einer Rechtsanalogie zu den verbandsrechtlichen Stimmverboten und zu § 181 BGB nicht mitstimmen.

III. Die Befreiung des Vorstands vom Verbot des § 181 BGB

Für eine wirksame generelle Befreiung des Vorstands oder eines Vorstandsmitglieds ist eine Eintragung im Vereinsregister erforderlich. Der einfache Beschluß durch die Mitgliederversammlung reicht nur aus, wenn diese durch die Satzung dazu ermächtigt ist[810]. Eine Befreiung ohne Satzungsgrundlage für ein konkretes Rechtsgeschäft ist unzulässig. Die Vertretungsbefugnis des Vorstands bestimmt sich nach dem Gesetz (§ 26 Abs. 2 S. 1 BGB) oder der Vereinssatzung (§ 25 BGB). Die Vertretungsmacht wird durch eine Beschlußfassung der Mitgliederversammlung gemäß § 32 BGB nicht berührt. Zur Änderung der gesetzlich geregelten Vertretungsmacht ist daher unbedingt eine Regelung in der Vereinssatzung erforderlich[811]. Damit scheidet auch eine Genehmigung eines nach § 181 BGB schwebend unwirksamen Rechtsgeschäfts durch einfachen Mitgliederbeschluß aus[812]. Die Gegenansicht[813], welche eine Befreiung des gegenwärtig amtierenden Vorstands vom Verbot des § 181 BGB durch einfachen Mitgliederbeschluß für möglich hält, da diese nur eine Einzelfallbefreiung sei, ist abzulehnen.

Fraglich ist, ob sich ein Umkehrschluß zu § 64 BGB ziehen läßt, der nur eine Eintragung einer Beschränkung des Umfangs der Vertretungsmacht anordnet[814]. Im Interesse des durch § 181 BGB bezweckten Gläubigerschutzes im Wege der

---

[809] SAUTER-SCHWEYER, S. 154 f., Rdnr. 202; STÖBER, Vereinsrecht, Rdnr. 707; Meyer-Cording, Die Vereinsstrafe, S. 80.
[810] STÖBER, Vereinsrecht S. 160, Rdnr. 279.
[811] STÖBER, Vereinsrecht, S. 160, Rdnr. 279.
[812] STÖBER, Vereinsrecht, S. 160, Rdnr. 279.
[813] LG RAVENSBURG, Rpfleger 1990, 26.
[814] Für eine solchen Umkehrschluß Staudinger-COING (Vorauflage), BGB, § 64, Rdnr. 2.

Publizität der Gestattung sollte die Befreiung vom Verbot des § 181 BGB als Regelung der Vertretungsmacht des Vorstands analog § 64 BGB für eintragungspflichtig[815]. Unterstützt wird die Wirkung der Eintragung in das Vereinsregister durch die §§ 68, 70 BGB, welche eine mit § 15 HGB vergleichbare negative Publizität begründen.

---

[815] STÖBER, Vereinsrecht, S. 160, Rdnr. 279; SAUTER-SCHWEYER, S. 181, Rdnr. 239.

§ 10 Die Anwendbarkeit des § 181 BGB auf den Liquidator oder Abwickler einer Gesellschaft i. L.

Tritt bei einer Gesellschaft ein Auflösungsgrund ein, so müssen vor der Beendigung der Gesellschaft die Beziehungen der Gesellschaft zu Dritten abgewickelt werden und die am Gesellschaftsvermögen bestehende Gesamthandsgemeinschaft oder, falls die Gesellschaft juristische Person ist, deren Vermögen auseinandergesetzt werden[816]. Diese Aufgabe wird durch einen Liquidator oder Abwickler der Gesellschaft i. L wahrgenommen, auf den nach der herrschenden Meinung § 181 BGB anwendbar ist[817]. Bei der Erfüllung der Gesellschaftsverbindlichkeiten, welche neben der Abwicklung der laufenden Geschäfte eine der Hauptaufgaben des Liquidators ist, ist § 181 BGB auch ohne Befreiung kein Hindernis[818]. Zu beachten ist, daß der Liquidator auch eigene Ansprüche, ohne daß § 181 BGB entgegensteht, aus der Masse selbst erfüllen kann, da es sich um eine Erfüllung einer Verbindlichkeit handelt[819].

Will der Liquidator oder Abwickler Rechtsgeschäfte im Wege des Selbstkontrahierens oder der Mehrvertretung vornehmen, so muß er vom Verbot des § 181 BGB im Gesellschaftsvertrag oder aufgrund einer Ermächtigung in der Satzung befreit werden. Eine generelle Befreiung durch einen schlichten Beschluß ohne Satzungsgrundlage ist unzulässig[820]. Sie ist darüber hinaus in das Handelsregister einzutragen (§§ 148 Abs. 1 S. 2 HGB, 67 Abs. 1 GmbHG, 266 Abs. 1 AktG, 84 Abs. 1 S. 1 GenG). Eine Gestattung für den Einzelfall kann hingegen durch einfachen Gesellschafterbeschluß erfolgen.

Fraglich ist daher, wie zu verfahren ist, wenn eine spezielle Regelung der generellen Gestattung für einen Liquidator im Gesellschaftsvertrag fehlt:

I. Fortgeltung der satzungsmäßigen Befreiung nur für den organschaftlichen Vertreter

Im Gegensatz zum gekorenen Liquidator wirft der geborene Liquidator die Frage auf, ob dessen vor der Liquidation erfolgte Befreiung für den Fall der Li-

---

[816] Vgl. KRAFT/KREUTZ, Gesellschaftsrecht, B IV 2.
[817] HANSOLG HAMBURG, OLG Report 1998, 109; BAYOBLG, BB 1985, 1148; Scholz-K. SCHMIDT, GmbHG, § 69, Rdnr. 30; Baumbach/Hueck-SCHULZE-OSTERLOH, GmbHG, § 67, Rdnr. 3; für die OHG Röhricht/Westphalen-VON GERKAN, HGB, § 151, Rdnr. 5.
[818] Scholz-K. SCHMIDT, GmbHG, § 70, Rdnr. 8.
[819] Hachenburg-HOHNER, GmbHG, § 70, Rdnr. 9; Rowedder-RASNER, GmbHG, § 68, Rdnr. 4; Scholz-K. SCHMIDT, GmbHG, § 70, Rdnr. 8.
[820] BAYOBLG, MittRhNotK 1995, 141; Hachenburg-HOHNER, GmbHG, § 68 Rn. 9.

quidation fortgilt, wenn dieser Fall nicht ausdrücklich in der Satzung geregelt ist. Mit dem notariell beurkundeten Auflösungsbeschluß verwandelt sich die organschaftliche Stellung des geschäftsführungsberechtigten Organs in die eines geborenen Liquidators um.

Überwiegend wird angenommen, daß eine Befreiung eines geschäftsführungsberechtigten Organs für den Fall der Liquidation nicht fortgilt[821]. Deshalb bedürfe es einer besonderen Anordnung in der Satzung, daß die Befreiung auch für dieselbe Person als Liquidator gelten solle[822].

Die GmbH-rechtliche Literatur geht demgegenüber teilweise von der Fortgeltung der Befreiung aus[823]. Auszugehen sei von § 70 Abs. 1 S. 1 Halbs. 2 GmbHG, nach dem die Liquidatoren die Gesellschaft gerichtlich und außergerichtlich zu vertreten haben. Dieser sei gemäß § 71 Abs. 4 GmbHG durch die §§ 36, 37, 41 etc. GmbHG ergänzt.

Gegen eine Fortgeltung der Befreiung auf den geborenen Liquidator einer Gesellschaft spricht, daß sich der Zweck und Inhalt der Vertretungsbefugnis durch die Auflösung der Gesellschaft wesentlich verändert haben. Der Liquidator führt nicht mehr die Geschäfts einer „werbenden" Gesellschaft, sondern hat nur noch dafür zu sorgen, daß die Gesellschaft durch die Liquidation ihres Vermögens beendet wird[824]. Dementsprechend ändern sich die mit einer Befreiung von § 181 BGB verbundenen rechtlichen Möglichkeiten[825]. Da es um die Liquidation von Gesellschaftsvermögen geht, bestehen besondere Gefahren für die Gläubiger und Gesellschafter, welche nicht ohne weiteres von der ursprünglichen Befreiung umfaßt sind. Das Interesse an der Flexibilität der Entscheidungen eines Vertretungsorgans tritt deshalb hinter dem Interesse an der Sachgerechtigkeit der Entscheidungen zurück[826].

---

[821] HANSOLG HAMBURG, OLG-Report 1998, 110 für den Vorstand eines Vereins; OLG HAMM, BB, 1997, 2293 f.; BAYOBLGZ 1985, 189 = BB 1985, 1148 (1149) = DB 1985, 1521 (1522) für den Geschäftsführer einer GmbH; OLG Düsseldorf, GmbHR 1989, 465 = NJW-RR 1990, 51 = ZIP 1989, 917; OLG HAMM, DB 1997, 1127; LG BERLIN, Rpfleger 1987, 250; MEYER-LANDRUT/Miller/Niehus, GmbHG, § 68, Rdnr. 3; zur Einmann-GmbH BayObLG, GmbHR 1987, 428.
[822] LG BERLIN, a.a.O.
[823] Scholz-K. SCHMIDT, GmbHG, § 68, Rdnr. 5; Baumbach/Hueck-SCHULZE-OSTERLOH, GmbHG, § 68, Rdnr. 4; UHLIG, Rpfleger 1987, 377 (378); REICHERT/VAN LOOK, Vereins- und Verbandsrecht, Rdnr. 2140.
[824] Vgl. für die GmbH nur § 70 GmbHG.
[825] LG BERLIN, Rpfleger 1987, 250.
[826] HANSOLG HAMBURG, OLG Report 1998, 109 (111).

II. Fortgeltung der Befreiungsermächtigung für den organschaftlichen Vertreter

Aus denselben Gründen kann, wenn eine Satzungsermächtigung für die Befreiung des organschaftlichen vom Verbot des § 181 BGB vorliegt und ein entsprechender Befreiungsbeschluß für den organschaftlichen Vertreter gefaßt wurde, diese Befreiung nicht für den Liquidator gelten[827].

Besteht allerdings eine Befreiungsermächtigung nur für organschaftliche Vertreter in der Satzung, so ist sie dahin auszulegen, daß sie auch für den Fall der Liquidation gelten soll, solange der Gesellschaftsvertrag nichts Abweichendes regelt[828]. Auf Basis dieser Ermächtigung können die Gesellschafter den Liquidator durch einfachen Beschluß vom Verbot des § 181 BGB befreien. Hierfür spricht, daß die Liquidatoren einer Gesellschaft, ebenso wie die organschaftlichen Vertreter, deren gesetzliche Vertreter sind. Die Gläubiger sind im übrigen ausreichend geschützt, da die Befreiung einen besonderen Beschluß voraussetzt, der den Gläubigern im Wege der Eintragung in das Handelsregister publik gemacht werden muß[829].

---

[827] Vgl. BAYOBLG, DNotZ 1998, 843; BAYOBLGZ 1995, 335, 337; BAYOBLG BB 1985, 1148, 1149; OLG DÜSSELDORF GmbHR 1989, 465.
[828] OLG ZWEIBRÜCKEN, Rpfleger 1998, 476 = NJW-RR 1999, 38 = GmbHR 1999, 237 = ZInsO 1999, 182; BAYOBLG, BB 1995, 2544; LG BERLIN Rpfleger 1987, 250; LG BREMEN, GmbHR 1991, 68; LG BERLIN, a.a.O.; zustimmend Baumbach/Hueck-SCHULZE-OSTERLOH, § 68, Rdnr. 4; Scholz-K. SCHMIDT, GmbHG, § 68, Rdnr. 5; Rowedder-RASNER, GmbHG, § 68, Rdnr. 4; a.A. OLG HAMM, BB 1997, 2293 ff.; Hachenburg-HOHNER, GmbHG, § 68, Rdnr. 9.
[829] LG BERLIN, a.a.O.

§ 11 Anwendbarkeit des § 181 BGB bei Verwaltergeschäften

A. Insolvenzverwalter

Die Anwendung des § 181 BGB auf Insolvenzverwalter eines Verbandes ist grundsätzlich anerkannt[830]. Nach der herrschenden Amtstheorie ist der Insolvenzverwalter ein Amtstreuhänder, der materiellrechtlich wie prozessual im eigenen Namen, jedoch mit Wirkung für und gegen die Masse handelt[831]. Wenn der Insolvenzverwalter nicht die Stellung eines Vertreters hat, sondern ein privates Amt ausübt, so ist § 181 auf ihn doch entsprechend anwendbar, da er in fremden Interesse handelt und als Verwalter fremden Vermögens Verträge schließt[832]. Wenn der Insolvenzverwalter selbst einen Gegenstand aus der Masse erwirbt, so treffen die amtlichen Pflichten, den Gegenstand möglichst günstig zu verwerten, auf das persönliche Interesse an einem möglichst billigen Erwerb, so daß § 181 BGB analog anzuwenden ist. Es muß deshalb ein Sonderverwalter bestellt werden, der in den Fällen des § 160 InsO die Genehmigung des Gläubigerausschusses einholen muß[833].

Demgegenüber wird von den Anhängern der Vertretertheorie angenommen, daß der Insolvenzverwalter die Konkursmasse als verselbständigtes Rechtssubjekt vertrete[834]. § 181 BGB ist nach dieser Ansicht direkt anzuwenden.

Problematisch ist nichtsdestoweniger, daß beim Insolvenzverwalter eine Gestattung durch den Gemeinschuldner an dessen fehlender Verfügungsbefugnis scheitert. Ebenso kann den Gläubigern die Gestattungsbefugnis nicht zustehen. Aus diesem Grunde sollte vom Insolvenzgericht ein Sonderpfleger für die Erteilung der Gestattung bestellt werden.

---

[830] BGHZ 30, 67 (69), OLG Frankfurt MDR 1976, 675; K. Schmidt, Gesellschaftsrecht, § 10 II, S. 270.
[831] RGZ 29, 29; BGHZ 24, 393 (396); 32, 114 (118); 49, 11 (16); 88, 331 (334); 127, 156; Stein/Jonas-Bork, ZPO, vor § 50 IV 3., Rdnr. 25 ff.
[832] BGHZ 30, 67 (69); OLG Frankfurt, MDR 1976, 675; LG Ulm BWNotZ 1989, 60; RGRK-Steffen, BGB, § 181, Rdnr. 8; Staudinger-Schilken, BGB, § 181, Rdnr. 39.
[833] Siehe auch OLG Frankfurt, MDR 1976, 675 unter Bezugnahme auf die Fälle der §§ 133, 134 Nr. 1 KO.
[834] Bötticher, ZZP 71 (1958), 318 f.

B. Nachlaßverwalter

Ebenso ist § 181 BGB unstreitig analog auf Geschäfte des Nachlaßverwalters anzuwenden[835].

C. Testamentsvollstrecker

Für den Testamentsvollstrecker wurde von der früheren Rechtsprechung eine analoge Anwendung des § 181 abgelehnt, sofern seine Insichgeschäfte im Rahmen einer ordnungsgemäßen Verwaltung des Nachlasses liegen[836].

Die heute herrschende Meinung befürwortet hingegen eine analoge Anwendung des § 181 BGB, da sich die Interessenlage mit der bei der Vertretung deckt[837].

Dem ist zuzustimmen, da es nicht auf die Einordnung nach der Amts- oder Vertretertheorie ankommen kann, sondern nur auf die Vergleichbarkeit der Interessenlagen. Diese liegt beim Selbstkontrahieren und der Mehrvertretung des Testamentsvollstrecker vor, da hierbei das treuhänderische Interesse mit dem Eigeninteresse kollidiert[838].

Die Wirksamkeit eines Insichgeschäfts hängt daher von der Gestattung des Erblassers ab, deren möglicherweise nur stillschweigendes Vorliegen durch Auslegung der letztwilligen Verfügung des Erblassers zu ermitteln ist[839]. Dabei geht der *Bundesgerichtshofs* davon aus, daß eine stillschweigende Gestattung nur vorliegt, wenn der Testamentsvollstrecker zugleich Miterbe ist[840].

Darüber hinaus hat der zweite Zivilsenat des *Bundesgerichtshofs* die analoge Anwendung des § 181 BGB auf das Stimmrecht bei Interessenkollisionen zugelassen[841]. Er verneinte die Befugnis des Testamentsvollstreckers, das Stimm-

---

[835] RGRK-STEFFEN, BGB, § 181, Rdnr. 8; Soergel-LEPTIEN, BGB, § 181, Rdnr. 33; Staudinger-SCHILKEN, BGB, § 181, Rdnr. 39.
[836] RGZ 58, 299; 61, 139; BGH, NJW 1954, 1036.
[837] BGHZ 30, 67 (69); 51, 209 (213 f.); 108, 21 (24); H. HÜBNER, AT, Rdnr. 1329; Alternativkommentar-OTT, BGB, § 181, Rdnr. 11; RGRK-STEFFEN, BGB, RDNR. 8., U. HÜBNER, Interessenkonflikt, S. 80 ff; Münchener Kommentar-THIELE, BGB, § 181, Rdnr. 34; Staudinger-SCHILKEN, BGB, § 181, Rdnr. 38.
[838] Staudinger-SCHILKEN, BGB, § 181, Rdnr. 38.
[839] RGZ 121, 50 ff.; BGHZ 30, 67 (69); Soergel-LEPTIEN, BGB, § 181, Rdnr. 30.
[840] BGHZ 30, 67 ff.
[841] BGHZ 51, 209 (216 f.).

recht für die zum Nachlaß gehörenden Geschäftsanteile bei der Beschlußfassung über seine Bestellung zum Geschäftsführer auszuüben[842].

Die Annahme entsprechender Anwendung des § 181 BGB durch den *Bundesgerichtshof* ist gerechtfertigt. Wirkt ein GmbH-Gesellschafter bei seiner Bestellung zum Geschäftsführer mit, so tut er dies aus seinem mitgliedschaftlichen Recht und orientiert dabei sein Eigeninteresse am Wohl der Gesellschaft. Der Testamentsvollstrecker verwaltet hingegen die zum Nachlaß gehörenden Anteil nicht als eigene, so daß bei ihm ein Interessenwiderstreit in voller Schärfe gegeben ist[843].

D. Wohnungseigentumsverwalter

Nach der Rechtsprechung gilt das Verbot des § 181 BGB nicht für den Verwalter nach dem WEG, wenn er nicht als Vertreter der Gemeinschaft, sondern im eigenen Namen kraft des ihm übertragenen Amtes als Treuhänder der Wohnungseigentümer auftritt[844]. Diese Rechtsprechung steht in Widerspruch zu der hier vertretenen Auffassung bezüglich der Verwaltergeschäfte. Indem sie den Wohnungseigentumsverwalter sich selbst die Zustimmung zu einer Veräußerung erteilen läßt, unterläuft sie den Normzweck des § 12 WEG, nach dem eine Veräußerung ohne die erforderliche Zustimmung der Wohnungseigentümer schwebend unwirksam ist (§ 12 Abs. S. 1 WEG). Mithin muß der WEG-Verwalter § 181 BGB beachten[845].

---

[842] Zustimmend: Alternativkommentar-OTT, BGB, § 181, Rdnr. 11; Münchener Kommentar-THIELE, BGB, § 181, Rdnr. 28.
[843] BGHZ 51, 209 (217).
[844] BAYOBLG, Rpfleger 1983, 350; OLG DÜSSELDORF, NJW 1985, 390; Bärmann-PICK, WEG, § 12, Rdnr. 21.
[845] Staudinger-SCHILKEN, BGB, § 181, Rdnr. 39; SOHN, NJW 1985, 3060; Bärmann/Pick-MERLE, WEG, § 27, Rdnr. 99; Bärmann/SEUß, WEG, B, Rdnr. 367.

§ 12 Schlußbetrachtung – Wesentliche Ergebnisse der Untersuchung

Die Untersuchung der Grenzen der Insichgeschäfte im Gesellschaftsrecht hat folgendes ergeben:

1. § 35 Abs. 4 S. 1 GmbHG ist eine Norm, die in erster Linie Fehler in der früheren Anwendung des § 181 BGB korrigiert. Damit stellt § 35 Abs. 4 S. 1 GmbHG einen gesetzgeberischen Auslegungshinweis dar; die Norm ist aber letztlich nur deklaratorisch.

Hält man sich an diesen Auslegungshinweis, so zeigt sich, daß § 181 BGB nicht nur die Interessen des Vertretenen und der Rechtssicherheit schützt, sondern zugleich eine Gläubigerschutznorm ist. Der Schutz der Gläubiger ist kumulativ aus dem Normzweck des Vertretenenschutzes und dem des Schutzes der Rechtssicherheit abzuleiten, wobei der Vertretenenschutz im gesetzlichen Regelfall maßgebend ist und im gesetzlichen Ausnahmefall der Gestattung durch die Publizität der Gestattung ersetzt wird. Insofern besteht ein mehrstufiges System des durch § 181 BGB bewirkten Gläubigerschutzes.

Die Deutung des § 35 Abs. 4 S. 1 GmbHG als deklaratorische Korrekturnorm führt zu einer Vereinheitlichung in der Anwendung des § 181 BGB, denn sie entzieht der häufig verwendeten Argumentation mit Umkehrschlüssen und Analogien zu § 35 Abs. 4 S. 1 GmbHG jegliche Grundlage.

2. Ein weiteres Ergebnis der Untersuchung ist, daß ein Rechtsgeschäft, welches ein ermächtigter Gesamtvertreter mit dem ihn ermächtigenden Gesamtvertreter abschließt, wegen der der Mehrvertretung vergleichbaren Interessenlage in Analogie zu § 181 BGB schwebend unwirksam ist. Dieser Fall ist jedoch nicht als mittelbares Selbstkontrahieren einzuordnen.

3. Darüber hinaus muß § 181 BGB in allen Gesellschaftsformen auf die Fälle der Untervertretung entsprechend angewendet werden. In der Einmann-GmbH ist der analoge Anwendungsbereich wegen der besonderen Gefährdung der Gläubiger des § 181 BGB auf Prokuristen und Handlungsbevollmächtigte, jedoch nicht auf weitere Geschäftsführer, zu erweitern.

4. § 181 BGB darf nicht analog auf Rechtsgeschäfte mit nahestehenden Personen angewendet werden, da die §§ 1795 i.V.m. 1629 Abs. 2 S. 1 BGB; 3 Nr. 2 AnfG und § 138 InsO eine abschließende Regelung treffen und da der Vertreter in diesen Fällen nicht einmal mittelbar der Vertragspartner ist.

5. Im Bereich der Interzessionfälle hat sich ergeben, daß nur die Schuldübernahme nach § 415 BGB von § 181 BGB erfaßt wird. Mißbrauchsfälle bei der Schuldübernahme nach § 414 BGB, Bürgschaftsübernahmen und sonstigen Sicherheiten sind über das Institut des Mißbrauchs der Vertretungsmacht zu lösen.

6. § 181 BGB hindert ferner den Vertreter nicht an der Vornahme von lediglich rechtlich vorteilhaften Geschäften gegenüber seinem Vertretenen. Dies gilt auch für die Einmann-GmbH, da § 35 Abs. 4 S. 1 GmbHG als deklaratorische Korrekturnorm kein Verbot der teleologischen Reduktion bei § 181 BGB darstellt.

7. Im Bereich des Konzernrechts hat sich ergeben, daß § 181 BGB bei der Mehrvertretung durch Doppelmandatare im Aktien- und GmbH-Vertragskonzern wegen einer teilweisen Subsidiarität der Norm, die durch eine teilweise teleologische Reduktion ergänzt wird, einzuschränken ist. Eine Einschränkung des Anwendungsbereichs des § 181 BGB für faktische Konzerne scheidet hingegen aus.

8.a) Bei der Frage der Anwendbarkeit des § 181 BGB und der verbandsrechtlichen Stimmverbote auf Beschlüsse hat sich gezeigt, daß kein allgemeines Stimmverbot bei Interessenkollisionen besteht.

Die wichtigste Funktion als Stimmverbote üben die spezialgesetzlichen verbandsrechtlichen Stimmverbote aus. Von ihren einzelnen „klassischen" Fällen sind Stimmverbote bei Beschlüssen über die Entlastung, die Befreiung von einer Verbindlichkeit sowie das Einleiten und Erledigen eines Rechtsstreits oder die Geltendmachung eines Anspruchs gesetzesanalog anwendbar und bei Vergleichbarkeit der Interessenlage auf andere Gesellschaftsformen gesetzesanalog übertragbar. Eine Gesetzesanalogie zu §§ 34 BGB, 47 Abs. 4 GmbHG für Beschlüsse über die Vornahme eines Rechtsgeschäfts mit dem Gesellschafter ist nur in Gesellschaften möglich, bei denen die Geschäftsführung durch die Gesellschafter dominiert wird.

Zusätzlich ist § 181 BGB als Vertretungsverbot gesetzesanalog anwendbar bei satzungsändernden Beschlüsse oder wenn in vergleichbarer Weise auf die Grundlagen der Gesellschaft eingewirkt wird. Denn in einem solchen Fall liegt ein dem § 181 BGB vergleichbarer Sachverhalt vor. Das Bestehen eines Grundlagenbeschlusses ist hierbei anzunehmen, wenn die gesetzlichen Bestimmungen über Beschlußmehrheiten eine qualifizierte Mehrheit erfordern.

Des weiteren greift das Verbot des § 181 BGB in gesetzesanaloger Anwendung bei Beschlüssen ein, wenn der Vertreter mit der Stimmabgabe seine eigenen Bestellung zum Mitglied eines Gesellschaftsorgans verfolgt und damit von der Beschlußfassung persönlich betroffen ist. Der vertretene Gesellschafter kann die für ihn abgegebene Stimme anfechten.

Subsidiär sind die verbandsrechtlichen Stimmverbote in Kombination mit § 181 BGB im Wege der Rechtsanalogie anwendbar, wenn das Verbandsinteresse durch eine schwerwiegende Interessenkollision gefährdet ist. Der Vorrang der spezielleren Gesetzesanalogie ist dabei zu beachten.

b) Bei der Bestimmung des persönlichen Anwendungsbereichs der verbandsrechtlichen Stimmverbote und des § 181 BGB bei Beschlüssen hat sich gezeigt, daß die ein Stimmverbot auslösende Befangenheit zu einem Stimmverbot führt, wenn der Vertretene und der Vertreter selbst befangen sind. Die Befangenheit einer nahestehenden Person des Abstimmenden ist dagegen unerheblich.

Liegt der Befangenheitstatbestand bei einer Drittgesellschaft vor, so hat die Prüfung ergeben, daß im Rahmen einer wirtschaftlichen Betrachtung alternativ die Beteiligung an der Drittgesellschaft und das persönliche Haftungsrisiko stimmverbotsauslösend sind. Ist der einzige Befangenheitstatbestand die Beteiligung an der Drittgesellschaft, so wird man aus Gründen der Rechtssicherheit nur eine Mehrheitsbeteiligung an der Drittgesellschaft für ausreichend erachten können, wenn diese zugleich höher ist, als die in der beschlußfassenden Gesellschaft. Ist das Haftungsrisiko der Befangenheitstatbestand, so liegt eine stimmverbotsauslösende Interessenverknüpfung beim persönlich haftenden Gesellschafter einer OHG oder KG vor.

Ist dagegen ein Gesellschafter einer Drittgesellschaft befangen, die ihrerseits Gesellschafterin der beschlußfassenden Gesellschaft ist, so ist der aktienrechtliche Abhängigkeitsbegriff des § 17 Abs. 2 AktG maßgebend.

9. Bei der Übertragung der entwickelten Grundsätze auf die einzelnen Gesellschaftsformen hat sich gezeigt, daß die durch § 181 BGB verfolgten Schutzzwecke in vielen Einzelbereichen besser verwirklicht werden müssen. Insbesondere ist der Registerpublizität ein höherer Stellenwert einzuräumen. Auch erfordert die Rechtssicherheit in Form der Rechtsklarheit eine durchgehende und klar strukturierte Anwendungsweise. Erst dann kann § 181 BGB als Grenze Insichgeschäfte im Gesellschaftsrecht seiner Funktion als Schutznorm für die Interessen der vertretenen Gesellschaft, der Gläubiger und der Rechtssicherheit gerecht werden.

10. Im übrigen gilt § 181 BGB für den gekorenen sowie geborenen Liquidator oder Abwickler. Eine für den organschaftlichen Vertreter einer Gesellschaft bestehende Befreiung gilt nicht fort. Der Liquidator oder Abwickler kann aber aufgrund einer auf den organschaftlichen Vertreter lautenden statutarischen Befreiungsermächtigung befreit werden.

11. Schließlich ist § 181 BGB ausnahmslos auf alle Verwaltergeschäfte angewendet werden.

Als zentrales Ergebnis der Untersuchung bleibt festzuhalten, daß § 181 BGB im Zusammenwirken mit den verbandsrechtlichen Stimmverboten eine Norm ist, die bei konsequenter Umsetzung ihrer Schutzzwecke in der Praxis einen bedeutenden Beitrag zum Schutz des vertretenen Gesellschaft, ihrer Gläubiger und der Rechtssicherheit zu leisten vermag.

Literaturverzeichnis

Alternativkommentar	Kommentar zum Bürgerlichen Gesetzbuch, Band 1, Allgemeiner Teil, Neuwied, Kriftel, Berlin, 1987
Altmeppen, Holger	Gestattung zum Selbstkontrahieren in der GmbH, NJW 1995, 1182
Assmann, Heinz-Dieter	Gläubigerschutz im faktischen GmbH-Konzern durch richterliche Rechtsfortbildung, JZ 1986, 881 und 928
Bachmann, Gregor	Zum Verbot von Insichgeschäften im GmbH-Konzern, ZIP 1999, 85
Ballof, Ferdinand Fichtelmann, Helmar Geissen, Günter Posdziech, Ortwien Winter, Willi	Handbuch der GmbH, Loseblattsammlung, Stand: Januar 1998, Heidelberg
Bälz, Ulrich	Einheit und Vielheit im Konzern, in: Festschrift Ludwig Raiser, Tübingen 1974
Bärmann, Johannes Seuß, Hanns	Praxis des Wohnungseigentums, 4. Auflage, München 1996
Bärmann, Johannes Pick, Eckhart Merle, Werner	Wohnungseigentumsgesetz, 7. Auflage, München 1997
Barner, Friedrich	Die Entlastung als Institut des Verbandsrechts, Berlin 1989
Bärwaldt, Roman	Befreiung vom Verbot des Selbstkontrahierens, Rpfleger 1990, 102

Bauer, Jobst-Hubertus Gragert, Nicola	Der GmbH-Geschäftsführer zwischen Himmel und Hölle, ZIP 1997, 2177
Baumbach, Adolf Hopt, Klaus Jürgen Duden, Konrad	Handelsgesetzbuch, Kommentar, 29. Auflage, München 1995
Baumbach, Adolf Hueck, Alfred	GmbHG, 16. Auflage, München 1996
Baums, Theodor	Der Geschäftsführervertrag, Köln 1987
Behr, Volker	Teilnahmerecht und Mitwirkungsmöglichkeit des Aufsichtsratsmitglieds bei der Aufsichtsratssitzung, AG, 1984, 218
Berns, Reinhold	Die Einmann-GmbH und das Selbstkontrahieren ihres geschäftsführenden Alleingesellschafters, Marburg, 1964
Bernstein, Herbert Schultze-von Lasaulx, Arnold	Gilt für Änderungen des Gesellschaftsvertrages einer GmbH & Co KG das Verbot des Selbstkontrahierens?, ZGR 1976, 33
Binz, Mark K.	Die GmbH & Co, München, 8. Auflage, München 1992
Bitter, Walter Bitter, Georg	Alles klar im qualifiziert faktischen Konzern? Oder: Die Ausweitung der BGH-Rechtsprechung durch das BAG, BB 1996, 2153
Blomeyer, Wolfgang	Zur Problematik des § 181 BGB für die Einmann-GmbH, NJW 1960, 127
—	Die teleologische Korrektur des § 181 BGB, AcP 172 (1972), 1

Bork, Reinhard	Zurechnung im Konzern, ZGR 1994, 237
Bötticher, Eduard	Besprechung von Jaeger, Konkursordnung, ZZP 71 (1958), 314
Brox, Hans	Allgemeiner Teil des bürgerlichen Rechts, 22. Auflage, Köln, Berlin, Bonn, München 1998
Buchholz, Stephan	Insichgeschäft und Erbschaftsausschlagung – Überlegun-gen zu einem Problem des § 1643 II BGB, NJW 1993, 1161
Buchmann, Peter	Registerpublizität und Gläubigerschutz bei der Einmann-Gesellschaft, Frankfurt 1984
Bühler, Jörg	Die Befreiung des Geschäftsführers der GmbH von § 181 BGB, DNotZ 1983, 588
Bülow, Peter	Zur wechselseitigen Beteiligung bei der GmbH & Co KG – Institutionenmißbrauch oder institutionengerechter Gebrauch?, DB 1982, 527
Bundesamt für gewerbliche Wirtschaft	Bericht über das Ergebnis einer Untersuchung der Konzentration in der Wirtschaft vom 29.02.1964, Konzentrationsenquete, Bundestagsdrucksache IV / 2320
Burgard, Ulrich	Die Tatbestandsmerkmale des qualifiziert faktischen GmbH-Konzerns und ihre Konkretisierung nach „TBB", WM 1993, 925
Bydlinski, Franz	Juristische Methodenlehre und Rechtsbegriff, Berlin, New York 1982
Canaris, Claus-Wilhelm	Die Feststellung von Lücken im Gesetz, 2. Auflage, Berlin 1983

Commichau, Michael	Grenzen der Anwendbarkeit von § 112 AktG, Rpfleger 1995, 98
Decher, Christian E.	Personelle Verflechtungen im Aktienkonzern, Heidelberg 1990
—	Neues zum qualifiziert faktischen GmbH-Konzern, DB 1989, 965
Deutler, Karl-Friedrich	Änderungen des GmbH-Gesetzes und anderer handelsrechtlicher Vorschriften durch die GmbH-Novelle 1980, GmbHR 1980, 145
Dreher, Meinrad	Interessenkonflikte bei Aufsichtsratsmitgliedern von Aktiengesellschaften, JZ 1990, 896
Düringer, A. Hachenburg, Max	Das Handelsgesetzbuch II. Band/2. Hälfte, §§ 105 – 177, 335-342, 3. Auflage 1932
Ebenroth, Carsten Thomas Wilken, Oliver	Beweislast und Gesellschafterhaftung im qualifiziert faktischen GmbH-Konzern, ZIP 1993, 558
Ebenroth, Carsten Thomas, Müller Andreas	Das Doppelmandat des Geschäftsführers im GmbH-Konzern und seine Auswirkungen auf das Stimmverbot des § 47 Abs. 4 GmbHG, GmbHR 1991, 237
Ebke, Werner Geiger, Herrmann	Personelle Verflechtungen von Kapitalgesellschaften, Unternehmenskonzentration und Wettbewerb, ZVglRWiss 93 (1994), 38-79
Eder, Karl Kallmeyer, Harald	GmbH-Handbuch, I. Teil 14. Auflage, Köln 1997; Losblattsammlung; Stand: Dez 1997
Ehlke, Michael	Stammkapitalerhöhung bis zum 31.12.1985 oder Auflösung, GmbHR 1985, 284

Ekkenga, Jens	Insichgeschäfte geschäftsführender Organe im Aktien- und GmbH-Recht unter besonderer Berücksichtigung der Einmann-Gesellschaft, AG 1985, 40
Emmerich, Volker	Der GmbH-Konzern, Köln 1976, 3ff.
Emmerich, Volker Sonnenschein, Jürgen	Konzernrecht, 6. Auflage, München 1997
Engfer, Klaus	Der Ausschluß des organschaftlichen Stimmrechts bei Interessenkollision, Frankfurt 1970
Enneccerus, Ludwig Nipperdey, Hans Carl	Allgemeiner Teil des Bürgerlichen Rechts, 15. Auflage, Band 1 959; Band 2, Tübingen 1960
Ensthaler, Jürgen	Gemeinschaftskommentar zum Handelsgesetzbuch, Neuwied, Kriftel, Berlin 1997
Ensthaler, Jürgen Kreher, Markus	Verlustausgleichspflicht im qualifiziert faktischen GmbH-Konzern, BB 1995, 1422
—	Haftungspotentiale unterschiedlicher Finanzierungsformen im Zusammenhang mit qualifiziert faktischen GmbH-Konzernen, BB 1996, 385
Erman, Walter	Handkommentar zum Bürgerlichen Gesetzbuch, Band I, 9. Auflage, Münster 1993
Feller, Lutz	Teleologische Reduktion des § 181 letzter Halbsatz BGB bei nicht lediglich rechtlich vorteilhaften Erfüllungsgeschäften, DNotZ 1989, 66
Fischer, Robert	Zur Anwendung von § 181 BGB im Bereich des Gesellschaftsrechts; Festschrift für Fritz Hauß; hrsg. von Ernst v. Caemmerer, Robert Fischer u.a.; Karlsruhe 1978

Fleck, Hans-Joachim	Die Drittanstellung des GmbH-Geschäftsführers, ZHR 149 (1985), 387
—	Das Dienstverhältnis der Vorstandsmitglieder und Geschäftsführer in der Rechtsprechung des BGH, WM 1985, 677
—	Schuldrechtliche Verpflichtungen der GmbH im Entscheidungsbereich der Gesellschafter, ZGR 1988, 104
Flume, Werner	Allgemeiner Teil des Bürgerlichen Rechts
	Erster Band, Erster Teil: Die Personengesellschaft 1977; Zweiter Teil: Die juristische Person, Berlin, Heidelberg, New York 1983
	Zweiter Band: Das Rechtsgeschäft, 4. Auflage (Nachdruck), Berlin, Heidelberg, New York, 1998
—	Der Gesellschafter und das Vermögen der Kapitalgesellschaft und die Problematik der verdeckten Gewinnausschüttung, ZHR 144 (1980), 18
Frank, Will	Selbstkontrahieren der GmbH & Co KG, NJW 1974, 1073
Gätsch, Andreas	Gläubigerschutz im qualifiziert faktischen GmbH-Konzern, Berlin 1997
Geßler, Ernst	Die GmbH-Novelle, BB 1980, 1385
Geßler, Ernst Hefermehl, Wolfgang Eckardt, Ulrich Kropff, Bruno	Aktiengesetz, Kommentar Band II, §§ 76-147 AktG, München 1973 6. Lieferung, §§ 292-318 AktG, München 1976

Gierke, Otto von	Deutsches Privatrecht, Band I, Allgemeiner Teil und Personenrecht, Leipzig 1895
Giesen, Hans-Michael	Organhandeln und Interessenkonflikt, Berlin 1984
Glenk, Hartmut	Die eingetragene Genossenschaft, München 1996
Godin, Freiherr von Wilhelmi, Hans	Aktiengesetz, neubearbeitet v. S. Wilhelmi, Band I, §§ 1-178, Berlin, New York 1971
Göggerle, Werner	Die teleologische Reduktion des § 181 BGB unter besonderer Berücksichtigung der Einmann-GmbH mit identischen Gesellschafter-Geschäftsführer, Stuttgart 1974
—	Auflockerung des Selbstkontrahierungsverbots durch die Rechtsprechungsänderung unter besonderer Berücksichtigung der Einmann-GmH, GmbHR 1979, 79
Gröger, Erich	Anm. zu OLG Hamm, Rpfleger 1983, S. 280 f., Rpfleger 1983, 281 f.
Großkommentar	zum Aktiengesetz, begründet v. W. Gadow, E. Heinrich u.a., neu hrsg. v. Barz u.a.
	Band I, 2. Halbband, §§ 76-147 AktG, 3. Auflage, Berlin New York, 1973
	Band IV, §§ 292-410, Einführungsgesetz zum AktG, 3. Auflage, Berlin, New York 1975
Gummert, Hans	Haftung im qualifiziert faktischen GmbH-Konzern, WiB 1994, 217
Gustavus, Eckhart	Die Kapitalanpassung nach der GmbH-Novelle mit minderjährigen Gesellschaftern, GmbHR 1982, 10

Hachenburg, Max	Gesetz betreffend die Gesellschaften mit beschränkter Haftung, Großkommentar,
	1. Band, Allgemeine Einleitung, §§ 1-34, Berlin, New York, 1992
	2. Band, §§ 35-52, 8. Auflage; Berlin, New York 1997
	2. Band, §§ 13-52, 7. Auflage (Vorauflage), Berlin, New York 1979
	3. Band, §§ 53 – 85; 8. Auflage, Berlin, New York 1997
Harder, Manfred	Das Selbstkontrahieren mit Hilfe eines Untervertreters, AcP 1970, 295
Heidelberger Kommentar	Handelsgesetzbuch; 4. Auflage, Heidelberg 1995
Heinemann, Peter	Der Geltungsbereich des § 181 BGB für die Rechtsbeziehungen zwischen der GmbH und ihrem Vertretungsorgan und seine Steuerrelevanz, GmbHR 1985, 176
Henssler, Martin	Partnerschaftsgesellschaftsgesetz, München 1997
Henze, Hartwig	Handbuch zu GmbH-Recht, Köln 1998
Heymann, Ernst	Handelsgesetzbuch, Guttentagsche Sammlung, 2. Buch, §§ 105 –237, 2. Auflage, Berlin, New York 1996 (zitiert: Heymann-Bearbeiter)
Hesselmann, Malte Tillmann, Bert	Handbuch der GmbH & Co, 18. Auflage, Köln 1997

Hildebrandt, Klaus	§ 181 als Gläubigerschutzvorschrift des Gesellschaftsrechts unter besonderer Berücksichtigung der Einmann-GmbH, Berlin, 1987
Hoffmann, Dietrich	Der Aufsichtsrat, 3. Auflage, München 1994
Hoffmann-Becking, Michael	Vorstands-Doppelmandate im Konzern, ZHR 150 (1986), 570
Holtmann, Michael	Personelle Verflechtungen auf Konzernführungsebene, Wiesbaden 1989
Hommelhoff, Peter	Die Konzernleitungspflicht, München 1982
Huber, Ulrich	Betriebsführungsverträge zwischen konzernverbundenen Unternehmen, ZHR 152 (1988), 123
Hübner, Heinz	Allgemeiner Teil des Bürgerlichen Gesetzbuches, 2. Auflage Berlin, New York 1996
Hübner, Ulrich	Interessenkonflikt und Vertretungsmacht, München 1977 (zitiert: Hübner, Interessenkonflikt)
—	Grenzen der Zulässigkeit von Insichgeschäften, Jura 1981, S. 288-299
—	Selbstkontrahieren des Einmanngesellschafters, Zur Neuregelung des § 35 Abs. 4 GmbHG, Jura 1982, S. 85-88
Hueck, Alfred	Das Recht der offenen Handelsgesellschaft, 4. Auflage, Berlin, New York 1971
Hüffer, Uwe	Aktiengesetz, 4. Auflage, München 1999
Immenga, Ulrich Werner, Horst S.	Der Stimmrechtsausschluß des GmbH-Gesellschafters, GmbHR 1976, 53

Isay, Rudolf	Das Recht am Unternehmen, Berlin, 1910
Joost, Detlev	Grundlagen und Rechtsfolgen der Kapitalerhaltungsregeln im Aktienrecht, ZHR 149, 419
Jüngst, Ulrich	Der Mißbrauch organschaftlicher Vertretungsmacht, Köln 1981
Jürgenmeyer, Michael	Das Unternehmensinteresse, Heidelberg 1984
Kanzleiter, Rainer	Befreiung des Alleingesellschafter-Geschäftsführers einer GmbH von § 181 BGB, DNotZ 1983, 636
—	Registereintragung der Vertretungsbefugnis des GmbH-Geschäftsführers, Rpfleger 1984, 1
—	Anm. zu OLG Hamm DNotZ 1996, 816, DNotZ 1996, 819
Keidel, Helmut und Theodor Schmatz, Hans Stöber, Kurt	Registerrecht, München 1991
Kern, Bernd-Rüdiger	Wesen und Anwendungsbereich des § 181 BGB, JA 1990, 281
Kilger, Joachim Schmidt, Karsten	Insolvenzgesetze, KO/VglO/GesO, 17. Auflage, München 1997
Kipp, Theodor	Über Doppelwirkungen im Recht, insbesondere über die Konkurrenz von Nichtigkeit und Anfechtbarkeit, Festgabe für v. Martitz, Berlin 1911
Kirstgen, Rudolf	Zur Anwendbarkeit des § 181 BGB auf Gesellschafterbeschlüsse in der GmbH, GmbHR 1989, 406

Klamroth, Sabine	Selbstkontrahierungsverbot bei Abstimmung über laufende Angelegenheiten in Familiengesellschaften, BB 1974, 161
Klausing, Friedrich	Gesetz über Aktiengesellschaften und Kommanditgesellschaften auf Aktien, Berlin 1937
Köhler, Helmut	Allgemeiner Teil des BGB, 24. Auflage, München 1998
Kölner Kommentar	zum Aktiengesetz, hrsg. v. W. Zöllner, bearb. v. C.P. Claussen u.a.
	Band 2, §§ 76-117 und Mitbestimmung im Aufsichtsrat, 2. Auflage Köln, Berlin, Bonn, München, 1996
	Band 6, 1. Lieferung §§ 292-328, 2. Auflage, Köln, Berlin, Bonn, München 1987
Koppensteiner, Hans-Georg	Faktischer Konzern und Konzentration, ZGR 1973, 1
Kraft, Alfons Kreutz, Peter	Gesellschaftsrecht, 10. Auflage, Neuwied 1997
Kreutz, Peter	Die Bedeutung von Handelsregistereintragung und Handelsregisterbekanntmachung im Gesellschaftsrecht, Jura 1982, 626
—	§ 181 im Lichte des § 35 Abs. 4 GmbHG, FS für Otto Mühl, hrsg. v. J. Damrau, A. Kraft u.a.; Stuttgart, Berlin, Köln, Mainz 1981, 409
Krieger, Gerd	Kann die Praxis mit TBB leben?, ZGR 1994, 375
Kronstein, Heinrich	Die abhängige juristische Person, München, Berlin, Leipzig, 1931

Lang, Johann Weidmüller, Ludwig Metz, Egon Schaffland, Hans-Jürgen	Genossenschaftsgesetz, 33. Auflage Berlin, New York 1997
Larenz, Karl	Methodenlehre der Rechtswissenschaft, 6. Auflage, Berlin, Heidelberg u. a. 1991
—	Allgemeiner Teil des Bürgerlichen Rechts, 7. Auflage (Vorauflage), München 1989
Larenz, Karl Wolf, Manfred	Allgemeiner Teil des Bürgerlichen Rechts, 8. Auflage, München 1997
Lessmann, Herbert	Teleologische Reduktion des § 181 BGB beim Handeln des Gesellschafter-Geschäftsführers der Einmann-GmbH, BB 1976, 1377
Lindermann, Edgar	Doppelmandat gleich Haftungsdurchgriff ?, AG 1987, 225
Look, Frank van	Stimmverbot und körperschaftlicher Sozialakte, NJW 1991, 152
Lutter, Marcus Hommelhoff, Peter	GmbH- Gesetz, 15. Auflage, Köln 2000
Lutter, Marcus Krieger, Gerd	Rechte und Pflichten des Aufsichtsrats, 2. Auflage, Freiburg 1989
Lutter, Marcus Timm, Wolfram	Betriebsrentenkürzung im Konzern, ZGR 1983, 269

Lutter, Marcus	Die GmbH-Novelle und ihre Bedeutung für die GmbH, die GmbH & Co KG und die Aktiengesellschaft, DB 1980, 1317
—	Die zivilrechtliche Haftung in der Unternehmensgruppe, ZGR 1982, 244
—	Die Haftung des herrschenden Unternehmens im GmbH-Konzern, ZIP 1985, 1425
Martens, Klaus-Peter	Die existentielle Wirtschaftsabhängigkeit, Köln, Berlin, Bonn, München 1979
—	Der Aufsichtsrat im Konzern, ZHR 159 (1995), 567
—	Die Anzeigepflicht des Verlustes des Garantiekapitals nach dem AktG und dem GmbHG, ZGR 1972, 173
Matthießen, Volker	Stimmrecht und Interessenkollision im Aufsichtsrat, Köln, Berlin, Bonn, München 1989
Medicus, Dieter	Allgemeiner Teil des BGB, 7.Auflage, Heidelberg 1997
Meilicke, Wienand Westphalen, Friedrich Graf von Hoffman, Jürgen Lenz, Tobias	Partnerschaftsgesellschaftsgesetz, München 1995
Melchior, Robin	Interessenkollision bei Bestellung und Abberufung von Geschäftsführern, Rpfleger 1997, 505
Mertens, Hans-Joachim	Anwendbarkeit von § 92 Abs. 1 AktG im Vergleichsverfahren?, AG 1983, 173
Mestmäcker, Ernst Joachim	Verwaltung, Konzerngewalt und Recht der Aktionäre, Karlsruhe 1958

Meyer-Landrut, Joachim Miller, Georg Niehus, Rudolf J.	GmbHG, Kommentar, Berlin, New York 1987
Michalski, Lutz Römermann, Volker	Partnerschaftsgesellschaftsgesetz, Köln 1995
Michalski, Lutz Zeidler, Finn	Die Ausgleichshaftung im qualifiziert faktischen Konzern - eine Analyse für die Praxis, NJW 1996, 224
Müller, Gerd	Fälle der Interessenkollision bei Arbeitnehmern im Aufsichtsrat, Köln 1968
Müller, Klaus	Kommentar zum Gesetz betreffend die Erwerbs- und Wirtschaftsgenossenschaften, Erster Band, §§ 1-33, Bielefeld 1991
Müller-Erzbach, Rudolf	Das private Recht der Mitgliedschaft als Prüfstein eines kausalen Rechtsdenkens, Weimar 1948
Münchener Handbuch des Gesellschaftsrechts	Band 1, BGB-Gesellschaft, Offene Handelsgesellschaft, Partnergesellschaft, Partenreederei, EWIV, hrsg. von Riegger u.a., München 1995
	Band 3, Gesellschaft mit beschränkter Haftung, hrsg. von Priester u.a., München 1996
Münchener Kommentar	zum Bürgerlichen Gesetzbuch, hrsg. v. K. Rebmann, F.-J. Säcker
	Band 1, Allgemeiner Teil, §§ 1-240, AGB-Gesetz, 3. Auflage, München, 1993; sowie 2. Auflage, München 1984
	Band 5, Besonderer Teil III, §§ 705-853, Partnerschaftsgesellschaftsgesetz, Produkthaftungsgesetz, München 1997

Neuhaus, Jürgen	Die Grenzen der Konzernleitungsgewalt im faktischen Konzern und der Nachteilsbegriff des AktG 65, DB 1970, 1913
Nirk, Rudolf Brezing, Klaus Bächle, Hans-Ulrich	Handbuch der AG, 3. Auflage Köln, Loseblattsammlung, Oktober 1998
Palandt, Otto	Bürgerliches Gesetzbuch, 59. Auflage, München 2000
Pawlowski, Hans-Martin	Allgemeiner Teil des BGB, 4. Auflage, Heidelberg, 1996
Piorreck, Karl Friedrich	Eintragungsfähigkeit von Geschäftsleitern und Hauptbevollmächtigten in das Handelsregister, BB 1975, 948
Plander, Harro	Geschäfte des Gesellschafter-Geschäftsführers der Einmann-GmbH mit sich selbst, Köln 1969
Priester, Hans-Joachim	Die GmbH-Novelle – Überblick und Schwerpunkte aus notarieller Sicht, DNotZ 1980, 515
Raape, Leo	§ 181 und Unterhaltspflicht, AcP 140, 352
Raiser, Thomas	Recht der Kapitalgesellschaften, 2. Auflage, München 1992
Rasch, Harold	Deutsches Konzernrecht, 5. Auflage, Köln, Berlin, Bonn, München 1974
Reichert, Bernhard van Look, Frank	Handbuch des Vereins- und Verbandsrechts, 6. Auflage, Neuwied, Kriftel, Berlin, 1995

Reichsgerichtsrätekommentar	Das Bürgerliche Gesetzbuch mit besonderer Berücksichtigung der Rechtsprechung des Reichsgerichts und des Bundesgerichtshofs
	Band 1, 12. Auflage 1976
Reinicke, Dietrich Tiedtke, Klaus	Die Befreiung des Geschäftsführers vom Verbot von Insichgeschäften bei deren Verwandlung in eine eingliedrige GmbH, deren Gesellschafter der Geschäftsführer ist, GmbHR 1990, 200
—	Das Erlöschen der Befreiung von dem Verbot der Vornahme von Insichgeschäften, WM 1988, 441
Reinicke, Dietrich	Gesamtvertretung und Insichgeschäft, NJW 1975, 1185
Renkl, Günter	Der Gesellschafterbeschluß, Stuttgart, Berlin, Köln, Mainz 1982
Ritter, Carl Ritter Julius	Aktiengesetz, 2. Auflage, Berlin, München 1939
Röhl, Klaus F.	Allgemeine Rechtslehre, Köln, Berlin, Bonn, München 1995
Röhricht, Volker Westphalen, Friedrich Graf von	Handelsgesetzbuch, Köln 1998
Röll, Ludwig	Selbstkontrahieren und Gesellschafterbeschlüsse, NJW 1979, 627
Roth, Günther H. Altmeppen, Holger	Gesetz betreffend die Gesellschaften mit beschränkter Haftung (GmbHG), 3. Auflage, München 1997

Rowedder, Heinz	GmbH-Gesetz: Kommentar, bearb. v. Heinz Fuhrmann u.a., 3. Auflage, München 1997
—	Die Novelle zum GmbH-Gesetz, ZRP 1979, 196
Rümelin, Max	Das Selbstcontrahiren des Stellvertreters nach gemeinem Recht, Freiburg 1888
Säcker, Franz-Jürgen	Zur Problematik von Mehrfachfunktionen im Konzern, ZHR 151 (1987), 59
Sauter, Eugen Schweyer, Gerhard	Der eingetragene Verein, 16. Auflage, München 1997
Schaefer, Erich	Handelsrechtsreform, Köln 1999
Scheffler, Eberhardt	Der qualifiziert faktische Konzern, Versuch einer betriebswirtschaftlichen Definition, AG 1990, 173
Schick, Stefan	Die Befreiung des Geschäftsführers einer Einmann-GmbH von den Beschränkungen des § 181 BGB durch Gesellschafterbeschluß, DB 1984, 1024
—	Anm. zu BGH DB 1983, 1192, DB 1983, 1193
Schilling, Wolfgang	Gesellschafterbeschluß und Insichgeschäft, Festschrift für Kurt Ballerstedt, hrsg. v. W. Flume u.a., 258
Schimmelpfennig, Hans-Christoph Hauschka, Christoph E.	Die Zulassung der Ein-Personen-GmbH in Europa und die Änderungen des deutschen GmbH-Rechts, NJW 1992, 942

Schlegelberger, Franz	Handelsgesetzbuch,
	Band III, 1. Halbband, §§ 105- 160, bearb. v. Ernst Geßler u.a., 5. Auflage, München, 1992.
	Band II, §§ 105-342, Berlin, Frankfurt a. M., 1965 (Vorauflage)
Schmidt, Karsten	Gesellschaftsrecht, 3. Auflage, Köln, Berlin, Bonn, München, 1997
—	Handelsrecht, 5. Auflage, Köln, Berlin, Bonn, München 1999
—	Rechtsschutz des Minderheitsgesellschafters gegen rechtswidrige ablehnende Beschlüsse, NJW 1986, 2018
—	Grundzüge der GmbH-Novelle, NJW 1980, 1769
—	Zum Haftungsdurchgriff wegen Sphärenvermischung und Haftungsverfassung im GmbH-Konzern, BB 1985, 2074
—	„Konzernhaftung" nach dem TBB-Urteil – Versuch einer Orientierung, ZIP 1993, 549
Schmidt, Wilhelm	Die Bedeutung des § 181 BGB für das Handelsgesellschaftsrecht, Köln 1934
Schneider, Uwe H.	Die Vertretung der GmbH bei Rechtsgeschäften mit ihren Konzernunternehmen, BB 1986, 201
—	Stimmverbote im GmbH-Konzern, ZHR 150 (1986), 609
—	Die Fortentwicklung des Handelsregisters zum Konzernregister, WM 1986, 181

Scholz, Franz Emmerich, Volker	Kommentar zum GmbHG, bearb. von Georg Crezelius u.a.,
	Band 1; §§ 1 - 44, Anh. Konzernrecht, 8. Auflage, Köln 1993
	Band 2, §§ 45 – 85, 8. Auflage, Köln 1995
Schönwitz, Dietrich Weber, Hans-Jürgen	Unternehmenskonzentration, Personelle Verflechtungen und Wettbewerb, Baden-Baden 1982
Schubert, Rolf Steder, Karl-Heinz	Genossenschaftshandbuch, Band II, Loseblattsammlung, 37. Lieferung, 1997
Schubert, Werner	Die Einschränkung des Anwendungsbereichs des § 181 BGB bei Insichgeschäften, WM 1978, 290
Schumacher, Silvia	Handelsrechtsreformgesetz, Herne, Berlin 1998
Semler, Johannes	Geschäfte einer Aktiengesellschaft mit den Mitgliedern ihres Vorstands, Festschrift für Heinz Rowedder zum 75. Geburtstag, hrsg. v. Gerd Pfeiffer, München 1994, 441
Siegmund, Iris	Stimmverbote im GmbH-Recht, BB 1981, 1674
Soergel, Hans Theodor	Bürgerliches Gesetzbuch,
	Band 1, Allgemeiner Teil, §§ 1-240, HaustürWiderrufG, Stuttgart, Berlin, Köln, Mainz, 1988
	Band 4, Schuldrecht III, §§ 705-853, Stuttgart, Berlin, Köln, Mainz, 1985
Sohn, Peter	Die Befreiung des Verwalters vom Verbot des Selbstkontrahierens, NJW 1985, 3060
Stadie, Manfred-Holger	Stimmrechtsausschluß wegen Interessenkollision im Recht der Personengesellschaften, Hamburg 1973

Staudinger, Julius von	Kommentar zum Bürgerlichen Gesetzbuch,
	Erstes Buch, §§ 1-89, 12. Auflage, Berlin 1980
	Erstes Buch, §§ 21-103, 13. Auflage, Berlin 1995
	Erstes Buch, §§ 164-240, 13. Auflage, Berlin 1996
	Erstes Buch, §§ 90-240, 12. Auflage, Berlin 1980
Stein, Friedrich Jonas, Martin	Kommentar zur Zivilprozeßordnung, bearb. v. R. Bork u. a.,
	Band 1, §§ 1-90, 21. Auflage, Tübingen 1993
Stimpel, Walter	Die Rechtsprechung des Bundesgerichtshofs zur Innenhaftung des herrschenden Unternehmens im GmbH-Konzern, AG 1986, 117
Stöber, Kurt	Handbuch zum Vereinsrecht, 7. Auflage, Köln 1997
Stober, Rolf	Die privatrechtlich organisierte öffentliche Verwaltung, NJW 1984, 449
Streyl, Annedore	Zur konzernrechtlichen Problematik von Vorstandsdoppelmandaten, Heidelberg 1992
Strohn, Lutz	Die Verfassung der Aktiengesellschaft im faktischen Konzern, Köln, Berlin, Bonn, München 1977
Stürner, Rolf	Der lediglich rechtliche Vorteil, AcP 173 (1973), 402
Sudhoff, Heinrich Sudhoff, Martin	Der Gesellschaftsvertrag der GmbH, 8. Auflage, München 1992
Sudhoff, Heinrich	Die gesellschaftsrechtliche Problematik der GmbH & Co KG, NJW 1967, 2133

Tiedtke, Klaus	Zur Form der Gestattung von Insichgeschäften des geschäftsführenden Mitgesellschafters einer GmbH, GmbHR 1993, 385
—	Fortbestand der Befreiung vom Verbot des Selbstkontrahierens bei der Umwandlung einer mehrgliedrigen in eine Einmann-GmbH, ZIP 1991, 355.
Timm, Wolfram	Mehrfachvertretung im Konzern, AcP 193 (1993), 423
Uhlig, Arno Malte	Anmerkung zu LG Berlin Rpfleger 1987, 250, Rpfleger 1987, 377
Ulmer, Peter	Stimmrechtsschranken für Aufsichtsratsmitglieder bei eigener Kandidatur zum Vorstand, NJW 1982, S. 2288
—	Der Gläubigerschutz im faktischen GmbH-Konzern beim Fehlen von Minderheitsgesellschaftern, ZHR 148 (1984), 391
—	Verlustübernahmepflicht des herrschenden Unternehmens als konzernspezifischer Kapitalerhal-tungsschutz, AG 1986, 123
—	Gesellschafterhaftung in der Gesellschaft bürgerlichen Rechts: Durchbruch der Akzessorietätstheorie ?, ZIP 1999, 554
—	Wege zum Ausschluss der persönlichen Gesellschafterhaftung in der Gesellschaft bürgerlichen Rechts, ZIP 1999, 509
Vogel, Wolfgang	Gesellschafterbeschlüsse und Gesellschafterversammlung, 2. Auflage, Köln, 1986
Wank, Rolf	Der Stimmrechtsausschluß im GmbH-Recht in der neueren Rechtsprechung des BGH, ZGR 1979, 222
Weinhardt, Frank	Ausübung und Einschränkung der Gesamtvertretung im

	bürgerlichen und im Gesellschaftsrecht, Würzburg 1987
—	Stimmverbote bei der GmbH & Co KG, DB 1989, 2417
Wiedemann, Herbert	Gesellschaftsrecht, Band I, Grundlagen; München 1980
—	Anm. zu BGH JZ 1970, 290, JZ 1970, 291
Wilhelm, Jan	Rechtsform und Haftung bei der juristischen Person, Köln, Berlin, Bonn, München 1981
—	Die Vermögensbindung bei der Aktiengesellschaft und der GmbH und das Problem der Unterkapitalisierung, Festschrift für Werner Flume zum 70. Geburtstag, Band II, Köln 1978, 337
—	Selbstwahl eines Aufsichtsratsmitglied in den Vorstand, NJW 1983, 912
Winkler, Karl	Insichgeschäfte des Gesellschafter-Geschäftsführers einer Einmann-GmbH, DNotZ 1970, 476
Ziche, Christian	Die Verweisung des § 35 Absatz 4 GmbHG auf das Verbot der Vornahme von Insichgeschäften, Köln, Baden-Baden 1991
Ziegler, Stephan	Überlegungen zur Gesellschafterliste, Rpfleger 1989, 181
Zöllner, Wolfgang	Die Schranken mitgliedschaftlicher Stimmrechtsmacht bei den privatrechtlichen Personenverbänden, München,

Berlin 1963

Inhalt und Wirkungen von Beherrschungsverträgen bei der GmbH, ZGR 1992, 173ff.

Zivilrechtliche Schriften

Beiträge zum Wirtschafts-, Bank- und Arbeitsrecht

Herausgegeben von Peter Kreutz und Dieter Reuter

Band 1 Sabine Koch: Eigenkapitalleistungen und eigenkapitalersetzende Leistungen des Kommanditisten in der gesetzestypischen Kommanditgesellschaft. 1992.

Band 2 Knut Weigle: Die leitenden Angestellten zwischen Sprecherausschuß und Betriebsrat. 1993.

Band 3 Stephan Worpenberg: Die konzerninterne Arbeitnehmerüberlassung. 1993.

Band 4 Carsten Führling: Sonstige Unternehmensverträge mit einer abhängigen GmbH. 1993.

Band 5 Heike Grote-Seifert: Das englische Arbeitskampfrecht unter besonderer Berücksichtigung der Entwicklung seit 1979. Zugleich: Vergleichende Analyse der Rechtslage in Deutschland und England. 1994.

Band 6 Uwe Theobald: Gesamthaftungsverhältnisse. Die Gesamtschuld als Ausgleichsmodell bei der mehrfachen Drittsicherung einer Forderung. 1994.

Band 7 Kay-Uwe Jacobs: Die Wahlvorstände für die Wahlen des Betriebsrats, des Sprecherausschusses und des Aufsichtsrats. 1995.

Band 8 Horst-Jürgen Michallek: Die Verteilung des wirtschaftlichen Risikos der Nothilfe. Eine rechtsvergleichende Studie. 1995.

Band 9 Sibylle Kessal-Wulf: Die Innenverbände. Am Beispiel Publikumsgesellschaft, Franchising, Mitarbeiterbeteiligung und Betriebsverband. 1995.

Band 10 Britta Holdorf-Habetha: Der Übergang von gewerblich genutztem Vermögen im Wege der Erbfolge im Einkommensteuerrecht. 1996.

Band 11 Sönke-Peter Nehlsen: Nutzungsausfallersatz. Ein notwendiges Übel? Versuch einer dogmatischen Begründung und Alternativlösungen. 1997.

Band 12 Sebastian Graf von Wallwitz: Tarifverträge und die Wettbewerbsordnung des EG-Vertrages. Wettbewerbsbeschränkende Tarifverträge und das Kartellverbot des Artikel 85 EGV. 1997.

Band 13 Hans-Joachim Arnold: Die Bilanzierung des Geschäfts- oder Firmenwertes in der Handels-, Steuer- und Ergänzungsbilanz. 1997.

Band 14 Volker Hoes: Die Überschuldung Privater als Problem von Ungleichgewichten. 1997.

Band 15 Dörte Christiansen: Betriebszugehörigkeit. Die Zuordnung von Arbeitnehmern aus betriebsverfassungsrechtlicher Sicht. 1998.

Band 16 Axel Boysen: Betriebsverband und Arbeitsverhältnis am Beispiel der Gruppenarbeit. Ein Beitrag zur Entwicklung der arbeitsrechtlichen Dogmatik im Wandel der Industriearbeit. 1998.

Band 17 Kristoffer Blydt-Hansen: Die Rechtsstellung der Destinatäre der rechtsfähigen Stiftung Bürgerlichen Rechts. 1998.

Band 18 Per Christiansen: Über die reale Seite der Verbände. Die Bedeutung der tatsächlichen Zweckverfolgung in einem Verband für dessen Legitimität, Existenz und Kontinuität. 1999.

Band 19 Annette Grotkamp: Die Bedeutung des Gesamtbetriebsrats und die Abgrenzung seiner Zuständigkeit zu den Einzelbetriebsräten im Rahmen des Strukturwandels in der deutschen Wirtschaft. 1999.

Band 20 Oliver Ebert: Die Kosten der Einigungsstelle gemäß § 76 a BetrVG 1972 unter besonderer Berücksichtigung der Honorierung von Einigungsstellenmitgliedern. 1999.

Band 21 Christoph Nawroth: Die steuerliche Anerkennung von Familienpersonengesellschaften bei fehlerhaftem Gesellschaftsvertrag. Zur Anwendung der Lehre von der fehlerhaften Gesellschaft im Steuerrecht. 1999.

Band 22 Kai Litschen: Die juristische Person im Spannungsfeld von Norm und Interesse. Am Beispiel der Gesellschafterhaftung in der GmbH. 1999.

Band 23 Eva Günther-Gräff: Kündigung und Kündigungsschutz von Absatzmittlungsverträgen. Dargestellt am Beispiel des Handelsvertreters, des Vertragshändlers und des Franchisenehmers. 1999.

Band 24 Martin Steiner: Entgelte der Kreditinstitute. Regelungen beim Girovertrag mit rechtsvergleichender Darstellung des anglo-amerikanischen Rechts. 2000.

Band 25 Sven Claussen: Grenzen der Insichgeschäfte im Gesellschaftsrecht. 2000.